Das Handbuch der Motorrad-Youngtimer

Die Moto Morini 3 1/2 T, Bj. 1977, bietet sehr robuste und langlebige Technik.
Tuning sollte man aber an diesen Modellen bleiben lassen.

Marcel Schoch

Das Handbuch der Motorrad-Youngtimer

Fahren – Pflegen – Reparieren

GeraMond

Impressum

Titel: MV Agusta (Foto: Stephan H. Schneider)

Ein kostenloses Gesamtverzeichnis
erhalten Sie beim
GeraMond Verlag
D-81664 München
www.geramond.de

Lektorat: Michael Dörflinger
Umschlaggestaltung: Kraxenberger, München
Layout: BUCHFLINK Rüdiger Wagner, Nördlingen
Herstellung: Thomas Fischer

Für Hinweise und Anregungen sind wir jederzeit dankbar. Bitte richten Sie diese an:
GeraMond Verlag
Lektorat
Innsbrucker Ring 15
D-81673 München
e-mail: lektorat@geranova.de

Die Deutsche Bibliothek – CIP-Einheitsaufnahme
Ein Titeldatensatz für diese Publikation ist bei Der Deutschen Bibliothek erhältlich

Printed in Italy by Printer Trento S.r.l.
ISBN 3-7654-7781-8

Bildnachweis:
Archiv Andy Schwietzer
2, 12, 15, 16, 25, 98, 116, 124, 153, 164, 170, 173, 176, 181
DryIce Solutions GmbH, Taufkirchen
28, 29
Stephan H. Schneider
8/9, 30/31, 154/155, Rücktitel
alle übrigen Bilder: Marcel Schoch

Über den Autor:
Dr. Marcel Schoch studierte in München und Bochum. Zwischen 1993 und 1996 war er wissenschaftlicher Mitarbeiter an der TU München. 1997 wechselte er ans Deutsche Museum als Konservator, Projektmanager, und wissenschaftlicher Mitarbeiter im Bereich Verkehr. Hier konzipierte er auch die Motorsportausstellung und die Technikausstellung des Verkehrszentrums. Seit 2001 arbeitet er als Projektmanager eines Firmenverbunds für Technikrestaurierungen in München, restauriert selbst und schreibt als freier Autor für angesehene Zeitschriften über seine größte Leidenschaft: Motorräder.

Inhalt

Pflege, Reise, Kauf

Vorwort

Auf meinen zahlreichen Touren im Voralpenland und in den Alpen ist mir in den letzten Jahren immer öfter aufgefallen, dass viele ältere Motorräder unterwegs sind. Viele dieser Fahrzeuge waren leider in einem erbärmlichen Zustand. Oft habe ich mich gewundert, wie diese Maschinen noch die Hauptuntersuchung alle zwei Jahre schaffen. Sicherlich kann man nicht von jedem Motorradfahrer erwarten, dass er das Fachwissen eines Motorradmechanikers hat. Grundkenntnisse sollten es aber doch sein.

Da ich beruflich viel mit Fahrzeugtechnik zu tun habe, ist es seit Jahren Gewohnheit, dass ich ein Auge auf die Motorräder in meinem Freundeskreis habe. Einige dieser Maschinen wurden bei mir in der Werkstatt restauriert und sind heute absolut zuverlässig unterwegs. Selbst Motorradmodelle, die als unzuverlässig gelten, laufen heute dank regelmäßiger Wartung und Pflege ohne Probleme.

In den nun 25 Jahren, in denen ich mich mit Motorrädern beschäftige, hat sich eine Reihe von Erfahrungen angesammelt, die ich hier in diesem Buch zusammengefasst habe. Der eine oder andere wird natürlich vieles was ich hier geschrieben habe, kennen. Doch geht es hier nicht darum, dem Motorradexperten einen weiteren Regalfüller zu präsentieren – vielmehr soll dieses Buch dem Motorradlaien eine Hilfe sein, mit der Technik seines Motorrades und allem was außen herum dazugehört, klar zu kommen.

Um allgemeinverständlich zu bleiben, habe ich soweit wie es geht auf Fachjargon verzichtet. Die Tipps, die ich im Buch gebe, habe ich alle selbst ausprobiert. Da ich aber, wenn Sie schrauben, lieber Leser, nicht daneben stehe, übernehme ich auch keine Garantie oder Haftung dafür, dass sie auch funktionieren. Ich distanziere mich auch von allen Folgen, die aus der Anwendung dieser Tipps und Erklärungen passieren können. Jeder ist für sein Handeln selbst verantwortlich. Auch lässt sich nicht jeder gegebene Tipp oder die technischen Funktionsbeschreibungen vorbehaltlos auf jedes Motorrad übertragen.

Dieses Buch hätte mehrere tausend Seiten Umfang, wenn ich dieses Ziel verfolgt hätte. Es dürfte jedoch für jeden der eine oder andere nützliche Hinweis dabei sein, um noch viele zufriedene Kilometer mit der „alten“ Maschine unfallfrei und zuverlässig unterwegs zu sein.

Marcel Schoch im Januar 2006

Honda Bol d'Or Freddie Spencer Replika, Bj. 1985

Meine Maschine und ich

Ohne Zweifel darf behauptet werden, dass wir unsere Motorräder lieben. Warum sollten wir sonst mit einer Maschine fahren, die technisch vollkommen veraltet ist? Mit einer fast schon übermenschlichen Geduld tolerieren wir seit Jahren alle ihre Macken. Jeder andere technische Gegenstand, den wir besitzen, wäre bereits auf dem Schrott gelandet, aber bei unserer Maschine ist das anders. Allein der Gedanke, dass wir uns von unserem Motorrad trennen müssten, bereitet uns Alpträume. Mit viel Zuwendung wird im Winter geschraubt und im Sommer an jedem Wochenende die Maschine gewartet und geputzt. Manche Ehefrau oder Freundin wurde über soviel Zuneigung zum Motorrad eifersüchtig. Überwiegt die Vernunft des Besitzers doch einmal, so kommt es gelegentlich vor, dass die geliebte Maschine für eine gewisse Zeit im Schuppen oder im hintersten Winkel der Garage verschwindet. Dort wartet sie dann auf ihre Wiederentdeckung. Diese lässt meist auch nicht lange auf sich warten.

Wie viel Freude bereitet doch die alte Maschine! Allein der Motorsound lässt das Herz eines jeden Enthusiasten schneller schlagen. Wäre da nicht immer der alltägliche Ärger mit ihrer Zuverlässigkeit. Mit jedem Jahr nehmen die Ausfälle zu. Das Geld für eines der neuen Technikwunder aus Japan, England, Amerika oder gar Italien haben wir nicht oder wollen es nicht ausgeben. Keine der neuen Maschinen will uns auch so richtig gefallen. Zugegeben, heute gibt es schöne Retro-Bikes. Aber – die sind irgendwie nicht echt und können unsere alte schon gar nicht ersetzen. Außerdem, wie ist das mit den alten Motorrädern, die älter als 20 Jahre sind? Sind das nicht bereits Oldtimer, oder vielmehr Youngtimer?

Als Youngtimer werden alle Motorräder bezeichnet, die älter als 20 aber jünger als 30 Jahre sind. So verstehen es zumindest die meisten deutschen Versicherer. Und die müssen es wissen! Der Gedanke, einen Youngtimer zu besitzen, beflügelt uns und lässt uns über die technischen Unzulänglichkeiten hinwegsehen. So eine alte Maschine ist doch etwas Schönes! Welches Motorrad hat heute noch Kotflügel oder Seitendeckel aus Metall. Das Design ist klar. Der Tank ist ein Tank und keine Attrappe in der der Helm untergebracht werden kann oder eine Stereoanlage eingebaut ist. Die Lampen, Blinker und Instrumente sind noch rund und folgen nicht einem futuristischen Flash-Gordon-Design. Runde Formen machen überhaupt das Design vieler alter Motorräder aus.

Außerdem liegen wir als Besitzer eines alten Motorrades voll im Trend. Immerhin war Anfang des Jahres 2004 das durchschnittliche Alter aller Motorräder in der Bundesrepublik Deutschland fast elf Jahre und das mit steigender Tendenz. So viele Besitzer alter Motorräder können nicht irren! Doch das große Problem mit unserer liebgewordenen Weggefährtin lässt sich nicht leugnen. Sie ist nicht mehr zuverlässig. Immer öfter geht etwas kaputt. Eigentlich alles Kleinkram, aber der geht gehörig auf die Nerven. Wieder einmal ist der Kupplungszug gerissen, das Fahrwerk eiert seit neuestem und Anspringen mag sie in der Früh auch nicht mehr so willig wie einst.

Hinzu kommt, dass die Aufmerksamkeit, die wir unserer Maschine widmen müssen, mit ihrem zunehmenden Alter stetig steigt. Am Wochenende fordert sie regelmäßig ihren Tribut für ergebene Dienste in Form von Wartungsarbeiten oder kleinen Reparaturen. Ein oder zwei Stündlein sollten es schon sein, damit sie läuft. Trotz der regelmäßigen Reparaturen will sie nicht mehr so ganz zuverlässig sein. Sollen wir doch eine neue Maschine kaufen? Und schon bewegen wir uns mit unseren Überlegungen im Kreis!

Mit einem alten Motorrad – auch ohne große Restaurierungsaktionen – zuverlässig unterwegs zu sein, ist kein Hexenwerk. Es ist jedoch nötig, sich ein wenig mit der Technik seiner Maschine vertraut zu machen. Darüber hinaus muss ein gewisser technischer Erhaltungszustand bereits bestehen, sonst hilft nur noch eine Komplettüberholung der geliebten Maschine. Ein Schrotthaufen, der nie gepflegt wurde, lohnt sich nicht mehr herzurichten. Wer zudem nicht willens ist, vieles selber zu machen, ist schnell das Geld für Werkstattkosten los, das ansonsten ein neues Motorrad kosten würde. Wer aber plant, sein Motorrad noch länger zu fahren – aus welchen Gründen auch immer –, muss sehr genau einschätzen, ob sich der Aufwand wirklich noch lohnt. So eine Entscheidung wird aber in den seltensten Fällen vom Verstand geleitet. Vielmehr ist sie emotional. Nüchtern betrachtet, gehören viele Motorräder aus wirtschaftlicher Sicht eher auf den Schrott als auf die Straße, weil Pflegeaufwand, Ersatzteil- und Reparaturkosten den Wert der Maschine bereits mehrfach übersteigen. Erstaunlicherweise sind einige alte Motorräder jedoch in einem besseren technischen und meist optischen Erhaltungszustand als viele neuere Modelle. Dies liegt meist an der innigen Verbundenheit der Besitzer mit ihrer alten Maschine. Zahlreiche Erlebnisse und Erinnerungen werden mit ihr verbunden. So wird beinahe jeder Aufwand gerechtfertigt, sie in Schuss zu halten, egal was es kostet. Ich kann daher jedem nur raten, selbst zu entscheiden, wo die Grenze liegt, was einem die Maschine wert ist oder nicht.

Panne! Der Tachotrieb an dieser Moto Guzzi V65 TT lief heiß.

Die klare sportliche Linie der Moto Guzzi Le Mans I, Bj. 1977 besticht noch heute. Ihre Technik ist robust, einfach und zuverlässig.

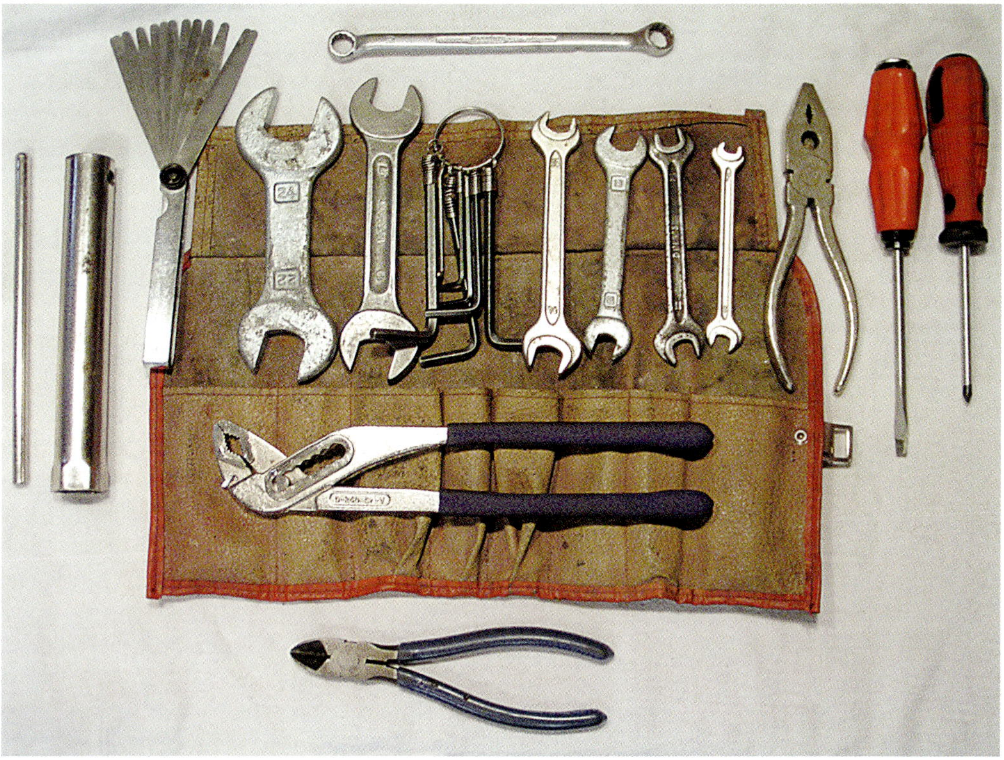

Zum Bordwerkzeug gehören diverse Gabel- und Ringschlüssel, eine Kombizange, Seitenschneider, Rohrzange, Zündkerzenschlüssel, Innensechskant-Satz, Schraubenzieher und ein Satz Fühlerlehren.

Was ist nun das Geheimnis eines zuverlässigen Motorrads? Es liegt in der Wartung und Pflege. Wer nur repariert, wenn es gar nicht mehr anders geht, besitzt bald ein Fahrzeug, das alles andere als zuverlässig ist. Auf diese Art lässt sich auch nichts sparen – im Gegenteil, Reparaturen sind immer teurer als Vorsorgemaßnahmen. Das ist wie bei uns Menschen. Wer regelmäßig zum Arzt geht, spart viel Geld. Ein gut gepflegtes und gewartetes älteres Motorrad kann genauso zuverlässig sein wie ein neues. Man muss nur erkennen, welche Teile am Motorrad bald ihre Funktion aufgeben werden oder welche besonders empfindlich sind. Das zu erkennen, hat mit Hellsehen nichts zu tun, sondern muss gelernt sein. Die einzelnen Komponenten des Motorrades zu kennen und wie sie richtig funktionieren, ist daher unumgänglich für die Zuverlässigkeit des Motorrades.

Werkzeug und Werkstatt

Die wichtigste Voraussetzung für die Wartung und Pflege eines Motorrades ist eine gute Werkzeug-Grundausstattung. Welches Werkzeug jemand für sein Motorrad benötigt, hängt stark von der Motorradmarke und dem Typ ab, den man fährt. Jedoch sind eine Menge Werkzeuge für alle Motorräder gleich. Ein guter Anhaltspunkt dafür, welches Werkzeug unbedingt notwendig ist, ist zunächst das serienmäßige Bordwerkzeug. Es soll uns aber lediglich als Anhaltspunkt dienen. Viele Bordwerkzeuge sind qualitativ äußerst billig und taugen mehr als Spielzeug für Kinder denn für den gelegentlichen Schraubereinsatz. Wer Werkzeug kauft, sollte immer auf gute Qualität achten. Das Geld für gutes Werkzeug ist eine lohnende Investition. Unter Umständen kann Werkzeug ein Leben lang halten. Ich selbst benutze zuweilen Werkzeug, dass einst mein Urgroßvater um 1910 herum gekauft hat. Es ist nach wie vor voll einsatzfähig und zeigt trotz häufigen Gebrauchs keinerlei Verschleißerscheinungen. Generell lässt sich gutes Qualitätswerkzeug bereits am Material erkennen. Schraubenschlüssel und Schraubenzieher sollten immer aus Chrom-Vanadium-Stahl hergestellt sein. Ein entsprechender Vermerk auf dem Werkzeug zum Material gibt hierüber Auskunft.

Aus meiner Trickkiste:

Schrauben öffnen

Die Schraubenzieher sollten von der Qualität so gewählt werden, dass sie auch mal einen Hammerschlag vertragen können. Das kann beim Öffnen festsitzender Schrauben von Bedeutung sein. Hierzu wird der Schraubenzieher auf die Schraube gesetzt und mit dem Hammer auf den Griff geschlagen. Dabei wird die Schraube „gestaucht". Rost oder Klebeverbindungen im Gewinde brechen auf und die Schraube löst sich meist ohne Probleme aus dem Gewinde.

Die nachfolgenden Empfehlungen beziehen sich hauptsächlich auf metrische Größen. Eine Übertragung auf Zollgrößen ist aber problemlos möglich.

Als Werkzeug benötigen wir zunächst einen Satz so genannter **Gabelschlüssel** (auch Maulschlüssel). Unser Basisgabelschlüsselsatz sollte nicht gekröpft sein, das heißt, die Schlüssel sind flach. Die Schlüsselweiten sollten so gewählt werden, dass sie für alle Schrauben und Muttern am Motorrad zu gebrauchen sind. Die gängigsten Weiten sind: 6, 8, 9, 10, 12, 13 und 17 mm. Besonders die Weiten 10 und 13 haben es vielen Motorradherstellern offenbar angetan. Es lohnt daher, für diese Weiten verschiedene Gabelschlüssel mit unterschiedlichen Kröpfungen und Winkeln zu kaufen. Bereits seltener sind die Weiten 22 oder 24 mm. Diese finden sich oft bei Achsmuttern. Selbstverständlich kommt es vor, dass auch die übrigen Schlüsselweiten oder Übergrößen (z. B. Lenkkopflager-Sicherungsmutter: sie hat meist eine Schlüsselweite von 30 oder 32 mm) an einem Motorrad zu finden sind. Ob man sie jedoch benötigt, das muss jeder für sich von Fall zu Fall entscheiden. Beim Kauf sollte auch daran gedacht werden, einige Schlüsselweiten doppelt anzuschaffen, da es oft vorkommt, dass Schrauben mit Muttern gekontert sind, die dieselbe Schlüsselweite besitzen.

Zum Gabelschlüsselsatz sollte auch ein gekröpfter und nicht gekröpfter Ringschlüsselsatz gekauft werden. Die Schlüsselweiten sind identisch mit denen der Gabelschlüssel. Bei **Ringschlüsseln** ist darauf zu achten, dass der Ring möglichst viele Zähne im Ring hat. Je mehr Zähne ein Ringschlüssel hat, desto besser sitzt er auf der zu öffnenden Mutter oder Schraube. Das ist gerade bei stramm sitzenden oder verrosteten Schrauben wichtig. Die Gefahr, dass der Ringschlüssel überdreht und somit die Schraube oder Mutter rund dreht, ist damit auf ein Minimum reduziert. Auch können solche Ringschlüssel in kurzen Winkelabständen auf die Schrauben und Muttern gesetzt werden. Das ist vor allem bei schwer zugänglichen Schrauben und Muttern sehr wichtig, wenn nicht genügend Raum vorhanden ist, den Schlüssel satt auf die Schrauben oder Muttern zu setzen.

Besonders nützlich beim Schrauben sind so genannte **Ratschenschlüssel** (auch Steckschlüssel). Sie gibt es in verschiedenen Größen und Ausführungen. Für unseren Zweck sind solche mit 1/4- und 1/2-Zollantrieb am nützlichsten. Beim Kauf gilt für die Schlüsselweiten – genauer für die Stecknuss-Weiten – dasselbe, wie für Ring- und Gabelschlüssel. Meist bietet der Werkzeugfachhandel komplette Ratschenschlüssel-Sätze an. In diesen befinden sich dann alle Stecknüsse in den gängigsten Weiten samt Verlängerungen und Winkeltrieb. Auch die Ratschenschlüssel sind bereits vorhanden. Der Kauf eines kompletten Ratschenschlüsselsatzes lohnt zudem, da der Preis beim Kauf der einzelnen Teile zusammen addiert meist das Doppelte ausmacht. Ratschenschlüssel bieten den enormen Vorteil, dass sie nicht ständig neu angesetzt werden müssen. Durch eine auf rechts und links umschaltbare Sperrmechanik sind diese Schlüssel für das Ein- und das Ausdrehen von langen Schrauben besonders geeignet. Sie sparen beim Schrauben sehr viel Zeit und sind (nicht unwichtig für Vielschrauber) gelenkschonend. Einen kleinen Nachteil haben sie jedoch. Aufgrund der Größe dieses Werkzeugtyps kommt man mit der Ratsche nicht an jede Schraube heran.

Nicht vergessen sollte man auch, sich einen ordentlichen Satz **Schraubenzieher** zuzulegen. Hier benötigt man als Grundausstattung zunächst einen so genannten Elektrikerschraubenzieher und zwei bis drei weitere Schraubenzieher mit verschiedenen Klingenweiten. Die Klingenweiten und -längen sollten zwischen 3 und 8mm bzw. 75 und 125 mm variieren. Der Elektrikerschraubenzieher muss gut gegen Strom isoliert sein. Große Schraubenzieher sollten zusätzlich vor dem Heft mit einem Sechskant versehen sein, damit man Ring- oder Gabelschlüssel ansetzen kann, um das Drehmoment zu erhöhen. Das kann bei fest sitzenden Schrauben wichtig sein.

Für Schrauben mit Kreuzschlitzen sind Kreuzschlitzschraubenzieher der Größen 1 und 2 für unsere Zwecke ausreichend. Auch für sie gilt: auf gute Qualität achten!

Für Spezialisten sind noch so genannte **Kurz- (auch Knebelschraubenzieher)** und **Winkelschraubenzieher** für Schlitz- und Kreuzschrauben empfehlenswert. Sie werden bei einigen japanischen Motorrädern für schwer zugängliche Schrauben und manchmal fürs Vergasereinstellen benötigt. Wer sich kräfteraubende Schraubarbeit sparen möchte, kann sich auch noch einen Satz Kreuzschlitz- und Schlitz-

Die Norton Commando 850 MK III Roadster, Bj.1976, ist englisch bis in die letzte Schraube. Ohne Zollwerkzeug geht daher an dieser Maschine nichts!

Die Ducati 900 Mike Hailwood Replika, Bj.1983, gehört ohne Zweifel zu den Edel-Youngtimern.

schraubenzieher-Einsätze für die Bohrmaschine oder den Ratschensatz kaufen.

Als **Hammer** ist jeder „normale" Haushaltshammer (auch Schlosserhammer) geeignet. Im Werkzeugfachhandel gibt es eine Vielzahl von Hammertypen. Das Angebot reicht vom Gummihammer über Kupferhammer sowie Kunststoffhammer zu solchen aus Stahl. Sie gibt es mit den verschiedensten Griffen in unterschiedlichen Formen und Größen. Für uns tut es jedoch ein ca. 200 bis 300 g schwerer Schlosserhammer aus Stahl. Hierunter versteht man einen Hammer mit geradem solidem Griff. Der Hammer selbst besitzt ein stumpfes und ein keilförmiges Ende.

Als vielseitig einsetzbares Werkzeug sind **Zangen** unverzichtbar. In keiner Werkstatt dürfen ein oder mehrere Kombizangen fehlen. Sie haben flache Greifbacken, einen Rohrhalteausschnitt und einen integrierten Seitenschneider zum Abzwicken von Kabeln oder Draht. Trotz der Vielseitigkeit sollte eine Rohrzange (auch Wasserpumpenzange) mit verstellbaren Backen nicht fehlen. Wichtig ist auch ein Satz Sicherungszangen für Außen- und Innensicherungen. Sie werden auch Seegerringzangen genannt.

Die meisten italienischen Motorräder sind mit so genannten Innensechskantschrauben ausgerüstet. Um sie zu öffnen benötigt man einen Innensechskant-Schlüsselsatz der Größen 2–10. Innensechskant-Schlüssel sind auch als Vorsätze (oft Bit genannt) für den Ratschensatz erhältlich.

Wer vorhat, an die Innereien seines Motors heranzugehen, sollte sich unbedingt auch einen so genannten **Drehmomentschlüssel** zulegen. Eine spezielle Mechanik verhindert bei solchen Schlüsseln das Überdrehen von Schrauben und Muttern. Sie stellen zudem sicher, dass Schrauben und Muttern mit einem bestimmten Drehmoment angezogen werden können. Das ist besonders bei Zylinderköpfen wichtig, damit sie nicht verspannen bzw. sich verziehen. Ein guter Drehmomentschlüssel lässt sich am Griff auf ein bestimmtes Drehmoment einstellen. Bei Erreichen des vorgegebenen Drehmoments sollte ein deutliches Klicken hörbar werden. Umschaltbarkeit auf Rechts- und Linksgewinde ist bei hochwertigen Drehmomentschlüsseln selbstverständlich. Als Antrieb sollte für geringere Drehmomente ein Schlüssel mit 1/4-Antrieb genügen. Dieser kann Kräfte zwischen 5 bis 30 Nm übertragen. Für größere Schrauben und Muttern, speziell auch für Zylinderköpfe benötigt man einen Drehmomentschlüssel mit 3/8-Antrieb. Er kann Kräfte von 20 bis 100 Nm übertragen.

In unserer kleinen Werkstatt darf auch der **Zündkerzenschlüssel** nicht fehlen. Je nach Motorradtyp benötigt man einen 16, 18 oder 21 mm Kerzenschlüssel. Seine Länge sollte so ausgewählt werden, dass er auf jeden Fall auf die Kerze gesteckt werden kann, ohne an Anbauteile zu stoßen. Es kommt zuweilen vor, dass Motorradhersteller für den Ein- und Ausbau der Zündkerzen einen speziellen Kerzenschlüssel im Bordwerkzeug mitliefern. Das ist besonders ärgerlich, wenn dieser Kerzenschlüssel abhanden gekommen ist. Hier hilft entweder der Gang zum Markenhändler, der sich so einen Schlüssel meist „vergolden" lässt oder man experimentiert mit dem einen oder anderen Schlüssel – aber immer mit Vorsicht. Manch einer hat eine Kerze beim Versuch sie herauszudrehen schon abgebrochen. Die notwendige Reparatur war dann um ein vielfaches teurer als der benötigte Spezialkerzenschlüssel. Wer sich das notwendige Geschick für so eine Operation nicht zutraut, sollte dann doch lieber den originalen Kerzenschlüssel kaufen. Das ist dann allemal billiger und sicherer.

Zum Reinigen der Zündkerze ist eine **Kerzenbürste** sehr nützlich. Sie besteht aus Kupferdraht. Das ist besonders schonend für die Zündkerze, da dieses Material sehr weich ist. Auf eine Stahlbürste sollte man verzichten, da sie die Kerze beim Reinigen beschädigen kann. Vor allem der Porzellanisolator kann mit solchen Bürsten leicht Schaden erleiden.

Für viele Einstellvorgänge, z. B. an Unterbrechern oder Ventilen benötigt man einen Satz **Fühlerlehren**. Das sind Metallplättchen, die jeweils eine bestimmte Dicke haben. Für unsere Zwecke reicht ein Fühlerlehrensatz mit ca. 20 Plättchen der Größen 0,05 bis 1 mm.

Als Prüfwerkzeuge benötigen wir ferner eine **Schieblehre**. Sie ist vielseitig einsetzbar, um z. B. Innen- und Außendurchmesser oder die Profiltiefe des Reifens zu messen.

Ein **Reifendruckmesser** und eine **Reifenluftpumpe** helfen bei der Pflege der Reifen.

Für die Prüfung des Bordnetzes sollte man sich ein **Kombimessgerät** zulegen. Es muss mindestens mit den Funktionen Ampere-, Volt-, Ohm-, Drehzahl- und Schließwinkel-Messung ausgestattet sein. Solche Geräte gibt es bereits in ordentlicher Qualität im Elektronikfachhandel für wenig Geld. Damit das Gerät ein langes Leben hat, ist auf genügenden Spritzwasser- und Schlagschutz zu achten.

Der richtige Zündkerzenschlüssel ist wichtig, damit die Zündkerze nicht abbricht, wenn man sie herausschrauben will.

Selbstsichernde Mutter

Für die eine oder andere Elektroreparatur ist ein kleiner **Lötkolben** unumgänglich. Eine Heizstärke von 25–40 Watt ist für unsere Zwecke vollkommen ausreichend. Solche Geräte gibt es mit dem nötigen Zubehör (Lötzinn, Lötfett und ggf. einem kleinen Ablageständer) für wenig Geld in jedem Baumarkt. Lötkolben gibt es auch mit Gaskartuschen. Mit diesen Geräten kann man sehr gut hantieren ohne immer von einem Stromkabel behindert zu werden.

Auch eine **Bohrmaschine** (ca. 500–750 Watt) oder ein stärkerer **Akkuschrauber** mit mindestens 12 V sollte im Werkzeugsortiment nicht fehlen. Akkuschrauber bieten den Vorteil, bei der Arbeit vom Netz unabhängig zu sein. Das ist für Schrauber praktisch, die über keinen Stromanschluss in der Garage oder in ihrer Werkstatt verfügen. Auch muss man beim Arbeiten, wie bei den Gaslötkolben, nicht immer auf das lästige Kabel achten. Das Bohrfutter sollte mindestens 10 mm-Bohrer noch problemlos aufnehmen können – besser sind solche mit 12 mm-Bohrfutter. Besonders praktisch sind Bohrmaschinen mit einem Schnellspannbohrfutter, die sich mit geringer Handkraft öffnen und schließen lassen. Gute Maschinen haben eine stufenlose Drehzahlregulierung, Drehmomentbegrenzung und eine Links- und Rechtslaufumschaltung. Das ist besonders beim Ein- und Ausdrehen von Muttern und Schrauben nützlich. Für gute Bohrmaschinen ist das Zubehör sehr reichlich. Als Grundausstattung genügt zunächst eine Auswahl von Metallbohrern der Größen 1–10 (11,12) mm. Wer die Bohrmaschine auch im Haushalt gebrauchen will, sollte sich noch einen Satz Holz- und Steinbohrer zulegen. Einige Bohrmaschinen werden mit Werkbankhalterungen verkauft. Für viele Anwendungen, z. B. zum Polieren von Aluteilen können diese sehr nützlich sein. Diverse Polier- und Trennscheiben und eine oder mehrere Scheibenbürsten sollten daher die Ausstattung unserer Bohrmaschine ergänzen.

Neben dem Werkzeug sollte man sich auch einen Vorrat an **Muttern**, **Schrauben** und diversen **Unterlegscheiben** zulegen. Welche das sind, hängt stark davon ab, was an Ihrer Maschine verbaut wurde. Achten Sie beim Kauf darauf, dass die Qualität der

Muttern, Schrauben und Unterlegscheiben mindestens der der Originalteile entspricht, sonst könnte es passieren, dass z. B. die neuen Schrauben den Belastungen am Motorrad nicht standhalten (z. B. Motorhalterungen). Die richtige Qualität erkennen sie an der Zahlenkennung, die jede ordentliche Mutter oder Schraube trägt. Sie brauchen lediglich die Zahlen vergleichen. Ist sie identisch, sind Sie auf der sicheren Seite. Material, dass keine Kennung trägt – und das kommt öfters vor –, können Sie getrost liegen lassen. Kaufen Sie Ihr Material im Schraubenfachhandel. Dort werden Sie auch kompetent beraten, falls Sie Fragen haben. Material aus dem Baumarkt taugt für unsere Zwecke nicht, da es sich hier um minderwertige Massenware handelt. Im Übrigen gibt es speziell für viele japanische Marken hochwertige Schrauben- und Mutternsätze zu kaufen. Gerade an japanischen Motorrädern wurden in den 1970er und 1980er Jahren werksseitig gerne billige Kreuzschlitzschrauben von minderer Qualität verbaut. Im Laufe der Jahre oxidieren diese Schrauben und verbacken regelrecht mit den einzelnen Bauteilen des Motorrades. Wer eine solche Schraube öffnen muss, hat meist schlechte Karten. Über den Kreuzschlitz bringt man nämlich nur wenig Kraft auf die Schraube. Schnell ist der Schraubenkreuzschlitz rund gedreht. Um sie zu öffnen, helfen dann oft nur noch Hammer und Meisel. Damit man dieses Problem nicht hat, werden sie durch hochwertige Innensechskantschrauben ersetzt. Neben der Zugfestigkeit einer Schraube oder Mutter ist auch ihre Oberflächenvergütung von Bedeutung, damit sie nicht rostet oder oxidiert. Gutes Material ist mindestens verzinkt. Seien Sie vorsichtig bei so genannten Edelstahlschrauben und -muttern. Obwohl diese versprechen, auch in vielen Jahren noch metallisch glänzend auszusehen, haben sie einen entscheidenden Nachteil. Sie sind sehr spröde und können unter Zug- oder Scherbelastung brechen. Das gleiche gilt für eloxierte Aluschrauben, auch wenn diese heute in allen Farben angeboten werden. Ein Austausch mit diesen Schrauben kann sogar regelrecht gefährlich werden, da sie so gut wie keine Zug- und Scherkräfte aushalten. Sie sollten, wenn überhaupt, nur für die Befestigung von Zierrat am Motorrad verwendet werden. Zu Ihrem Sortiment gehört auch ein Satz von verschiedenen Unterlegscheiben. Neben gewöhnlichen flachen Unterlegscheiben, sind auch Federringe und Zahnscheiben im Vorrat sehr nützlich. Sie dienen als Öffnungssicherung von stark belasteten Schrauben und Muttern. Wer Muttern am Motorrad hat, die sich immer wieder durch Vibration lösen, kann diese durch so genannte selbstsichernde Muttern ersetzen. Sie haben einen kleinen Bund um das Gewinde, in dem ein zäher Kunststoffring eingelassen ist. Ihr Nachteil ist, neben dem etwas höhern Preis, dass man Sie nur einmal verwenden kann, da der Kunststoff sich beim Verschrauben ins Schraubengewinde verbeißt. Öffnet man die Mutter, verliert der Kunststoff seine Spannung. Wer eine solche Mutter trotzdem weiterverwenden möchte, sollte dies dann nur an Stellen machen, wo eine Selbstsicherung keine größere Bedeutung hat. Schrauben und Muttern vor ungewolltem Öffnen zu schützen, geschieht oft auch mit chemischen Mitteln. Wer sich jedoch mit den so genannten chemischen Schraubenklebern nicht auskennt, sollte lieber seine Finger von diesem Zeug lassen. Diese Mittel gibt es nämlich in verschiedenen Varianten – von leicht klebend, damit die Schraube wieder gelöst werden kann, bis extrem fest für Schrauben, die nie mehr geöffnet werden sollen. Hier das richtige auszusuchen, sollte, wenn überhaupt, dem Fachmann überlassen bleiben.

Aus meiner Trickkiste:

Keine Schraubenkleber

Meine Erfahrung hat gezeigt, dass man auf diese Mittel, bis auf ganz wenige, spezielle Ausnahmen, die im Hobbyschrauberbereich so gut wie nicht vorkommen, gut verzichten kann. Gute Muttern und Schrauben, mit dem richtigen Drehmoment angezogen, öffnen sich nämlich nicht ungewollt!

Arbeitsplatz

Neben dem Werkzeug und Material ist auch der Ort, an dem man schraubt, gut auszuwählen. Da das Arbeiten am Motorrad auch Lärm bedeutet, sollte der Ort so gewählt sein, dass niemand belästigt wird. Schrauben auf der Straße oder auf dem Gehweg bringt wenig. Zum einem muss die Arbeit immer zu Ende geführt werden, da man ja nichts liegen lassen kann und zum anderen hat man nur wenig Ruhe beim Schrauben. Neugierige Nachbarn oder Kinder schaffen es immer, einen erfolgreich von der Arbeit abzuhalten. Bevor Sie also das Schrauben anfangen, suchen Sie sich einen geeigneten Ort. Glücklich ist zunächst der, der eine Garage sein Eigen nennen darf. Ist sie zudem mit **Strom** ausgestattet, kann auch für die nötige Arbeitsbeleuchtung gesorgt werden. Bevor man jedoch diese Stromleitungen nutzt, sollte geklärt werden, mit wie viel Watt sie belastet werden darf. Die meisten Stromleitungen in Garagen vertragen gerade mal das kleine Schummerlicht an der Decke als Belastung. Wird eine gute Beleuchtung installiert, ein kleiner Kompressor angeschlossen und lässt man dann gleichzeitig die Bohrmaschine laufen, kann schon mal die Sicherung fliegen. Bevor Sie also zum Ausbau ihrer Garage zur Werkstatt schreiten, fragen Sie einen Elektriker um seinen fachmännischen Rat. Bedenken Sie auch, dass die Stromleitungen spritzwassergeschützt sein müssen. Ist die Stromversorgung sicher gestellt, kann die Garage zu einer recht passablen Motorradwerkstatt ausgebaut werden. Im Laufe der Zeit kann die Werkzeuggrundausstattung durch einen **Kompressor**, ein **Schweißgerät** und als besonderer Luxus eine **Motorradhebebühne** ergänzt werden. Eine solide **Werkbank mit Schraubstock** run-

Eine gut sortierte Werkstatt sollte so eingerichtet sein, dass man das gebrauchte Werkzeug schnell zur Hand hat.

det die Ausstattung schließlich ab. Damit auch im Winter geschraubt werden kann, wird die Werkstatt-Garage oft an die Zentralheizung angeschlossen.

Alternative: Keller

Wer keine Garage hat, kann darüber nachdenken, im Keller seines Wohnhauses einen Hobbyraum in eine Werkstatt umzubauen. Motorräder lassen sich fast überallhin transportieren. Zerlegt passen sie durch jede Tür. Es muss lediglich darauf geachtet werden, dass sich kein Benzin mehr im Tank befindet und die Öle im Motorrad auslaufsicher sind. Um Ärger zu vermeiden, sollte jedoch die Hausverwaltung um Genehmigung gebeten werden. Besteht keine dieser Möglichkeiten, sollte man darüber nachdenken, mit Gleichgesinnten eine größere Garage oder einen Schuppen zu mieten. Gemeinsam können die Kosten erheblich gedrückt werden. Auch lohnt sich dann oft die Anschaffung von teueren Werkzeugen. Wenn Sie ein geeignetes Objekt gefunden haben sollten, lassen Sie den Vermieter nicht darüber im Unklaren, was Sie damit vorhaben. Für viele Menschen bedeuten Motorräder Lärm und ihre Besitzer sind in deren Augen meist Rocker. Lieber verzichten Sie auf das Mieten eines geeigneten Objekts und sparen sich dafür im Nachhinein einen Haufen Ärger.

Wer einen geeigneten Ort zum Schrauben gefunden hat, muss unbedingt auch im eigenen Interesse **Sicherheitsvorkehrungen** treffen. Wegen der steten Brandgefahr sollte ein Feuerlöscher angeschafft werden, der sich stets griffbereit in der Nähe befindet. Ein kleiner 2 kg-Autolöscher ist für unseren Zweck bestens geeignet, da er speziell zum Löschen von Fahrzeugbränden (Benzin, Öl, Elektrik) ausgelegt ist. Wer das Geld hierfür unbedingt sparen möchte, kann auch ein oder zwei Eimer mit trockenem Sand als Löschwerkzeug verwenden.

Auch die **Brandvermeidung** ist wichtig. Lagern Sie brennbare Flüssigkeiten nur in Originalverpackungen und bewahren diese am besten in einem Metallschrank auf. Gebrauchte mit Öl und Benzin getränkte Putzlumpen dürfen nicht liegen gelassen werden. Sie sind eine ständige Brandgefahr. Funkenflug beim Schweißen oder Schleifen können diese leicht entzünden. Entsorgen Sie daher alte Lumpen in einem Metall-Abfalleimer. Er verhindert zuverlässig, dass ein Brand entstehen kann. Nach dem Schrauben entsorgen Sie immer den gesamten Müll fachgerecht. Bedenken Sie aber, dass ölgetränkte Lumpen auch Sondermüll sein können, der bei entsprechenden Sondermüllsammelstellen entsorgt werden muss.

Ein Verbandskasten mit Desinfektionsmittel für kleinere Verletzungen darf auch nicht fehlen. Gute Dienste kann hier ein Autoverbandskasten leisten. Achten sie aber darauf, dass die Haltbarkeitsdaten nicht überschritten sind.

Aus meiner Trickkiste:

Putzlumpen

So genannte Küchenrollen haben sich als Putzlumpen bei mir bestens bewährt. Sie sind billig und haben zudem eine hohe Saugkraft. Als saubere Unterlage für Werkzeug und Teile sorgen sie zudem für Übersichtlichkeit beim Schrauben.

Zur Sicherheit gehört auch **Sauberkeit** beim Schrauben. Sorgen Sie immer dafür, dass Ihr Werkzeug sauber und trocken ist. Ölverschmierte Schraubenschlüssel sorgen nicht nur für schmutzige Hände, sie rutschen auch gerne beim Montieren aus der Hand. Auch Ölflecken am Boden sollten wegen der Ausrutschgefahr sofort beseitigt werden. Sauberkeit beim Schrauben verhindert auch, dass Schmutz in einen geöffneten Motor gelangen kann.

Das wichtigste aber bei der Arbeit am Motorrad ist, das sie selbst fit sind. Sie sollten niemals müde, gestresst oder unter Alkohol- bzw. Drogeneinfluss (Medikamente) am Motorrad schrauben. Zum einen besteht höchste Unfallgefahr, zum anderen könnten sie vergessen, lebenswichtige Schrauben anzuziehen. Auch sollten sie bei der Arbeit nicht rauchen. Einerseits wegen der Brandgefahr und andererseits wegen ihrer Gesundheit. Ich meine nicht den Qualm einer Zigarette – der ist schon giftig genug – vielmehr die Öle und anderen giftigen Flüssigkeiten, die über die Finger auf die Zigarette gelangen und dort schließlich verbrennen und inhaliert werden. Wer mit Öl, Benzin oder Bremsflüssigkeit umgeht, sollte daher immer geeignete Handschuhe tragen. Benzin ist höchst giftig und kann bereits beim bloßen Hautkontakt in den Organismus gelangen.

Wenn Sie am Motorrad schrauben, vergewissern sie sich, dass das Motorrad sicher steht. Halten Sie sich einen Fluchtweg offen, falls es doch einmal zum Brand kommen sollte. Das gilt verstärkt in Garagen und zu Werkstätten umgebauten Schuppen.

Seltene Ersatzteile sollte man auf Lager haben! Kaufen Sie z. B. auf Teilemessen günstige Ware gleich auf Vorrat ein.

Die Möglichkeiten der Ersatzteilbeschaffung

Das erste Problem beim Schrauben, das es zu überwinden gilt, ist die Ersatzteilbeschaffung. Denn was nützt alles Fachwissen und gutes Werkzeug, wenn man das benötigte Ersatzteil nicht zu Verfügung hat?

Vor einigen Jahren wurde ich einmal gefragt, ob irgendwann einmal die alten Motorräder, trotz aller Bemühungen ihrer Besitzer, nicht mehr fahrbereit gehalten werden können, da Ersatzteile einfach nicht mehr beim Markenhändler erhältlich sind. Dieses Argument ist natürlich nicht von der Hand zu weisen. Die Erfahrung hat mir aber gezeigt, dass das ein Problem sein kann, es aber immer lösbar ist. Viele Ersatzteile werden gerade bei Motorradtypen, die weit verbreitet waren, aber auch zunehmend bei Exoten, heute von Clubs, Interessensgemeinschaften oder von den so genannten Traditionsabteilungen der Hersteller selbst nachgefertigt, meist sogar in erheblich besserer Qualität als einst das Originalersatzteil.

Ersatzteile aus dem Internet

In Zeiten von Internet und E-Mail macht es auch keine Mühe mehr, weltweit nach einem Ersatzteil zu recherchieren und Preisvergleiche vorzunehmen. Sicherlich bedeutet es etwas mehr Aufwand, die Teile zu bekommen, aber es klappt eigentlich immer. Wer wirklich das Pech haben sollte, dass ein Teil nicht mehr aufzutreiben ist – auch nicht auf den zahlreichen Teilemärkten – sollte sich überlegen, ob er nicht zu einem der vielen Werkzeugmacher-Fachbetriebe geht und sich dort mal ein Angebot einholt, was eine Nachfertigung kostet. Hier gilt immer die Regel, ein Teil kostet viel, lasse ich aber viele produzieren, sinken die Kosten für das einzelne Teil rapide.

Folgende Überlegung sollte daher vor diesem Schritt berücksichtigt werden. Wenn ich ein Teil wirklich benötige, könnte das bedeuten, dass andere, die das gleiche Motorrad fahren, es auch brauchen können. Der leergefegte Markt ist häufig ein Beweis dafür, dass ein Teil oft benötigt wird. Es liegt daher an einem selbst, diese Leute zu finden. Über das Internet ist das heute kein Problem. Auf den Homepages der Clubs und IGs finden sich meist Diskussions-Foren oder Kontaktadressen. Es kostet nur Zeit, einfach nachzufragen, wer das benötigte Teil noch brauchen kann. Wenn man auf diesem Weg einige ernsthafte Interessenten zusammen hat, holt man sich ein Angebot ein. Sie sollten dabei auf jeden Fall bei mehreren Betrieben anfragen. Ich war oft sehr erstaunt, welche preislichen Unterschiede verschiedene Fachbetriebe für die Nachfertigung ein und desselben Teils haben. 100 bis 200 % Unterschied sind keine Seltenheit. Auch hier ist das Internet sehr hilfreich. Auf diese Weise spart man Kosten,

Aus meiner Trickkiste:

Günstige Ersatzteile

Wer findig ist, kann sein benötigtes Ersatzteil auch bei anderen Marken suchen. Moto Guzzi und BMW wurden und werden seit Jahrzehnten von Bosch beliefert. So wundert es nicht, dass eine Menge Elektrik-Teile von der Lichtmaschine bis zum E-Starter identisch sind. Was der eine gerade nicht hat, kann unter Umständen im Regal der Konkurrenz liegen. Interessant ist der Umstand, dass die Preise für die gleichen Teile bei den Herstellern erheblich auseinander gehen. Ein Preisvergleich lohnt daher fast immer. Gerade die europäischen Motorradhersteller greifen vielfach auf Normteile zurück. Identische Lager, Schrauben, Stecker, Dichtringe, Armaturen, Griffe und vieles mehr finden sich weit verbreitet bei fast allen Motorradherstellern. Manchmal unterscheiden sich Teile lediglich in der Farbgebung oder Verpackung. Für meine Guzzi beziehe ich z. B. die Kupplungsreibscheibe bei Fiat. Dort ist sie um mehr als die Hälfte billiger und, aus welchen Gründen auch immer, blau eingefärbt.

Bei Gebrauchtteile-Händlern lässt sich manche Rarität finden: links eine Moto Guzzi V 65 Lario, in der Bildmitte ein Garelli-Moped und im Hintergrund rechts eine alte Motobi.

hat sein gesuchtes Ersatzteil, oder mehrere, und lernt meist auch noch nette Menschen kennen, die die gleiche Leidenschaft haben, wie man selbst. Hilfreich ist auch, Mitglied in einem der vielen IGs oder Clubs zu sein. Oft ist es der Fall, dass Mitglieder die entsprechende Ausbildung oder werkzeugtechnische Ausrüstung haben und die Fertigung eines Teils zum Selbstkostenpreis erledigen. Mit etwas Glück hat auch das eine oder andere Vereinsmitglied das Teil auf Lager. Die Schranken, es einem Vereinsbruder oder einer Vereinsschwester zu geben, sind manchmal niedriger als bei einem Fremden.

Auch Schrottplätze sind hervorragende Ersatzteillieferanten für Motorräder. Die meisten Teile haben eingestanzte Teilenummern. Wer diese Nummern kennt, kann auf Schrottplätzen gerade bei Elektrikteilen viel Geld sparen. So sind die E-Starter von BMW-Motorrädern und Moto Guzzi auch in vielen deutschen PKW zu finden. Manchmal gewähren einem die Schrotthändler sogar eine gewisse Garantie auf die gebrauchten Teile. Wenn ein Teil mal nicht funktionieren sollte, so habe ich noch keinen Schrotthändler erlebt, der das Teil ohne zu Zögern nicht umgetauscht hätte. Zugegeben – auf diese Art Ersatzteile zu suchen, ist sehr zeitraubend, aber auch hier kann das Internet manchmal helfen. Einige private Homepages bieten Referenzteile-Listen (z. B. häufig bei Benelli), so dass das gesuchte Teil leicht bei der Konkurrenz zu bestellen ist. Nachdem wir jetzt wissen, wie wir benötigte Teile beziehen können, wenden wir uns dem Zustand unseres Motorrades zu.

In welchem Zustand befindet sich mein Motorrad?

Es klingt vielleicht für den einen oder anderen Leser unglaublich, aber ein nicht unerheblicher Teil der Motorradfahrer und Motorradfahrerinnen hat keine Ahnung von der Technik der Maschine, geschweige denn vom technischen Zustand, in der sie sich gerade befindet. Diesen Zustand zu ermitteln, ist – wie bereits erwähnt – kein Hexenwerk und sollte jeder Motorradbesitzer und jede Motorradbesitzerin in seinen Grundzügen beherrschen. Das spart nicht nur Geld sondern dient auch der persönlichen Sicherheit und selbstverständlich auch der der anderen. Beginnen wir daher, unsere Maschine näher zu betrachten. Bevor wir uns der Technik des Fahrzeugs zuwenden können, muss das Motorrad gründlich gewaschen und von allen Öl-, Benzin-, Staub- und Teerrückständen befreit werden.

Die Reinigung

Motorräder ziehen Schmutz geradezu magnetisch an. Da sie keine glatte Karosserie wie ein Auto haben, dafür aber unzählige Winkel und Ecken, sammelt sich der Schmutz im Laufe der Zeit stark an. Aus diesem Grund kann die vollständige Reinigung mehrere Stunden in Anspruch nehmen, wenn sie gewissenhaft durchgeführt wird. Leider ist das Reinigen eines Motorrades nicht gerade eine einfache Sache. Der Fachhandel bietet jedoch eine Reihe von Reinigungsprodukten an, die alle mehr oder weniger gut sind. Sie können einem die Arbeit erleichtern. Allen Reinigungsmitteln gemeinsam ist aber, dass sie möglichst nicht ins Grundwasser gelangen dürfen. Deshalb kann das Motorrad nur an Tankstellen gereinigt werden, die Hochdruckreinigungsplätze anbieten.

Scrambler-Motorräder, wie die Suzuki T20, Bj. 1967, waren bis Anfang der 1970er Jahre eine Modeerscheinung in den USA.

Diese sind mit Ölabscheidern ausgerüstet, die die Reinigungsrückstände und den Schmutz aus dem Waschwasser filtern. Wer hier der Versuchung erliegt, das Motorrad mit dem Hochdruckreiniger zu waschen, sollte diesen möglichst sorgsam einsetzen. Gerade die empfindliche Elektrik verträgt die mehr als 100 bar Wasserdruck nicht immer. Startschwierigkeiten und Zündaussetzer sind die Folge; abgesehen davon, dass Wasser – bedingt durch den hohen Druck – durch Entlüftungsbohrungen in den Motor, Vergaser oder das Getriebe gelangen kann. Auch Lackierungen können unter dem Hochdruckreiniger stark leiden. Vor Jahren konnte ich an einer Ducati Pantah 500 beobachten, wie ihr Besitzer ungewollt Teile der Goldlackierung der Hinterradfelge einfach wegsprühte, weil er zu dicht darauf gehalten hatte. Und das war kein Einzelfall. Auch die empfindlichen Typenschilder an Tank und Seitendeckel halten dieser Radikalbehandlung im allgemeinem nicht stand. Die Nachteile von Hochdruckreinigern sind auch den Profis bekannt.

Reinigen mit Trockeneis

Bereits vor Jahren wurde daher eine neue Methode entwickelt, die wirklich jeden Dreck von Fahrzeugen entfernen kann – das so genannte Trockeneisstrahlen. Als Strahlmittel werden Trockeneispellets, das sind

Auch während einer Tour sollte man die Pflege seines Motorrades nicht vernachlässigen.

An einem sauberen Motorrad erkennt man jeden Schaden.

kleine Eiskügelchen aus CO_2 (Kohlendioxid), eingesetzt. Hauptvorteil: Die eiskalten Pellets lösen sich sofort nach dem Auftreffen auf die zu reinigende Oberfläche vollständig in Gas auf. Zurück bleibt nur der entfernte Schmutz. Die Reinigung mit Trockeneis funktioniert dabei ähnlich dem herkömmlichen Strahlen mit Wasser. Der Trick bei dieser Methode ist aber, dass während der Kontaktzeit mit dem Strahlmittel sich die Verschmutzung durch die starke CO_2-Unterkühlung (–79 °C) zusammen zieht und versprödet. Durch die entstandene Thermospannung löst sich der Dreck von der Oberfläche. Mit Hilfe der nachfolgend auftreffenden Pellets wird die Beschichtung dann vollständig abgetragen. Im Gegensatz zum bekannten Hochdruckreiniger wird aber die Oberfläche nicht beschädigt. Da die Reinigung „trocken" erfolgt, müssen zudem Bauteile, wie z. B. Motoren oder Elektrikkomponenten, zur Reinigung nicht mehr ausgebaut bzw. isoliert werden. Wer zur Reinigung seines Motorrads diese Methode an-

Aus meiner Trickkiste:

Saubere Werkstatt

Eine gute Motorradwerkstatt werden Sie auch daran erkennen, wenn der Mechaniker Sie bittet, die Maschine gewaschen zur Inspektion oder Reparatur zu bringen. Das hat nichts mit übertriebenem Reinlichkeitswahn zu tun, sondern ist auch neben den genannten Gründen von oben eine präventive Maßnahme, dass kein Dreck in den geöffneten Motor gelangt. Außerdem halte ich es für eine faire Geste dem Mechaniker gegenüber, der an ihrem Motorrad arbeitet. Ich persönlich bevorzuge es auch, an einem sauberen Motorrad zu schrauben. Die Finger bleiben sauberer und eventuelle Defekte an Lack, Chrom oder an der Technik offenbaren sich einem sofort, ohne das sie durch Dreck kaschiert werden. Abgesehen davon, ein sauberes Motorrad sieht einfach besser aus.

Trockeneisstrahlen: Eine gründliche und schonende Reinigungsmethode.

wenden möchte, muss sich an entsprechende Firmen wenden. Im Internet finden sich einige Betriebe, die ihre Dienste anbieten. Die Kosten für eine Motorradreinigung halten sich in überschaubaren Grenzen. Vor allem aber spart man sich mit Trockeneisstrahlen eine Menge Zeit – und die ist manchmal auch Geld!

Wer es nur mit leichten oder mittleren Verschmutzungen zu tun hat, kann sein Motorrad aber auch von Hand waschen. Weiche Bürsten und Lappen aus Baumwolle haben sich zusammen mit handelsüblichen Motorradreinigern bestens bewährt. Bei leichten Verschmutzungen können es übrigens auch mal ein paar Spritzer Geschirrspülmittel sein. Diese lösen ja bekanntlich auch sehr gut Fett. Essigreiniger lösen vorzüglich Benzinrückstände an Vergasern und Haushaltsmetallpolituren sind nützlich bei Chrom und Alu. Extrem nützlich ist Stahlwolle (Pfannenreiniger). Sie gibt es ohne Seifenzusatz im Baumarkt in verschiedenen Flecht-Stärken. Mit einem Spritzer Geschirrspülmittel sind sie genauso gut wie die berühmten Pfannenreiniger und darüber hinaus sehr viel günstiger. Für unseren Gebrauch ist feine Stahlwolle am besten. Sie hat sich bei mir besonders bewährt, eingebrannte Flecken auf den Krümmern und Auspufftüten zu entfernen. Auch leichter Flugrost z. B. auf verchromten Lenkern oder Blinkergehäusen lässt sich damit spielend beseitigen.

Motorräder werden immer von oben nach unten gereinigt. Nachdem das Motorrad gründlich gewaschen worden ist und alle Ölrückstände entfernt sind, trocknet man es mit weichen

Tüchern gut ab. Manch einer wird sich hier fragen, warum soll ich mein Motorrad eigentlich reinigen, bevor ich es technisch begutachte. Eventuelle Öl-Undichtheiten werden doch weggewaschen und man sieht nicht mehr, ob irgendwo Öl austritt. Stimmt, aber nur zur Hälfte! Bei allem Dreck, der an einem Motorrad anhaften kann, ist oft nicht klar festzustellen, wo Öl-Undichtheiten aufgetreten sind. Der Straßenstaub verbindet sich mit dem Öl zu einer schwarzen Masse, die den ganzen Motor überziehen kann. Wenn dieser Dreck heruntergewaschen wird und das Motorrad dann anschließend 20 oder 30 km gefahren wird, offenbaren sich einem oft die Öllecks sehr genau. Kein Dreck bindet das Öl. Es zeigt sich als Tropfen oder Ölnebel an der undichten Stelle.

Eine KTM Cross-Maschine nach hartem Wettbewerbseinsatz (oben) und nach dem Trockeneisstrahlen (unten).

Prüfung, Wartung, Reparatur

Räder und Fahrwerk

Da die Räder und Reifen besonders sicherheitsrelevante Bauteile an einem Motorrad darstellen, wollen wir mit der Prüfung dieser Bauteile beginnen.

Die Reifen

Benötigtes Werkzeug und Hilfsmittel:

- Kleiner Schraubenzieher
- Kombizange
- Wagenheber oder Holzklotz

Die Reifen stellen das Bindeglied zwischen Motorrad und Straße dar. Sie müssen die Umfangskraft, die in Bewegungsrichtung des Rades ausgerichtet ist und zusätzlich die Fliehkraft, die das Motorrad in der Kurve nach außen drückt, bewältigen. Hinzu kommen noch Gewichts- und Seitenkraft, die speziell beim Kurvenfahren auftreten. Wer weiß, was diese Kräfte für einen Reifen bedeuten, der wird immer ein besonderes Augenmerk auf die seinigen haben.

Unsere Sichtprüfung beginnt bei der so genannten Decke. Die Decke ist das, was landläufig auch als Mantel oder Reifen bezeichnet wird. Ich verwende hier den Begriff Reifen. Hierzu wird das Motorrad so aufgebockt, dass man die Räder drehen kann. Ein passender Holzklotz oder ein Wagenheber unter dem Motorblock kann, wenn nötig, hier sehr hilfreich sein. Besser aber hilft einem ein Freund oder eine Freundin hinten oder manchmal auch vorne herunterzudrücken, so dass das Hinter- oder Vorderrad sich frei drehen lässt. Bei der Sichtprüfung des Reifens, wozu wir das Rad langsam drehen und Zentimeter für Zentimeter genau begutachten, ist zunächst darauf zu achten, dass dieser keine Risse hat oder gar Stellen aufweist, wo Gummi fehlt. Der gewebeartige Unterbau des Reifens darf auf keinen Fall irgendwo zu sehen sein. Ferner ist darauf zu achten, dass der Reifen sich nirgends ausgebeult hat. Wenn eine solche Beule zu sehen ist, ist dies ein deutliches Zeichen dafür, dass der gewebeartige Unterbau des Reifens, z. B. durch einen heftigen Randsteinkontakt, zerstört worden ist. Reifen, die einen oder mehrere dieser Defekte aufweisen, sind ohne Rücksicht auf ihren sonstigen Erhaltungszustand, sofort zu ersetzen. Sie sind schlicht lebensgefährlich.

Bei der Sichtprüfung ist auch auf Fremdkörper im Reifen zu achten. Stecken Nägel oder Glasscherben in ihm? Auch wenn ein solcher Fremdkörper sich noch nicht bis zum Inneren durchgearbeitet hat und Schlauch und Reifen den Druck noch halten, ist ein solcher Fremdkörper mit einer Zange aus dem Reifen zu entfernen, auch auf die Gefahr hin, dass der Reifen dann die Luft verliert und platt ist. Lieber einen Platten vor der Haustür als irgendwo in der Pampa! Ob ein Reifen, in dem ein Fremdkörper gesteckt hat, noch weiter zu verwenden ist, muss der kompetente Reifenfachhändler entscheiden. Manchmal spricht dagegen nichts. Sind jedoch nur die geringsten Zweifel an der Haltbarkeit und Sicherheit des Reifens zu äußern, ist dieser rücksichtslos auszutauschen. Sicherheit geht vor Sparen! Kleine Steinchen oder andere Fremdkörper, die im Profil klemmen, sind bei dieser Gelegenheit vorsichtig mit einem kleinen Schraubenzieher aus dem Reifenprofil zu pulen. Manch einer erlebte bei dieser Aktion schon eine Überraschung. Das vermeintlich kleine Steinchen, das im Profil steckte, war doch ein Splitter, der den Reifen bereits durchbohrt hatte.

Das Alter der Reifen

Wer eine ältere Maschine gerade gekauft hat, sollte bei der Sichtprüfung auch das Alter des Reifens überprüfen. Besitzer, die ihr Motorrad seit Jahren oder Jahrzehnten besitzen, wissen in aller Regel, wann sie die letzten Reifen montiert haben. Trotzdem sollten auch diese das Alter überprüfen. Man weiß ja nie! Das Alter eines Reifens lässt sich leicht feststellen. An der Reifenflanke, meist dort wo die Größe steht, befindet sich in der Regel ein ovales oder rechteckiges Feld, das eine Zahlenkennung beherbergt. Einfach aufzuschlüsseln sind diese so genannten Produktionsdatum-Kennungen wenn sie aus drei Zahlen bestehen, wie z. B. 303. Das bedeutet, unser Reifen wurde in der 30. Woche 1993 produziert. Das Dreieck dahinter bezeichnet bei einigen Herstellern die Dekade, hier 1990–1999. Ab 1.1.2000 besteht dieser Code aus 4 Ziffern, 2 für die Woche und 2 für das Jahr. Bestehen dennoch Zweifel am Alter, so hilft der freundliche Reifenhändler gerne bei der Entschlüsselung dieser Kennungen weiter. Als Faustregel soll hier gelten, dass ein Reifen, der älter als fünf Jahre ist, ersetzt werden muss, unabhängig davon, wie gut er aussieht. Auf Veteranen-Teilemärkten habe ich oft Reifen zum Verkauf gesehen, die zehn Jahre und älter waren und an ahnungslose Menschen verkauft wurden, mit dem Argument, der Reifen sei jetzt „gut abgehangen“ so dass der Gummi jetzt hart ist und er hierdurch ewig halte. Stimmt tatsächlich! Wer so einen Reifen montiert, hat einen steinharten Reifen, der tatsächlich ewig hält. Bei Sonnenschein, hohen Temperaturen und nur Geradeaus-Fahren mag das ja noch angehen. Bei der ersten Regenfahrt, bei der es womöglich etwas kälter ist, geht die Straßenhaftung (Haftkraft) eines solchen Reifens wegen seiner Härte aber gegen Null. Ein Sturz in der Kurve oder bei einem plötzlichen Bremsmanöver ist geradezu unvermeidlich. Ich halte Händler, die einem Kunden solche alten Reifen verkaufen, für schlicht kriminell!

Dieser Reifen wurde in der 43. Woche 1996 hergestellt.

Die Reifendaten

Wenn wir schon bei der Sichtprüfung sind, lohnt es sich auch, die Angaben zur Reifengröße in den Fahrzeugpapieren einmal mit den montierten Reifen zu vergleichen. Aber nur die wenigsten wissen mit den Zahlen und Buchstaben auf der Flanke der Reifen etwas anzufangen.

Als Beispiel soll hier eine gängige Größe dienen, die sich auf einigen Youngtimern montiert findet.

130/90–16 67 H

130 ist die Breite des Reifens, hier 130 mm.

90 bezeichnet die äußere Abflachung in Prozent, d. h. die Höhe des Reifens ist 90 Prozent von seiner Breite.

16 ist der Felgendurchmesser in Zoll.

67 bezeichnet die höchstzulässige Tragfähigkeit (Load Index, LI) des Reifens, hier 307 kg.

H ist die Geschwindigkeitsklasse (Speed Index, SI), hier bis 210 km/h.

Diese Angaben haben zu 100 % mit den Angaben in den Fahrzeugpapieren überein zu stimmen. Lediglich die Geschwindigkeitsklasse darf nach oben, also zum schnelleren hin, abweichen, ebenso wie die Tragfähigkeit des Reifens.

Zur Entschlüsselung der Geschwindigkeitsklassen soll die nachfolgende Tabelle dienen:

Geschwindigkeits-symbole Code-Buchstaben	Geschwindigkeits kategorien km/h
B	50
C	60
D	65
E	70
F	80
G	90
J	100
K	110
L	120
M	130
N	140
P	150
Q	160
R	170
S	180
T	190
U	200
H	210
V(VB)	über 210
Z (ZR)	über 240

Als zusätzliche Bezeichnungen finden sich:
Tubetype (TT): Bereifung mit Schlauch
Tubeless (TL): Schlauchlosbereifung

Reifengröße mit Tragindex und Geschwindigkeitsklasse

Vorgeschriebene Drehrichtung des Reifens

Die so genannte DOT-Nr. (Department of Transportation) garantiert, dass der Reifen den US-Bestimmungen entspricht. Für uns in Europa ist das ganz nett zu wissen, aber nutzlos.

Zusatzbezeichnungen nach der Kennzeichnung des Reifentyps weisen auf eine spezielle Mischung hin (z. B. ME Z1 Racing, MTR02 Dragon Corsa).

Wichtig hingegen ist es, auch mal zu überprüfen, ob unser Reifen richtig herum montiert ist. Fast jeder Reifen hat vom Hersteller eine vorgegebene Laufrichtung. Sie garantiert einerseits, dass das Profil in der richtigen Art und Weise mit der Straße in Kontakt kommt. Das ist wichtig beim Beschleunigen, Bremsen und vor allem bei Regenfahrten. Andererseits ist so gewährleistet, dass der Reifen nicht ständig „rückwärts läuft" und sich wegen seines drehrichtungsabhängigen Aufbaus ständig übermäßig erwärmt. Die Karkasse des Reifens ist nämlich so gewickelt, dass sie bei korrekter Drehrichtung wenig innere Reibung erzeugt. Auf der Reifenflanke ist daher ein Laufrichtungspfeil zu sehen, den es bei der Montage zu beachten gilt. Er gibt die Drehrichtung vor. Einige Reifen können verdreht herum montiert werden, d. h. in die eine oder andere Drehrichtung. Das hat dann aber mit der Verwendung eines solchen Reifens als Vorder- oder Hinterrad zu tun. Je nach Einsatzzweck dreht hierbei der Reifen in die eine oder andere Richtung und muss entsprechend montiert sein. In den beiden Drehrichtungspfeilen auf der Flanke eines solchen Reifens findet sich daher meist die Angabe, Rear Wheel (auch Driving Wheel) oder Front Wheel. Achten Sie daher auch darauf, ob Ihr Reifen am richtigen Rad korrekt montiert wurde.

Dieser Reifen ist schlauchlos!

Reifen-Freigängigkeit

Zur Sichtprüfung des Reifens gehört auch, seine Freigängigkeit im Fahrwerk des Motorrades zu überprüfen. Ausreichend große Reifenfreiräume garantieren, dass der Reifen während aller Fahrzustände genügend Raum zu Kotflügel, Gabel, Schwinge, Kette, Stoßdämpfer, Auspuff usw. hat. Aufgrund der herrschenden Fliehkräfte und Wärmeausdehnung kann sich der Durchmesser des Reifens nicht unbeträchtlich vergrößern. Achten Sie daher darauf, dass Veränderungen im Radstand, wie sie z. B. durch verschlissene Ketten bedingt sein können, nicht über die Markierungen hinaus, die auf dem Kettenverstellbereich vorgegeben sind, erfolgen.

Umgekehrt verhält es sich, wenn man das hintere Kettenrad vergrößert, um die Übersetzung zu verkürzen und dabei die gleiche Kettenlänge verwendet. Dies wird vor allem von Besitzern hubraum- und leistungsschwacher Maschinen praktiziert, um z. B. bei Urlaubsfahrten über die Alpen, genügend Durchzug am Pass zur Verfügung zu haben. Hier kann der Reifen bei hohen Geschwindigkeiten an der Schwinge schleifen. Ein Reifen, der während des Fahrbetriebes schleift, macht dies nicht zwangsweise, wenn das Fahrzeug steht und die Räder mit der Hand gedreht werden. Schleifspuren sind aber meist deutlich zu erkennen. Es kann aber vorkommen, dass eine Schleifspur am Reifen sich so regelmäßig darstellt, als ob sie zum Reifenbild gehört. Schauen Sie daher immer genau hin. Durchgestrichene Buchstaben oder Zahlen an der Reifenflanke gibt es nicht. Das sind Schleifspuren!

Aus meiner Trickkiste:

Reifenprofil nicht schneiden!

Wer meint, beim Reifen sparen zu können, indem man das Profil mit einem Messer nachschneidet, dem soll hier gesagt sein, dass dieses Handeln äußerst dumm ist, weil die Decke aufgrund des Materialverlustes extrem dünn wird und somit jederzeit reißen kann. Zudem zahlt keine Versicherung der Welt die Folgen eines etwaigen Unfalls, der aufgrund eines solchen Reifens verursacht wird. Also Finger weg von Profilschneidemessern!

Unterschiedliche Reifen

Bei der Sichtprüfung wird der eine oder andere feststellen, dass unterschiedliche Reifenfabrikate auf seinem Fahrzeug montiert sind. Die Kombination der hieraus sich ergebenden unterschiedlichen Reifenbauarten ist nach der Änderung der StVZO §36 ab 01.01.1994 als „Mischbereifung" bei Motorrädern grundsätzlich erlaubt. Somit ist die Kombination von Radialreifen mit Diagonalreifen technisch und rechtlich möglich. Eine Montage darf jedoch nur mit der entsprechenden Freigabe der Reifen- und Fahrzeughersteller erfolgen.

Sind lediglich Reifen zweier verschiedener Hersteller mit selber Bauart montiert, ist das unbedenklich.

Profiltiefe

Benötigtes Werkzeug und Hilfsmittel:

- Schieblehre, Profiltiefenmesser oder 1 Euro-Münze

Nachdem die Sichtprüfung des Reifens abgeschlossen ist, wollen wir uns der technischen Prüfung zuwenden. Hierzu benötigen wir eine Schieblehre. Mit ihr lässt sich bequem die Profiltiefe messen. Eine fahrtechnisch sichere Reifendecke hat mindestens noch 3 mm Profiltiefe. Der Gesetzgeber lässt sogar noch Reifen mit einer Profiltiefe von 1,6 mm zu. Gemessen wird übrigens immer dort, wo sich das wenigste Profil befindet. Das ist in der Regel in der Mitte der Lauffläche am Hinterrad, oder an den Flankenbereichen des Vorderrades. Es gibt aber auch Könner, die ihre Reifendecke extrem am Rand abfahren. Unabhängig von der Stelle, an der das Profil abgefahren ist: Eine Reifendecke die Stellen aufweist, die weniger als 1,6 mm Profil haben, muss von Gesetz wegen ausgetauscht werden. Diese Profiltiefe ist aber, wie allgemein bekannt, gerade bei Regenfahrten bereits zu wenig. Da nicht jeder eine Schieblehre besitzt, kann man behelfsweise zum Messen auch eine 1-Euro-Münze zur Hand nehmen. Vom Rand der Münze zum silbernen Kern misst sie 3,5 mm. Verdeckt das Reifenprofil den Rand der Münze, kann beruhigt weitergefahren werden.

Reifenluftdruck

Benötigtes Werkzeug und Hilfsmittel:
- Luftdruckmesser

Selbstverständlich messen wir auch den Reifendruck. Ein Großteil der Reifenschäden wird durch falschen Luftdruck ausgelöst oder verschlimmert. Zudem beeinflusst der Reifenluftdruck das Fahrverhalten des Motorrades wesentlich. Die Fahrzeughersteller schreiben daher den korrekten Reifenluftdruck vor. Mindestens einmal pro Woche sollte am kalten Reifen der Luftdruck überprüft werden, bei warmen Reifen erhöht sich der Druck in Folge der Wärmeausdehnung. Das Fahrerhandbuch oder falls dieses nicht mehr vorhanden ist, der Händler, die IG oder der Club gibt einem gerne über den korrekten Reifendruck Auskunft. Manchmal findet sich ein Aufkleber mit der Luftdruckangabe auch noch unter der Sitzbank oder an der Schwinge. Wer den Luftdruck nicht eruieren kann, der muss mit Erfahrungswerten vorlieb nehmen. In der Regel beginnt man mit 2,0 bar Druck auf beiden Reifen und nimmt vorsichtig Fahrversuche vor. Falscher Luftdruck, egal ob zu hoch oder zu niedrig, führt zu einer kürzeren Lebensdauer einer Reifendecke. Bei zu niedrigem Luftdruck kann der Reifen walken und sich hierdurch so stark erwärmen, dass er sich aufzulösen beginnt. Bei der Kurvenfahrt führt der zu niedrige Luftdruck dazu, dass die Reifenflanke wegknicken kann. Fahrdynamisch hat man hierbei das

Der Reifenluftdruck muss regelmäßig überprüft werden. Für gewöhnlich sind 2,0 bar optimal.

Gefühl, über einen Ölfleck gefahren zu sein. Unter Umständen verliert der Fahrer hierdurch die Kontrolle über die Maschine und stürzt. Nicht unerheblich ist auch der Umstand, dass niedriger Luftdruck auch einen erhöhten Rollwiderstand bildet und somit den Benzinverbrauch ansteigen lässt. Zu hoher Luftdruck führt durch die Härte des Reifens zu erheblichen Komforteinbußen. Nur bei korrektem Luftdruck kann die Eigendämpfung des Reifens einen nicht unerheblichen Teil der Federung übernehmen. Auch das Profil eines Reifens, der zu hohen Druck hat, fährt sich schneller ab, da aufgrund der Rundung des Reifens weniger Profil auf der Straße aufsteht.

Wer also seinen genauen Reifendruck nicht kennt und diesen ermitteln möchte, sollte ein wachsames Auge auf seine Reifen haben. Die Fahreigenschaften des Motorrades und der Verschleiß zeigen deutlich, ob der Luftdruck stimmt. Am Rande sei angemerkt, dass auch die Angaben der Hersteller lediglich Richtwerte sind, die je nach Einsatz variieren dürfen. Die Reifen- und Fahrzeughersteller geben für die Reifen in der Regel den durchschnittlichen Reifendruck an. Für die Angaben in bar oder PSI (Pounds per Square Inch) gelten folgende Umrechnungen: 1 bar = 14,5 PSI, 1 PSI = 0,069 bar. Wer sich an diese Angaben hält, ist auf der sicheren Seite. Bei Soziusbetrieb darf der Reifendruck im Hinterreifen in der Regel um 0,2 bar erhöht werden. Auch für den Autobahneinsatz wird eine Erhöhung um 0,2 bar an beiden Rädern empfohlen.

Nach der Reifendruckkontrolle darf man nicht vergessen, die Ventilschutzkappe wieder aufzuschrauben. Sie verhindert nicht nur, dass Dreck in das Ventil gelangen kann, sondern auch einen abrupten Druckverlust bei hohen Geschwindigkeiten, falls aufgrund der hohen Zentrifugalkräfte die Federvorspannung des Ventils und der Innendruck nicht mehr ausreichen, das Ventil geschlossen zu halten. Es lohnt sich daher, die billigen serienmäßigen Plastikkappen durch Ventilschutzkappen aus Metall mit Gummidichtring zu ersetzen. Die sehen nicht nur besser aus, sondern sie halten tatsächlich im Ernstfall dem Reifenluftdruck stand.

Reparatur von Reifen

Benötigtes Werkzeug und Hilfsmittel:

- Luftpumpe
- Montagepaste
- Montiereisen
- Plastikschoner (s. u.)
- Reifenflickzeug
- Werkzeug zum Ausbau des Rades (je nach Motorradtyp unterschiedlich!)

Am Schluss unseres Reifenchecks noch ein paar Worte zur Reparatur von Reifen.

Haben Sie Beschädigungen an einem Reifen festgestellt, sollten diese grundsätzlich von einem Fachmann nochmals überprüft und ggf. repariert werden. Von eigenen Reifenreparaturen wird hier aus Sicherheitsgründen dringendst abgeraten. Die auf dem Markt erhältlichen Pannenhilfen, vor allem Dichtungsmittel sind nur als Notbehelfe anzusehen. Wenn Sie diese dennoch gebrauchen müssen, sind die Anweisungen des Reparaturmittelherstellers unbedingt zu beachten. Das Einlegen eines Schlauches zum Abdichten einer beschädigten Reifendecke ist nicht nur technisch äußerst bedenklich, sondern auch von Gesetz her verboten. Wer einen neuen Reifen montieren lässt, sollte bei Schlauchreifen darauf achten, auf keinen Fall den alten Schlauch wiederzuverwenden. Dieser hat sich meist gedehnt. Die Wahrscheinlichkeit, dass er sich bei erneutem Einbau in Falten wirft, ist sehr hoch. Die Falten können im Fahrbetrieb aneinander reiben und den Schlauch zum Platzen bringen. Bei Speichenfelgen ist auch das Felgenband zu ersetzen. Es schützt den Schlauch vor den Speichenenden im Felgenbett. Achten Sie auf gute Qualität! Verwenden Sie auf keinen Fall Plastikisolierband oder ähnliches. Dieses Material ist extrem scharfkantig und kann im Fahrbetrieb den Schlauch aufschlitzen. Verwenden Sie auch neue Ventile. Nichts ist ärgerlicher, als wenn der neue Reifen ständig Luft verliert, nur weil das Ventil nicht mehr das Beste ist. Reifen dürfen niemals trocken montiert werden. Eine trockene Montage verhindert, dass der Reifen richtig auf der Felge sitzt. Seriöse und professionelle Reifenmonteure erkennt man auch daran, dass sie so genannte Montagepaste verwenden. Das ist eine seifenähnliche Flüssigkeit, mit der Reifen und Felge vor der Montage eingeschmiert werden. Sie sorgt dafür, dass der Reifen über den Hump auf die Felge rutscht. Verwenden Sie niemals Öle oder ähnliche Schmierflüssigkeiten für diesen Zweck. Die Lösungsmittel im Öl können den Reifen nachhaltig beschädigen. Zudem besteht die Gefahr, dass der Reifen im Fahrbetrieb auf der Felge wandert. Folge: Unwucht oder undichter Reifen.

Vom Umgang mit Reifen

Dass ein Reifen, der schonend gefahren wird, lange hält, braucht hier nicht erwähnt zu werden. Die wenigsten wissen aber, dass Motorradreifen, die auf Prüfständen, seien es Leistungs- oder Bremsprüfstände, gelaufen sind, extrem belastet wurden. Ich möchte dies hier erwähnen, weil viele Motorradfahrer ihre Maschinen gerne Mal, wenn es die Gelegenheit bietet, auf Leistungsprüfstände stellen. Gerade bei Motorradtreffen werden diese immer beliebter. Bei Leistungs- und Bremsprüfungen können jedoch sichtbare und versteckte Reifenschäden entstehen, die unter Umständen erst sehr viel später zum abrupten Ausfall des Reifens führen können. Ich rate daher jedem dringend ab, solche Prüfungen durchzuführen, es sei denn, man will im Anschluss sowieso neue Reifen montieren lassen. Abgesehen davon, dass Leistungsprüfstände der gesamten Technik des Fahrzeuges nicht gerade zuträglich sind.

Wer Reifen lagern muss, sei es, weil das Fahrzeug zerlegt ist oder er neue auf Vorrat gekauft hat, sollte darauf achten, dass sie dunkel, kühl, trocken, gut gelüftet und stehend lagern. Möglichst sollten sie nicht auf der Felge montiert sein. Falls sie es dennoch sind, ist die Felge liegend zu lagern. Chemikalien jeglicher Art dürfen nicht mit Reifen zusammen gelagert werden. Speziell Lösungsmitteldämpfe können den Gummi der Reifen stark angreifen.

Neue Reifen

War es trotz aller Pflege und Zuwendung doch nötig, neue Reifen zu montieren, müssen diese zu-

Neue Reifen müssen erst eingefahren werden, bevor sie wieder volle Haftung haben.

nächst eingefahren werden. Während der Produktion werden die Reifen in Stahlformen vulkanisiert. Die glatte Oberfläche der Stahlform und benötigte Trennmittel lassen Neureifen besonders glatt sein. Erst durch den Fahrtbetrieb wird die Lauffläche nach einer gewissen Einfahrzeit aufgeraut. Diese Aufrauung muss auch im Schulterbereich des Reifens erfolgen. Es ist daher nötig, bis der Reifen seine volle Schräglagenhaftung entwickelt hat, sich langsam an diesen Bereich vorzutasten. Die Hersteller geben für diese Einfahrzeit verschiedene Werte an, die zwischen 100 und 200 km liegen. Neue Reifen sollten daher nicht gerade unmittelbar vor einer längeren Reise montiert werden. Eine Maschine samt Gepäck und Sozius/Sozia zu beherrschen, falls sie mal rutschen sollte, ist sicherlich schwerer, als wenn kein Gepäck und Sozius/Sozia drauf sind.

Die Felgen/Reifen-Kombination

Motorradreifen sind grundsätzlich nur auf Motorradfelgen zu montieren. Bei kleinen Größen wie z. B. 13“-, 14“- und 15“-Zoll Reifen sind diese durch die Buchstabenkombination M/C (= Motorcycle) in der Felgen- bzw. Reifenbezeichnung kenntlich gemacht. Nur Reifen die auch einen sicheren Wulstsitz in der Felge haben, sorgen für ein sicheres Fahrverhalten. Felgenbreite und Reifen werden von den Herstellern aufeinander abgestimmt. So ist gewährleistet, dass der Reifen auch in Extremsituationen (z. B. Vollbremsung) nicht aus dem Felgenbett springt.

Wird ein Reifen auf zu schmale oder zu breite Felgen montiert, verändert sich die Laufflächenkontur. Das wirkt sich ungünstig auf das gesamte Fahrverhalten aus. Wer nicht sicher ist, ob auf seinem Motorrad die technisch richtigen Felgen oder Reifen montiert sind, kann diese bei den Reifenhändlern nachmessen lassen. Schnell lässt sich dort feststellen, ob die gefahrene Felgen/Reifen-Kombination auch den Anforderungen des Motorrades gewachsen ist. Ob ein Reifen richtig auf der Felge sitzt, erkennt man daran, ob die Markierungslinie auf den Reifenflanken immer im gleichen Abstand zum Felgenrand verläuft. Ist dies nicht der Fall, wurde der Reifen falsch montiert oder das Felgenprofil passt nicht zur Reifenflanke. Im ersten Fall muss der Reifen vom Fachhändler neu montiert werden. Nur er kann sicher entscheiden, ob die Ursache ein Montagefehler war oder die Reifen/Felgen-Kombination nicht harmoniert.

Felge

Benötigtes Werkzeug und Hilfsmittel:

- Luftpumpe
- Montagepaste
- Montiereisen
- Plastikschoner für Felge
- Werkzeug zum Ausbau des Rades (je nach Motorradtyp unterschiedlich!)

Motorrad-Räder bestehen neben den Reifen aus Felgen, Speichen, Naben, Achsen und Achslager. Technisch sind diese Teile in ihrer Funktion auf das Engste miteinander verbunden. Fällt eine dieser Komponenten aufgrund eines technischen Defektes aus, kann dies zur völligen Zerstörung aller zum Rad gehörigen Bauteile führen. Fahrdynamisch sind die Räder auf das höchste belastet. Immerhin übertragen sie sämtliche Beschleunigungs- und Verzögerungskräfte.

Wir müssen daher ein besonderes Augenmerk auf den technisch einwandfreien Zustand der Räder haben. Zunächst überprüfen wir die Komponenten des Rades auf sichtbare Beschädigungen. Eine einwandfreie Felge zeigt keinerlei Beulen im Felgenhorn oder Risse. Auch ist auf Korrosion zu achten, besonders wenn es sich um verchromte oder lackierte Stahlfelgen handelt. Manche Felgen sind aufgrund unsachgemäßer Reifenmontage im Bereich des Felgenhorns durch Montiereisen erheblich beschädigt. Diese z. T. sehr scharfkantigen Beschädigungen können einen Reifen oder Schlauch im Fahrbetrieb zerstören. Gewissenhafte Monteure schonen empfindliche Felgen, indem sie Plastikschoner beim Heraushebeln des alten Reifens und bei der Montage des neuen Reifens zwischen Montiereisen und Felge legen. Wenn ihr Reifenhändler dies versäumen sollte, sprechen Sie ihn direkt darauf an. Es geht schließlich um Ihre Sicherheit. Diese Verletzungen sind zudem auch ein Herd für Korrosion. Korrosion ist ein nicht zu unterschätzendes Thema. Um den Korrosionszustand einer Felge sicher bestimmen zu können, muss der Reifen abgezogen werden. Denn zwischen Felge und Reifen kann sich unter Umständen Wasser sammeln, das die Felge quasi von innen her korrodieren lässt. Ist die Felge ohne sichtbare Korrosion und mechanische Verletzungen, betrachten wir uns die Speichen näher.

Speichen

Benötigtes Werkzeug und Hilfsmittel:
- mittelgroßer Schraubenzieher
- Speichenschlüssel

Zunächst ist auf die Vollständigkeit des Speichensatzes zu achten. Üblicherweise sind 36 Speichen verbaut. Die Anzahl der Speichen kann aber je nach Radtyp variieren. Bei der Sichtprüfung wird darauf geachtet, dass Speichen weder verbogen noch gerissen sind. Wie bei der Felge ist auch auf Korrosion zu achten. Speziell Motorräder, die im Winter gefahren worden sind, weisen meist stark korrodierte Speichen auf. Diese sind auf jeden Fall zu ersetzen! Wichtig ist auch der korrekte Sitz der Speichen in der Felge. Sie müssen mittig und im rechten Winkel zur Punzung sitzen. Die Punzungen sind die halbkugelförmigen Erhöhungen auf der Felge. Sie ermöglichen es, Bohrungen in einem gewissen Winkel zu setzen, die es erlauben, Speichen winkelig mit der Nabe zu verschrauben. Wenn die Punzungen im technisch einwandfreien Zustand sind, befinden sich die Schraubnippel der Speichen genau mittig in der Punzbohrung. Die Punzbohrung darf nicht ausgerissen oder verbogen sein. Falls der Reifen demontiert ist, kann von der Innenseite der Felge der Speichenüberstand überprüft werden. Wenn eine Felge fachgerecht eingespeicht wurde, gibt es keinen Speichenüberstand. Das Felgenband deckt lediglich die Schraubnippel ab. Die Gefahr, dass Speichen den Schlauch aufspießen können, ist fast ausgeschlossen. Wenn alle diese Punkte zu unserer Zufriedenheit ausgefallen sind, überprüfen wir, ob die Speichen richtig gespannt sind. Wie bei der Hauptuntersuchung bei TÜV, DEKRA oder GTÜ schlägt man hierzu mit einem Schraubenzieher oder ähnlichem Werkzeug die Speichen leicht an. Die Speichenspannung ist dann in Ordnung, wenn alle Speichen einen hohen gleichbleibenden Ton erzeugen. Ein deutlich tieferer Ton bedeutet, dass die betreffende Speiche locker, ein höherer Ton, dass die Spannung zu groß ist. Nötig wird ein Nachstellen der Felgen wirklich erst dann, wenn es sich um erhebliche Unterschiede bei den Tonhöhen handelt. Die Spannung der Speichen kann an den Schraubnippel mit einem so genannten Speichenschlüssel eingestellt werden. Diese Arbeit sollte aber nur von jemandem durchgeführt werden, der wirklich weiß, was er tut. Einspeichen gehört zu den anspruchsvollsten Arbeiten am Motorrad. Nicht umsonst geben viele Fachbetriebe diese Arbeit in Spezialistenhände außer Haus.

Alufelgen

Für Besitzer von Motorrädern mit Alufelgen fallen die meisten der oben besprochenen Kontrollarbeiten selbstredend flach. Lediglich auf Korrosion und mechanische Beschädigungen an den Felgen ist unbedingt zu achten. Überhaupt sind Alufelgen äußerst anspruchslos in der Pflege. Trotz dieser Anspruchslosigkeit müssen auch sie regelmäßig kontrolliert werden. Aufgrund ihrer relativen Härte verbiegen Alufelgen nicht bei hartem Anstoß, sondern sie brechen. Manchmal erleiden sie feine Haarrisse, die von außen kaum zu erkennen sind. Diese Haarrisse führen unter starker Belastung schließlich zum Bruch. Wer einen Haarriss in seiner Alufelge entdeckt, sollte ohne Rücksicht diese sofort durch eine neue Felge ersetzen.

Comstar-Räder

Einen Pflegesonderfall stellen Comstar-Räder dar. Diese Räder wurden hauptsächlich auf Honda-Motorräder (z. B. CX 500) verbaut. Bei diesem Typ Rad sind Felgen und Speichen nur miteinander vernietet. Schlagen die Nieten mit der Zeit aus, können diese nicht ersetzt werden. Während des Fahrbetriebes bemerkt man dieses vor allem durch regelmäßige Knackgeräusche, die die betroffene Felge erzeugt. Comstar-Räder, die diesen Defekt aufweisen, können ohne Reue entsorgt werden. Gerade die silbernen, fünfsternigen Comstar-Räder der ersten Baujahre sind hiervon betroffen. Leider ist Ersatz nicht gerade billig.

Seitenschlag

Benötigtes Werkzeug und Hilfsmittel:
- ggf. Messuhr
- Klebeband
- Kreide

Der Seitenschlag einer Felge, egal welcher Bauart, ist leicht zu kontrollieren. Hierzu besorgen wir uns ein Stück Kreide und befestigen es mit Klebeband in der Art an der Vorderradgabel, dass die Kreide gerade nicht den Reifen berührt. Nun drehen wir das Rad. Bei einem Seitenschlag der Felge wird ein Kreidestrich auf der Reifenflanke im Schlagbereich diesen deutlich hervorheben. Diesen Test sollten Sie auf beiden Seiten der Felge an mehreren Stellen wiederholen. So vermeiden Sie die Möglichkeit, die Kreide genau an der Schlagstelle angesetzt zu haben. In dem Fall gäbe es keinen Strich am Reifen. Die Toleranzen, innerhalb derer sich ein Felgenseitenschlag bewegen darf, sind von Hersteller zu Hersteller verschieden. So können 2 mm Seitenschlag bei einem Hersteller normal sein, für die Felge eines anderen Herstellers aber bereits bedeuten, dass sie ausgetauscht oder repariert werden muss.

Wie für fast alle Arbeiten an den Rädern ist auch für die Behebung eines Seitenschlages eine Fachwerkstatt aufzusuchen.

Höhenschlag

Benötigtes Werkzeug und Hilfsmittel:
- ggf. Messuhr
- Klebeband
- Kreide

Ähnlich wie der Seitenschlag ist auch der Höhenschlag einer Felge leicht zu kontrollieren. Hierzu befestigen wir die Kreide dicht über das Profil des Reifens. Beim Drehen des Rades zeigt sich die Stelle mit dem Höhenschlag als deutlich erkennbarer Kreidestrich auf dem Reifenprofil. Auch diesen Test an mehreren Stellen wiederholen (s.o. Seitenschlag).

Diese – zugegebenermaßen – primitiven Seiten- und Höhenschlag-Messmethoden dienen lediglich dazu, Gewissheit darüber zu bekommen, ob das Rad rund läuft oder nicht. Bestehen Zweifel an der korrekten Funktion der Räder, muss die Fachwerkstatt nachmessen. Wer das Messwerkzeug besitzt, kann anstatt der Kreide auch eine Messuhr verwenden. Sich dieses teure Messwerkzeug speziell hierfür zu kaufen, lohnt sich aber nur in den wenigsten Fällen.

Wurde ein Höhen- oder Seitenschlag festgestellt, muss der Ursache hierfür auf den Grund gegangen werden. Nicht immer ist eine verbogene Felge daran schuld. Ebenso möglich sind falsch montierte Reifen oder defekte Achslager (hierzu unten).

Unwucht

Benötigtes Werkzeug und Hilfsmittel:
- Klebeband
- Werkzeug zum Ausbau des Rades (je nach Motorradtyp unterschiedlich!)
- Wuchtbock mit Achse und Wuchtgewichte

Als nächsten Punkt kontrollieren wir die Unwucht der Räder. Jedem, der die Räder seines Motorrades schon mal näher betrachtet hat, werden die kleinen Wuchtgewichte auf der Felge aufgefallen sein. Sie werden nach jedem Reifenwechsel neu auf der Felge angebracht. Es gibt Klebegewichte für Alufelgen, Steck- und Wickeldrahtgewichte für Speichenfelgen. Die Wuchtgewichte dienen dazu, dass das Rad bei hohen Geschwindigkeiten sich rund und ausgewuchtet dreht. Ohne diese Gewichte würden die Räder unruhig laufen und unter Umständen sehr viel Unruhe in das Fahrwerk bringen. Daher ist es gerade bei schnellen Motorrädern wichtig, die Räder nach jedem Reifenwechsel auswuchten zu lassen.

Bei langsameren Motorrädern schadet Wuchten jedoch auch nicht, da so überhöhter Verschleiß am gesamten Rad vermieden werden kann. Im Zubehörhandel gibt es zum Wuchten spezielle Wuchtböcke, mit deren Hilfe das Rad problemlos ausgewuchtet werden kann.

Das Wuchten der Räder beginnt bereits bei der Montage der Reifen. Auf den Reifen der Markenhersteller findet sich an den Seiten meist ein roter oder andersfarbiger Punkt. Dieser Punkt markiert die Stelle bei der das Schlauchventil sitzen muss. Das ist deshalb wichtig, da der Reifen an dieser Stelle am leichtesten ist. Das schwere Schlauchventil produziert hier jedoch eine Unwucht, die es auszugleichen gilt. Am Reifen gegenüber ist demnach die schwerste Stelle. Sie kompensiert das Gewicht des Schlauchventils. Käme nicht die Unwucht der Felge hinzu, wäre meist das Rad jetzt ausgewuchtet.

Zum Auswuchten muss das Rad ausgebaut sein. Es wird dann mit Hilfe einer Steckachse, die durch die Radlager geschoben wird, auf die Widerlager des Wuchtbockes gelegt. Das Rad kann jetzt fast widerstandslos gedreht werden. Wenn man das Rad nun leicht andreht und beobachtet, wo es stehen bleibt, stellt man fest, dass es fast immer mit seiner schwersten Stelle nach unten zur Ruhe kommt. Wir wissen jetzt, wo sich die Unwucht befindet. Gegenüber dieser Stelle müssen wir ein Wuchtgewicht anbringen. Wie schwer dieses sein muss, kann bei dieser Methode nur abgeschätzt werden. Wir fangen daher immer mit wenigen Gramm an und wiederholen immer wieder den Versuch das Rad anzudrehen, um abzuwarten, wo es stehen bleibt. Erst wenn das Rad immer wieder an einer anderen Stelle zu Ruhe kommt, ist das Rad ausgewuchtet.

Aus meiner Trickkiste:

Wuchtgewichte

Die Wuchtgewichte zunächst provisorisch mit Klebeband oder ähnlichem befestigen. Erst wenn man die endgültige Position ausfindig gemacht wurde, die Gewichte fest auf die Felge kleben.

Die Radlager

Benötigtes Werkzeug und Hilfsmittel:

- Abzieher
- Werkzeug zum Ausbau des Rades (je nach Motorradtyp unterschiedlich!)

Ein defektes Radlager lässt sich leicht feststellen. Wenn man die Räder seines Motorrades im aufgebockten Zustand dreht und ein deutliches Schmirgeln oder metallisches Mahlen hört, so ist das ein untrügliches Zeichen dafür, dass eines oder mehrere Radlager mit der Welt fertig sind und ausgetauscht gehören.

Moderne Radlager können ohne Probleme 100.000 km und mehr erreichen. Gegenüber früheren Radlagern sind moderne voll gekapselt und dauergeschmiert. Straßenstaub und Nässe machen ihnen (fast) nichts mehr aus.

Ältere Radlager hingegen sind z. T. offen und müssen daher öfters gereinigt und geschmiert werden. Ein defektes Radlager muss sich nicht zwangsläufig durch ein erhöhtes Radspiel verraten. Wir alle kennen den freundlichen Sachverständigen bei der Hauptuntersuchung, der gerne am Rad vorne zieht, nicht nur um das Lenkkopflager zu testen, sondern auch um das Radlagerspiel zu überprüfen. Dieser Test stellt sicher, dass die Radlager in Ordnung sind oder nicht. Nur selten aber sind Radlager soweit zerstört, dass sie bereits deutliches Spiel haben. Sie können dann die Radachse nicht mehr sicher führen. Ein Motorrad mit derart zerstörten Radlagern ist fast nicht mehr fahrbar. Wer sicher gehen will, ob die Radlager seines Motorrades einwandfrei sind, dreht das Rad mit der Hand kräftig an. Wenn es sich deutlich länger als 20 Sekunden dreht und dabei keine Geräusche verursacht, sind die Radlager in Ordnung. Damit das Rad nicht durch eine schleifende Bremszange oder durch eine mitdrehende Kette gebremst wird, müssen diese vorher demontiert werden. Wenn das Rad ausgebaut ist, kann man auch mal einen Finger in die Radlagerbohrung stecken und die innere Lagerschale hin und her drehen.

Unter keinen Umständen darf dabei ein Widerstand oder ein Rubbeln zu bemerken sein. Falls doch, sind die Radlager zu ersetzen. Reparieren kann man sie nicht. Übrigens sind Radlager in aller Regel Standard- bzw. Normteile. Es lohnt sich beim Lagerhandel mal nachzufragen. Hierzu nimmt man am besten das alte ausgebaute Lager als Vergleichsstück mit. Meist bekommt man dann sogar eines in besserer Qualität, dass noch dazu weniger kostet als das Originalteil.

Festgelaufenes vorderes Radlager einer Morini 400

Die Achsen

Benötigtes Werkzeug und Hilfsmittel:

- ebene Platte (z. B. Glasscheibe)
- Gewindeschneider
- Stahlwolle
- Werkzeug zum Ausbau des Rades (je nach Motorradtyp unterschiedlich!)

Für Tachotrieb:

- ggf. Seegerringzange
- Schmierpresse

Ist die Achse ausgebaut, lohnt auch ein Blick auf diese. Achsen sind in der Regel ziemlich zähe Teile. Nur Korrosion oder ein heftiger Unfall können ihnen etwas anhaben. Um die Achse zu prüfen, legen wir sie auf eine ebene Platte und rollen sie hin und her. Dabei muss sie immer plan auf dem Untergrund aufliegen, ansonsten ist sie verbogen und muss ersetzt werden. Zeigt die Achse leichte Korrosion, kann man zuerst versuchen, ob sich die Korrosion mit Stahlwolle entfernen lässt. Nach dem Beseitigen der Korrosion ist die Passgenauigkeit der Achse in den Achslagern zu überprüfen. Die Achse darf hierbei keinerlei spürbares vertikales Spiel haben. Hat sie es doch, so ist auszumessen, ob die Achse oder das Lager ausgeschlagen ist. Ist sie stark korrodiert, ist eine neue Achse fällig. Auch das Achsgewinde ist auf Leichtgängigkeit zu überprüfen. Gewinde, die leicht klemmen, können mit dem Gewindeschneider nachgearbeitet werden. Bei stärkeren Beschädigungen ist ein Fachmann zu Rate zu ziehen. In ganz seltenen Fällen ist stellenweise die Härteschicht der Achse abgeplatzt. Wenn das Metall darunter nicht beschädigt ist, kann man versuchen, die Achse neu beschichten zu lassen. Dies ist manchmal kostengünstiger als ein Neuteil. Bevor wir die Achse wieder einbauen, ist es sinnvoll, sie mit Lagerfett dünn zu bestreichen.

Das erleichtert die Montage und schützt die Achse vor Korrosion.

Falls Ihre Maschine über einen mechanischen Tachotrieb an der Vorderachse verfügt, sollte dieser, wenn er schon ausgebaut ist, auch gereinigt und neu abgeschmiert werden. Der Schneckentrieb hat hierzu an seiner Oberseite meist einen Schmiernippel. Vor- und nachher testen Sie den Tachotrieb auf Leichtgängigkeit und drehen ihn mit der Hand durch. Wer es sich zutraut und über genügend Fachkenntnisse verfügt, kann den Schneckentrieb auch zur Reinigung zerlegen.

Die Vorderradgabel

Benötigtes Werkzeug und Hilfsmittel:
- Innensechskantschlüssel
- Kreuz- oder Schlitzschraubenzieher
- Rohrzange
- verschiedene Gabel- oder Ringschlüssel (je nach Motorradtyp unterschiedlich!)

Die meisten Youngtimer haben eine konventionelle Teleskopgabel. Bevor man in den Urlaub fährt, steht ein Ölwechsel des Gabelöls an. Welche Viskosität

Die BMW R60/5 war eine der ersten serienmäßigen Maschinen mit Telegabel.

Defekte Standrohre können repariert werden. Allerdings sind Originalteile oft billiger.

das Öl haben darf, lässt sich dem Handbuch entnehmen.

Die Viskositäts-Werte, die hier angegeben sind, stimmen meist die Dämpfung der Gabel so ab, dass sie in der Regel allen Anforderungen des Alltagsbetriebs gewachsen ist. Wer jedoch beabsichtigt, eine härtere oder weichere Gabel fahren zu wollen, der kann durch andere Öl-Viskositäten das Ansprechverhalten der Gabel spürbar beeinflussen.

Als Faustregel gilt hier: Je höher die Viskosität des Gabelöls desto härter ist auch die Dämpfung und umgedreht. Wer seiner Gabel und sich selbst etwas Gutes tun möchte, der verwendet Synthetiköl. Synthetiköle setzen das Losbrechmoment der Teleskopgabel spürbar herunter. Die Gabel spricht sehr viel sensibler an.

Genauso wie wir es bei der Überprüfung der Achslager gemacht haben, ziehen wir horizontal in verschiedene Richtungen an den beiden Tauchrohren der Teleskopgabel. Zwischen Tauch- und

Aus meiner Trickkiste:

Vorderradgabel

Als Faustregel für die Gabel gilt: Wenn kein Spiel zu spüren und die Gabel an den Standrohren trocken ist, sie kein übermäßiges Losbrechmoment hat und beim Eintauchen weder rubbelt noch klemmt, dann ist die Gabel im grünen Bereich.

Standrohr darf kein spürbares Spiel sein. Das Reparaturhandbuch gibt wieder einmal darüber Auskunft, wie viel Spiel erlaubt ist. Lässt sich kein Spiel feststellen, kontrollieren wir als nächstes die Standrohrklemmungen an den Gabelbrücken auf korrekten Sitz. Die Gabel darf nicht verklemmt sein, man bemerkt dies, wenn die Gabel schwer eintaucht oder gar stecken bleibt. Ist dies der Fall, sind die Standrohrklemmschrauben zu öffnen und die Standrohre zu entspannen. Danach das Festziehen der Schrauben nicht vergessen. Klemmt die Gabel nach dieser Maßnahme immer noch, sind die Standrohre verbogen. Hier helfen meist nur Neuteile. Es gibt mittlerweile Firmen, die Standrohre wieder reparieren. Meist sind die Kosten dafür relativ hoch. Vergleichen sie daher die Preise!

So sieht verbrauchtes Gabelöl aus!

Die Öl-Viskosität bestimmt das Ansprechverhalten der Gabel.

Das Lenkkopflager

Benötigtes Werkzeug und Hilfsmittel:
- Abzieher
- ggf. Innensechskantschlüssel
- Hammer
- Kreuz- oder Schlitzschraubenzieher
- Rohrzange
- verschiedene Gabel- oder Ringschlüssel (je nach Motorradtyp unterschiedlich!)

Eines der wichtigsten Bauteile am Motorrad ist das Lenkkopflager. Es trägt wesentlich zu seinen Fahreigenschaften bei. Genau betrachtet besteht das Lenkkopflager aus einem unteren und oberen Lenkkopflager. Besonders das untere Lenkkopflager ist während des Fahrbetriebes enormen Drücken ausgesetzt. Es muss sämtliche Stöße und Bremskräfte vom Vorderrad auf den Rahmen des Fahrzeuges übertragen.

Aus meiner Trickkiste:

Kegelrollenlager

Wer seinem Kugellager etwas Gutes tun will, der legt eine Masseleitung von der Gabel zum Rahmen oder verwendet leitfähiges Schmiermittel (teuer!). Vor einer Urlaubsreise sollten diese alten Lager, wenn sie im Fahrzeug noch verbaut sind, gegen ein so genanntes Kegelrollenlager ausgetauscht werden. Kegelrollenlager bestehen aus Rollen, die wie kleine Zylinder aussehen. Sie sind wegen ihrer größeren Aufstandsfläche wesentlich robuster als herkömmliche Kugellager. Leider sind sie in der Anschaffung sehr viel teurer. Ihre Anschaffung lohnt sich aber, da sie fast unverwüstlich sind, wenn man ihnen regelmäßige Pflege zukommen lässt (Reinigen und Abschmieren). In der Regel genügt es, nur das untere Lager gegen ein Kegelrollenlager auszutauschen, da das obere Lenkkopflager weit weniger beansprucht wird. Es hat lediglich die Aufgabe, das Lenkrohr mittig zu führen.

Von den Herstellern wurden in der Vergangenheit gerne Lenkkopf-Kugellager verbaut, die vom Aufbau ähnlich sind, wie die, die im Fahrrad zum Einsatz kommen. Solche billigen Lager gaben meist schon nach wenigen Tausend Kilometern ihren Geist auf. Das verwundert nicht, wenn man bedenkt, dass sämtliche Kräfte lediglich über die Kugeln übertragen werden. Neben den mechanischen Kräften werden die Kugellager auch durch die Stromrückführung des Lampenstroms stark beansprucht. Die Kugeln müssen die nicht unerheblichen Ströme über schlecht leitende Kontaktpunkte zum Rahmen weitergeben. Die schlechte Leitfähigkeit ist in der Natur des Kugellagers bedingt, das nur einwandfrei arbeiten kann, wenn es ordentlich geschmiert ist. Die Schmiere aber isoliert die Kugeln. Der Strom sucht sich ständig einen neuen Weg. Es kann vorkommen, dass lediglich wenige Kugeln stromleitfähig sind. Durch die starke Strombelastung entsteht ein starker Widerstand an den

Hochwertiges Kegelrollen-Lenkkopflager

Billige Massenware: Lenkkopfkugellager. Am Fahrrad sieht es auch nicht anders aus.

Kontaktpunkten, der die Oberfläche der Kugeln aufschmelzen lassen kann. Das Kugellager zerstört sich auf diese Weise selbst.

Ein defektes Lenkkopflager lässt sich leicht feststellen. Man bockt dazu das Motorrad auf und ein Helfer drückt es hinten herunter, so dass die Gabel freigängig ist. Wenn an der Gabel vorne hin und her gezogen wird, hört man meist ein deutliches Knacken bzw. spürt das Spiel im Lager. Wenn das Lager zuviel Spiel hat, kann man versuchen, es zunächst noch nachzustellen. Die Gabel muss nach dem Nachstellen des Lagers unter allen Umständen leichtgängig bleiben. Sie fällt automatisch, wenn das Motorrad hinten herunter gedrückt wird, rechts oder links in den Lenkeranschlag. Bleibt die Gabel in der Mitte stehen, oder vermittelt gar den Eindruck, dass sie mittig einrastet, ist das Lager eingelaufen und muss getauscht werden. Wer diesen Test macht, sollte beachten, dass auch der Kabelbaum dem Lenkeinschlag einen gewissen Widerstand entgegensetzt. Defekte Lenkkopflager fallen auch besonders während des Langsamfahrens auf. Man hat dabei das Gefühl das Motorrad hätte vorne einen Platten, da es ständig aus der Spur laufen möchte. Besonders wenn man viel Gepäck geladen hat oder zu zweit fährt, verstärkt sich dieser Effekt noch um ein vielfaches. Manchmal verrät sich ein defektes Lager auch beim Bremsen. Durch die erhöhte Kraftübertragung in Fahrtrichtung kommt es gelegentlich zu deutlich hörbaren Knack-Geräuschen.

Wer ein defektes Lenkkopflager reparieren möchte, sollte als Schrauber sehr erfahren sein. Denn nur mit gutem Werkzeug (Abzieher) lassen sich die Lagerschalen von der Gabelbrücke oder dem Lenkkopfrahmenrohr beschädigungsfrei abziehen. Oft müssen die Lagerschalen vorsichtig erhitzt werden, damit sie über die Lagerpassung gleiten. Wird hier zuviel Wärme zugeführt, kann die Härtung des Lagermetalls erheblich gemindert werden. Also lieber den Fachmann dranlassen!

Die technisch beste Lösung: Ein unteres Kegelrollen-Lenkkopflager; deutlich sind die Lagerwalzen zu erkennen.

Kunststoffbuchsen an büchsengelagerten Schwingen sollten immer durch solche aus Metall ersetzt werden.

Die Schwingenlager

Benötigtes Werkzeug und Hilfsmittel:

- Abzieher
- ggf. Innensechskantschlüssel
- Hammer
- Kreuz- oder Schlitzschraubenzieher
- Reibaale
- Rohrzange
- verschiedene Gabel- oder Ringschlüssel (je nach Motorradtyp unterschiedlich!)
- Wagenheber oder Holzklotz

Aus meiner Trickkiste:

Geld sparen

Europäische Hersteller verbauen meist als Schwingenlager gekapselte Kugellager. Hierbei handelt es sich um oft Normteile. Es rentiert sich daher, mit den alten Lagern als Muster beim Lagerhandel mal nachzufragen. Wenn nicht das Logo eines großen Herstellers auf der Verpackung stehen muss, kann man sich auf diese Art und Weise unter Umständen viel Geld sparen.

Die Schwingenlager sind für das Fahrverhalten des Motorrades ebenso wichtig wie das Lenkkopflager. Sie halten das Hinterrad in der Spur. Sind die Schwingenlager ausgeschlagen, schwänzelt das Heck wie ein Kuhschwanz. Gerade während der Lastwechsel von Volllast- in Schleppbetrieb und umgekehrt, machen sich defekte Lager bemerkbar. Sie vor einer längeren Tour oder einer Urlaubsfahrt zu kontrollieren, gehört selbstverständlich als Punkt auf unsere Checkliste. Hierzu wird das Motorrad wieder auf den Hauptständer aufgebockt. Das Hinterrad muss frei in der Luft schweben. Wenn die Schwinge entlastet ist, ziehen wir zuerst am Hinterrad (!) ruckartig in seitlichen Bewegungen hin und her und halten dabei gleichzeitig mit der anderen Hand die Schwinge fest. So können defekte Radlager festgestellt werden. Um das Spiel der Schwingenlagerung zu testen, muss an der Schwinge (!) seitlich hin und her gezogen werden. Dabei fühlen wir mit unserer zweiten Hand am Lagersitz der Schwinge, ob sich dort Lagerspiel bemerkbar macht. Falls die Schwinge sich deutlich spürbar im Lagersitz bewegt, kann zunächst versucht werden, die Lager nachzustellen. Nicht bei jedem Motorrad-Typ besteht jedoch hierzu diese Möglichkeit. Vor allem bei japanischen Fabrikaten, die oft büchsengelagerte Schwingen haben, hilft bei Spiel im Lager nur der Austausch gegen neue. Das macht Sinn, da viele ältere japanische Motorräder serienmäßig mit aus Kunststoff bestehenden Lagersitzen ausgerüstet wurden. Dass so etwas nicht dauerhaft halten kann, liegt klar auf der Hand. Der Zubehörhandel bietet deshalb für viele Motorrad-Typen Lager mit deutlich besserer Qualität an.

Die Reparatur von büchsengelagerten Schwingen gestaltet sich ähnlich aufwändig, wie die von Lenkkopflagern. Hierzu benötigt man zum Setzen der neuen Lagerbüchsen in die Schwinge meist Einpresswerkzeug, das kaum ein Hobbyschrauber besitzt. Schwierigkeiten macht oft auch die genaue Anpassung der Lagerbüchsen an die Schwingenachse. Sie muss bei manchen Modellen durch Ausreiben mit einer geeigneten Reibaale erfolgen. Diese Arbeit erfordert viel Erfahrung und Gefühl. Also vorher genau überlegen, ob man diese Arbeit selbst durchführen möchte!

Die Spur

Benötigtes Werkzeug und Hilfsmittel:
- Bohrersatz
- ggf. Innensechskantschlüssel
- ggf. Kreuz- oder Schlitzschraubenzieher
- Latte oder Stange, ca. 2m lang
- verschiedene Gabel- oder Ringschlüssel (je nach Motorradtyp unterschiedlich!)

Unter der Spur eines Motorrades versteht man die Flucht der beiden Räder. Beide Räder müssen exakt fluchten, wenn das Motorrad in einer Spur laufen soll. Wenn Räder ausgebaut waren, muss bei der Montage auf die Spur geachtet werden. Dies gilt in erster Linie für Motorräder mit Kettenantrieb (oder Beltdrive). Die Spannvorrichtungen der Kette an der Hinterradachse weisen eine Skala an der Schwinge

Einstellen der Hinterradschwinge mit Hilfe von Bohrern

auf. Auf beiden Seiten der Achse muss die Markierung auf dem gleichen Skalenwert der Schwinge stehen. Nur so ist gewährleistet, dass das Hinterrad zum Vorderrad genau fluchtet und nicht schräg im Fahrwerk steht. Bei Kardanmaschinen gibt es dieses Problem nicht, da das Hinterrad nur in einer Stellung an den Flansch des Kardans eingebaut werden kann. Schwieriger wird es, wenn das Hinterrad nach Neumontage von Schwingenlagern im Fahrwerk zentriert werden muss. Das bedeutet, dass das in den meisten Fällen schmalere Vorderrad mittig vorm breiteren Hinterrad steht. Ansonsten läuft das Motorrad in zwei Spuren. Hierzu muss die Schwinge zum Rahmen zentriert werden. Da nicht jeder eine Spurmessvorrichtung zu Hause hat, behelfen wir uns mit einem gewöhnlichen Bohrersatz.

Zunächst lockern wird die Schwingenbolzen und messen den Spaltabstand zwischen Schwinge und Rahmen. Dazu benutzen wir Bohrer als Fühlerlehren, indem wir sie in diesen Spalt schieben. Auf beiden Seiten sollte zunächst der gleiche Abstand vorliegen. Dann ziehen wir die Schwingenbolzen auf beiden Seiten gleichmäßig an. Wir achten stets darauf, dass der Abstand zwischen Schwinge und Rahmen gleich bleibt. Mit stetem gleichmäßigem Anziehen benötigen wir immer größere Bohrergrößen, da sich der Lagersitz oder die Schwinge geringfügig spreizen. Wenn sich die Schwingenbolzen nicht mehr anziehen lassen (Vorsicht! Nicht wie eine Stier anziehen, hier handelt es sich um Feingewinde), drehen wir sie eine viertel bis halbe Umdrehung zurück und sichern die Schwingenbolzen mit der hierfür vorgesehenen Kontermutter. Jetzt kontrollieren wir die Spur, indem wir eine gerade Latte an das Hinterrad anlegen. Diese Latte hat, wenn die Spur genau justiert wurde, links und rechts am Vorderrad den gleichen Seitenabstand.

Wer sich nach diesem Check nicht sicher ist, ob die Spur seines Motorrades in Ordnung ist, sollte unbedingt den Händler seines Vertrauens aufsuchen und nochmals die Spur vermessen lassen. Manchmal liegt es nicht an der Einstellung der Fahrwerkskomponenten, sondern der Rahmen könnte verbogen sein. Wer einen solchen Schaden vermutet, sollte die Arbeit und Mühe nicht scheuen, den Rahmen vermessen zu lassen. Ein mit Reisegepäck und Sozius/ Sozia vollbeladenes Motorrad mit verbogenem Rahmen kann in kritischer Situation zu einer ernsthaften Gefahr für Leib und Leben werden!

Zum Abschluss unserer Arbeit schmieren wir die Lager noch mit gutem Lagerfett ab, bevor wir die Staubkappen (falls vorhanden) wieder montieren.

Die hinteren Stoßdämpfer

Benötigtes Werkzeug und Hilfsmittel:
- Federvorspanner
- ggf. Innensechskantschlüssel
- größerer Schraubenzieher
- Schraubstock
- verschiedene Gabel- oder Ringschlüssel (je nach Motorradtyp unterschiedlich!)
- Wagenheber oder Holzklotz

Ob die hinteren Stoßdämpfer in Ordnung sind oder nicht, kann bereits eine einfache Sichtprüfung ergeben. Lässt sich Öl am Stoßdämpfer feststellen, ist mit Sicherheit davon auszugehen, dass der Dämpfer nicht mehr richtig arbeitet. Da Stoßdämpfer meist nur mit sehr geringen Ölmengen befüllt sind, macht sich der Verlust von ein paar Millilitern Öl bereits sehr deutlich bemerkbar. Der Stoßdämpfer fühlt sich während des Fahrbetriebes sehr schwammig an. Das Heck federt nach Bodenwellen, Schlaglöchern oder Kurven heftig und die Maschine eiert über den Asphalt. Was mit einer Maschine mit schlechten Stoßdämpfern geschieht, die vollbeladen ist, braucht hier nicht ausgeführt werden.

Um die Stoßdämpfer technisch zu überprüfen, müssen sie ausgebaut werden. Dies ist bei den meisten Motorrädern, die zwei Dämpfer konventionell am Heck verbaut haben, eine leichte Übung. Man muss lediglich die beiden Schrauben an den Stoßdämpferenden (auch Augen genannt) aufschrauben und kann dann den Stoßdämpfer leicht von den Rahmenaufnahmen ziehen. Die Hinterradschwinge

Einst ein Hochleistungsdämpfer und heute noch gut – der unverwüstliche Koni-Dämpfer.

sollte bei der Demontage der Stoßdämpfer abgestützt werden, damit sie nicht nach unten abhaut. Komplizierter wird der Ausbau, wenn man eine so genannte Cantilever-Schwinge oder ähnliches hat. Der Stoßdämpfer (hier nur einer) ist bei derartigen Fahrwerken ziemlich verwinkelt im Rahmendreieck oder unter dem Motor eingebaut und kann nur durch viel Schrauberei aus seinen Versteck geborgen werden. Liegt der Stoßdämpfer vor uns, spannen wir ihn in einen Schraubstock und demontieren die Feder. Dies geschieht, indem man die Feder zusammendrückt (hierfür gibt es Spezialwerkzeug) und die Sicherungsplatte aus der Nut zieht. Nun kann die Feder vorsichtig entlastet und vom Dämpfer abgezogen werden. Um den Dämpfer zu prüfen, schiebt man langsam die Hydraulikkolbenstange in den Dämpfer und zieht sie wieder heraus. Über die gesamte Hubstrecke muss ein deutlicher Widerstand zu spüren und ein schlürfendes Geräusch zu hören sein. Fällt die Hydraulikkolbenstange auf ihrer Wegstrecke auch nur kurz ohne Widerstand durch, ist zuwenig Öl im Dämpfer. Der Dämpfer ist reif für eine Überholung. Hier Tipps zu geben, wie man Stossdämpfer überholt, geht wegen fehlender Spezialwerkzeuge über die Möglichkeiten fast aller Leser. Aus diesem Grund sollten die Dämpfer zur Überholung zum Händler gebracht werden.

Eine Überholung der Stoßdämpfer ist in vielen Fällen günstiger, als ein Satz neuer. Es macht nur wenig Sinn bei einem Stoßdämpferpaar nur einen zu überholen, da mit Sicherheit die Dichtungen des zweiten Stoßdämpfers auch bald ihren Geist aufgeben werden. Es ist deshalb ratsam, beide Dämpfer gleichzeitig zu überholen. Die beste Zeit Stoßdämpfer überholen zu lassen, ist im Winter. Wer Dämpfer nämlich ins Werk zur Überholung einschickt, sollte Zeit mitbringen. Eine normale Überholung kann unter Umständen zwischen 4 und 6 Wochen dauern.

Wenn die Hydraulikkolbenstange verbogen ist, macht sich dies beim Ein- und Ausfahren durch Klemmen bemerkbar. Die Reparatur eines solchen Schadens lohnt meist nicht mehr, da fast alle Innereien des Dämpfers in Mitleidenschaft gezogen worden sind.

Aus meiner Trickkiste:

Stoßdämpferservice

Einige Stoßdämpferfirmen bieten ihren Kunden diesen Service auch direkt an. Anstatt zur Werkstatt zu gehen, schickt man seine Dämpfer an den Hersteller. Wer so einen Service anbietet, darüber gibt das Internet Auskunft.

Sicherheitsrelevant und praktisch – der Hauptständer. Hier fehlt jedoch die zweite Rückholfeder.

Ständer

Benötigtes Werkzeug und Hilfsmittel:
- Fettpresse
- ggf. Innensechskantschlüssel
- Schraubenzieher
- Spannungsprüfer
- verschiedene Gabel- oder Ringschlüssel (je nach Motorradtyp unterschiedlich!)
- Wagenheber oder Holzklotz
- Zange

Eines der Teile am Motorrad, das so gut wie keiner beachtet, aber von dem jeder erwartet, dass es funktioniert, ist der Hauptständer. An vielen älteren Motorrädern sind diese meist defekt. Über die Jahre haben sie stark gelitten und sind kaum oder gar nicht gewartet worden. Die Hauptschäden sind verbogene Ständer, ausgeschlagene Ständerlager oder gebrochene Rückholfedern. Da sich eine Reparatur nur in den wenigsten Fällen lohnt, ist meist ein Neuteil fällig. Damit das Neuteil länger lebt, ein paar Tipps am Rande: Vermeiden Sie es unter allen Umständen, sich auf das Motorrad zu setzen, wenn es auf dem Hauptständer steht. Durch die deutliche Mehrbelastung verbiegen sich gerne die Ständerrohre oder es schlagen die Ständer-Anschläge aus. Das gilt natürlich auch für den Seitenständer. Defekte Ständer sollten möglichst schnell getauscht werden. Nichts ist gefährlicher, als wenn ein Ständer nicht mehr automatisch zurückklappt. Ein Sturz ist dann unvermeidlich. Bei durchgeschlagenen Hauptständern kommt hinzu, dass die Maschine nicht mehr sicher steht, da beide Räder den Boden berühren. Kinder, die an ihrem Motorrad rumspielen, könnten unter der umstürzenden Maschine begraben werden. Schmieren sie den Ständer häufig ab, damit er zuverlässig zurückklappt. Kontrollieren Sie die Ständerfedern. Jeder Ständer muss mindestens zwei Rückholfedern besitzen. Das ist in Deutschland Gesetz. Ist nur noch eine da, so fehlt mit Sicherheit bald die zweite. Bei Motorrädern, die einen Seitenständer besitzen, der nicht automatisch zurückklappt, muss ein so genannter Killschalter montiert sein. Er verhindert, dass bei ausgeklapptem Seitenständer der Motor gestartet werden kann. Im Interesse der eigenen Sicherheit sollte dieser Schalter einwandfrei funktionieren und nicht, wie ich es oft schon beobachten konnte, bewusst überbrückt werden. Sicherlich ist es lästig, wenn die Maschine nur einen Seitenständer besitzt, dass man den Motor nicht laufen lassen kann, wenn die Maschine auf dem Seitenständer ruht. Dies ist manchmal nötig, um z. B. Einstellarbeiten am Motor vorzunehmen. Der Zubehörhandel bietet jedoch eine Fülle von Hilfsständern an, die speziell für Motorräder konzipiert sind, die nur Seitenständer besitzen. Sie sind sehr nützlich, wenn es darum geht Wartungsarbeiten vorzunehmen.

Die Bremsen

Die Wartung und die Reparatur von Bremsen sind unbedingt Sache von Fachleuten. Dennoch gibt es ein paar Dinge, die die Motorradfahrerin oder der Motorradfahrer selbst erledigen kann. Hierzu gehört die Sicht- und Verschleißprüfung der gesamten Bremsanlage. Bevor wir uns dieser zuwenden, ist es wichtig, den Bremsanlagentyp an seinem Motorrad zu kennen. An Motorrädern älterer Baujahre wurde gerne die Standardausrüstung Trommelbremse hinten und eine Scheibenbremse vorne verbaut. Die Ausrüstung der verschiedenen Motorräder mit Bremsanlagen kann jedoch variieren: Vor allem schnelle Maschinen haben vorne zwei Scheibenbremsen und hinten eine. Die Kombination, zwei Scheibenbremsen vorne und eine Trommelbremse hinten war auch üblich. Sogar nur Trommelbremsen sind bei einigen Youngtimer-Motorrädern zu finden. Wer meint, dass Trommelbremsen die schlechteren Bremsen seien, der irrt jedoch gewaltig. Wer einmal eine Maschine mit gut eingestellten Trommelbremsen gefahren ist, wird dies mit Sicherheit nicht mehr behaupten. Überhaupt haben Trommelbremsen gegenüber Scheibenbremsen so manchen Vorteil. Ihre verhältnismäßige Unempfindlichkeit gegenüber Nässe und Schmutz ist dabei wohl der herausragendste. Die Trommelbremse ist dabei eine sehr einfache mechanische Konstruktion, die nur ab und an Wartung benötigt. Aufwändige Trommelbremsen, so genannte Duplex-Trommelbremsen wurden nur sehr selten und meist bei hochpreisigen Fahrzeugen verbaut (z. B. Münch oder Moto Guzzi). Bei Motorrädern fast die Ausnahme ist die hydraulische Trommelbremse, so wie sie im Autobau häufig Verwendung findet. Scheibenbremsen sind konstruktiv aufwändiger, da sie meist ein hydraulisches System besitzen. Selten sind Scheibenbremsen mechanisch betätigt. Einige Motorräder kombinieren mechanische Komponenten, wie den Seilzug, mit hydraulischen Komponenten.

Scheibenbremse am Hinterrad einer Laverda GS 125 „Lesmo“

Für unsere Sichtprüfung spielt es nur eine untergeordnete Rolle, wie viele Bremskolben die Bremszange hat oder ob die Bremsscheibe gelocht ist oder nicht. Auch nicht ob die Bremsscheiben schwimmend gelagert sind. Wichtig ist hier die sichere Einschätzung, in welchem Zustand sich die Komponenten der Bremsanlage befinden.

Scheibenbremsen

Benötigtes Werkzeug und Hilfsmittel:

- Auffangbehälter für Bremsflüssigkeit
- Gummischlauch (zum Entlüften)
- Innensechskantschlüssel
- Kreuz- oder Schlitzschraubenzieher
- Rohrzange
- Schieblehre
- Spannungsprüfer
- verschiedene Gabel- oder Ringschlüssel (je nach Motorradtyp unterschiedlich!)
- Wasser und Lappen

Der erste wichtige Kontrollpunkt ist, die gesamten Hydraulikschläuche der Bremsanlage auf Dichtheit zu überprüfen. Nirgends darf nur ein Hauch von Bremsflüssigkeit zu sehen sein. Besonders auf die Schraubverbindungen und die Verteilerstücke ist hier zu achten. Gelegentlich kann es vorkommen, dass Bremsflüssigkeit aus dem Ausgleichsbehälter austritt. Dies geschieht meist dann, wenn neue Bremsbeläge montiert wurden. Während der Montage werden die Bremskolben zurückgeschoben und die Bremsflüssigkeit in den Ausgleichsbehälter gedrückt. Wenn dabei zuviel Bremsflüssigkeit im System ist, kommt es vor, dass über die Entlüftung am Ausgleichsbehälter Bremsflüssigkeit austreten kann. Da Bremsflüssigkeit extrem aggressiv ist und schnell Lackierungen zerstört, ist sie sofort mit einem trockenen Lappen aufzunehmen und der Rest mit viel klarem Wasser abzuspülen. Als zweites kontrollieren wir den Verschleißzustand der Bremsschläuche. Sie dürfen keine Scheuerstellen, Knicke, Quetschungen oder gar Risse aufweisen. Manchmal blähen sich Gummi-Bremsschläuche an kleinen Stellen auf. Weisen die **Bremsschläuche** solche Defekte auf, sind sie sofort zu ersetzen. Auch durch Sonnenlicht (UV-Licht) gebleichte oder brüchig gewordene Schläuche müssen umgehend getauscht werden.

Nach der Überprüfung der Bremsschläuche betrachten wir die **Bremsscheibe** näher. Sie darf keine tiefen Riefen aufweisen oder bereits sehr dünn sein. Wie dick eine Bremsscheibe sein muss, darüber gibt das Werkstatthandbuch Auskunft. Wer diesen Wert nicht in Erfahrung bringen kann, montiert zunächst neue Bremsklötze und schiebt dabei die Bremskolben bis zu ihrem Anschlag in die Bremszange zurück. Eine neuwertige Bremsscheibe wird ohne viel Spiel gerade durch die neuen Bremsklötze laufen, ohne gebremst zu werden. Ist sie bereits stark abgerieben, weist sie viel Spiel zwischen den neuen Bremsklötzen auf.

Es besteht übrigens die Möglichkeit, Bremsscheiben überdrehen zu lassen, um Riefen und leichte Unebenheiten auszugleichen. Das geht aber nur, solange die Toleranzen der Bremsscheibe nicht überschritten werden. Unebene oder wellige Bremsscheiben machen sich entweder beim Bremsen bemerkbar oder das Reibbild auf der Bremsscheibe zeigt sich ungleichmäßig. Beim Bremsen hat man

Aus meiner Trickkiste:

Stahlflex-Bremsleitungen

Müssen die Gummi-Bremsschläuche gewechselt werden, ist es sinnvoll sie gegen Stahlflexleitungen zu tauschen. Stahlflex-Bremsleitungen sind nahezu unverwüstlich. Sie übertragen den Bremsdruck sehr direkt, ohne dabei schwammig zu wirken. Gerade ältere Bremsanlagen werden durch dieses „Bremsen-Tuning" stark aufgewertet. Der „Biss" der Bremse wird stark erhöht. Einen Nachteil haben sie dennoch. Sie sind nach wie vor sehr teuer. Ihre Anschaffung lohnt aber, wegen ihrer langen Haltbarkeit.

Deutlich erkennbar! Die Verschleißmarkierungen an den Bremsbelägen

mit solch einer Bremsscheibe das Gefühl, als ob der Bremshebel pumpt oder die Bremsscheibe rupft.

Natürlich dürfen wir die Bremsbeläge nicht vergessen. Die meisten Bremsbeläge haben so genannte Bremsverschleißanzeigen. Das sind Kerben oder Schlitze im Belag. Wenn diese nicht mehr zu sehen sind, müssen die Bremsbeläge getauscht werden. Auch überalterte Bremsbeläge sind gegen neue zu tauschen. Wegen der Verhärtung des Bremsbelages ist ihr Reibwert extrem heruntergesetzt. Auch Bremsbeläge, die aus irgendeinem Grund mit Öl oder Bremsflüssigkeit in Kontakt gekommen sind (z. B. beim Gabelöl- oder Bremsflüssigkeitswechsel), müssen getauscht werden. Öl und Bremsflüssigkeit werden nämlich vom Belag quasi aufgesogen und bei großer Hitze (Vollbremsung) wieder abgegeben. Die Bremse rutscht dann völlig durch oder verliert zumindest viel an Reibung. Beim Bremsbelagwechsel muss darauf geachtet werden, dass die Bremszange gereinigt wird, bevor die neuen Beläge eingebaut werden. Dies macht man am besten mit Wasser und einem Reiniger. Mit Pressluft zu reinigen, davon möchte ich nach wie vor abraten. Zwar sind Asbest-Zusätze in Bremsbelägen nicht mehr erlaubt, ich kann mir aber kaum vorstellen, dass der Bremsstaub heute besonders gesund ist. Wer vor hat, dennoch die Bremszange mit Pressluft zu säubern, sollte zumindest einen Atemschutz tragen. Solche Masken gibt es für ein paar Euro im Baumarkt. Nach der Reinigung der Bremszange sollte auch auf die Dichtungsmanschetten der Bremskolben geachtet werden. Sie dürfen nicht geknickt oder eingerissen sein. Ansonsten ist Ersatz fällig.

Bremsflüssigkeit

Gerne wird die Bremsflüssigkeit vergessen. Bremsflüssigkeit ist hygroskopisch, d. h. sie saugt Wasser auf wie ein Schwamm. Neue Bremsflüssigkeit hat einen sehr hohen Siedepunkt der irgendwo jenseits der 200 °C liegt. Je älter die Bremsflüssigkeit wird, desto mehr Wasser nimmt sie auf. Der

Bremsflüssigkeitsbehälter einer Laverda. Die Anweisungen auf dem Deckel sollten exakt befolgt werden.

Siedepunkt fällt. Irgendwann ist der Siedepunkt so tief, dass bei stärkerer Bremsbeanspruchung die Bremsflüssigkeit in der Bremszange in Folge der Reibungswärme das Kochen anfängt. Die Bremsflüssigkeit bildet Dampfblasen. Da sich Gas komprimieren lässt, bricht der Bremsdruck abrupt zusammen. Die Bremse fällt durch und hat Null Bremswirkung. Das Gefährliche an diesem Phänomen ist, dass es plötzlich passiert – ohne Vorwarnung – und meist dann, wenn man die Bremse bitter nötig hat, wie z. B. bei Pass-Abfahrten. Aus diesem Grund sollte mindestens alle zwei Jahre die Bremsflüssigkeit gewechselt werden. Alte Bremsflüssigkeit zeigt meist eine dunkle Trübung. Wer solches Zeug im Ausgleichsbehälter hat, sollte schleunigst handeln. Wer es übrigens genau wissen möchte, in welchem Zustand seine Bremsflüssigkeit ist, kann bei guten Fachwerkstätten einen Bremsflüssigkeitstest machen lassen. Dort wird der Wassergehalt der Bremsflüssigkeit überprüft.

Ist ein Bremsflüssigkeitswechsel nötig, sollte gleich das gesamte Bremssystem entlüftet werden. Oft sammeln sich im Laufe der Zeit kleine Gasbläschen im Bremssystem. Beim Bremsen hat man das Gefühl, die Bremse ist schwammig und hat keinen exakten Druckpunkt. Entlüften ist zwar eine vom Prinzip her simple Angelegenheit, die aber in der Praxis ziemlich nervig sein kann und am besten von zwei Leuten erledigt wird. Eine/r pumpt am Bremshebel und der/die andere öffnet das Entlüftungsventil immer dann, wenn der Bremshebel durchgezogen wird. Kurz bevor der Bremshebel vollständig durchgezogen ist, muss das Ventil bereits wieder geschlossen sein. Diesen Vorgang wiederholt man so lange, bis die Bremsflüssigkeit im System komplett getauscht ist. Dabei darf nicht vergessen werden, in den Ausgleichsbehälter immer genügend neue Bremsflüssigkeit nachzuschütten. Saugt man über den Ausgleichsbehälter einmal Luft in das System, dauert das Spiel gleich doppelt so lange. Dann muss man nämlich die angesaugte Luft durch das System pumpen. Und das kann wirklich lange dauern! Die Bremsflüssigkeit die unten an der Bremszange über das Entlüftungsventil austritt, wird über einen Schlauch in einen Auffangbehälter geleitet. Dieser sollte höher stehen als das Entlüftungsventil. Bremsflüssigkeit ist Sondermüll. Viele Auto- oder Motorradwerkstätten entsorgen das Zeug gerne, vor allem, wenn man so noch ein paar Euro verdienen kann!

Neben dieser klassischen Methode eine Bremse von Hand zu entlüften, gibt es eine zweite, bei der eine Entlüftungspumpe zum Einsatz kommt. Diese Pumpe, die es in jedem Motorradzubehörgeschäft zu kaufen gibt, wird über einen Schlauch am geöffneten Entlüftungsventil der Bremszange angeschlossen. Durch Pumpen wird dann die Bremsflüssigkeit von unten durch das Bremssystem gedrückt.

Diese Methode funktioniert in der Praxis recht gut und hat zudem den Vorteil, dass es schnell geht. Das liegt auch daran, dass die Luft im Bremssystem in der Regel nach oben aus dem Hauptbremszylinder gedrückt wird. Bei der Anwendung einer solchen Pumpe muss vor dem Durchpumpen der neuen Bremsflüssigkeit die alte Bremsflüssigkeit aus dem Hauptbremszylinder entleert werden (auch bei der manuellen Entlüftung sollte dies zuerst gemacht werden, wobei hier frische Bremsflüssigkeit vor dem Entlüften eingefüllt werden muss, die dann durch das System gepumpt werden kann). Reinigen Sie bei dieser Gelegenheit den entleerten Hauptbremszylinder, den Deckel und die Deckel-Gummimembran vorsichtig mit einem sauberen, fusselfreien Tuch. Mit neuer Bremsflüssigkeit lassen sich übrigens die Rückstände der alten recht gut entfernen.

Hierzu kann man auch einen Pinsel verwenden, der möglicht nicht haaren soll. Überhaupt müssen Sie beim Reinigen des Hauptbremszylinders mit großer Sorgfalt vorgehen, damit sichergestellt ist, dass kein Schmutz in den Vorratsbehälter kommt. Wenn Sie jetzt das Pumpen mit der Entlüftungspumpe beginnen, wird sich der Vorratsbehälter mit Bremsflüssigkeit füllen. Ist das System entlüftet, wechseln Sie nochmals die Bremsflüssigkeit im Vorratsbehälter. Da sich ja die neue Bremsflüssigkeit mit den Resten der alten Bremsflüssigkeit in den Bremsschläuchen vermischt, können Sie so auch die letzten Reste der alten Bremsflüssigkeit entfernen. Zum Schluss befüllen Sie den Hauptbremszylinder-Vorratsbehälter bis zum Füllstrich mit neuer Bremsflüssigkeit und schrauben den Deckel wieder drauf.

Leider sind Entlüftungspumpen nicht gerade billig. Sie sparen aber viel Arbeit! Ob eine Anschaffung lohnt, muss jeder für sich selbst entscheiden.

Egal für welche Methode Sie sich jetzt entscheiden, eine Bremse ist erst dann entlüftet, wenn sich

Aus meiner Trickkiste:

Entlüften mit Einwegspritze

Anstatt sich eine teure Entlüftungspumpe anzuschaffen, kann man auch eine so genannte Einwegspritze zum Entlüften verwenden.
Sie gibt es in verschiedenen Größen in der Apotheke zu kaufen. Für unsere Zwecke ist eine 20ml-Spritze ideal. Über die Kanüle der mit Bremsflüssigkeit gefüllten Spritze stecken wir einen möglichst flexiblen, eng anliegenden und ca. 20 cm langen Gummischlauch. Das andere Ende des Schlauchs wird über das geöffnete Entlüftungsventil gesteckt. Auch hier muss der Schlauch gut passen. Nun kann man einfach die Bremsflüssigkeit durch das Bremssystem drücken. Achten Sie aber darauf, dass das Entlüftungsventil gerade soweit geöffnet ist, dass sich die Bremsflüssigkeit gut durchdrücken lässt, aber es nicht so weit offen steht, dass Bremsflüssigkeit neben dem Ventil heraus fließen kann. Drücken Sie die Flüssigkeit zudem mit Gefühl in das System, damit der Schlauch nicht unter dem Druck der Flüssigkeit vom Entlüftungsventil springt.

am Bremshebel ein exakter Druckpunkt eingestellt hat. Wie gesagt, das kann dauern! Also seien Sie geduldig beim Bremsen entlüften.

Hier noch ein Hinweis für Ihre Gesundheit. Bremsflüssigkeit ist giftig. Vermeiden Sie Hautkontakt und vor allem kriegen Sie nichts, wie auch immer, in den Mund! Tragen Sie immer Gummihandschuhe beim Umgang mit Bremsflüssigkeit und rauchen Sie dabei auch nicht!

Wer noch nie eine Bremse entlüftet hat, sollte dies das erste Mal unter fachkundiger Anleitung machen oder es einer Fachwerkstatt überlassen. An den Bremsen zu arbeiten, bedeutet, dass man wirklich eine Ahnung davon haben sollte, was man macht. Alles andere ist tödlicher Schwachsinn! Also sich vorher klar sein, was man/frau sich zutraut.

Kontaktschalter fürs Bremslicht

Sind alle Arbeiten erledigt, die Schrauben und Entlüftungsventile wieder angezogen, der Bremsdruckpunkt zufrieden stellend, kontrolliert man zum Schluss noch den Kontaktschalter für das Bremslicht. Hier finden sich an den verschiedenen Motorrädern hauptsächlich zwei Typen. Die häufigste und zuverlässigere Variante ist der Bremslichtschalter in der Hydraulikleitung. Er wird durch den Hydraulikdruck der Bremsflüssigkeit geschaltet. Wenn er einmal nicht mehr funktionieren sollte, ist nur der Austausch möglich. Bedauerlicherweise muss man dann das Bremssystem wieder komplett entlüften.

Der andere Typ, ein so genannter Klickschalter, wird am Handbremshebel verbaut. Bei Betätigung des Bremshebels gibt dieser einen federvorgespannten Schalter frei, der den Kontakt schließt. Er findet hauptsächlich bei mechanischen Bremsen seinen Einsatz. Es gibt aber auch Motorräder mit Hydraulikbremsen, die einen solchen Schalter am Bremshebel haben. Falls dieser Schalter einmal seinen Geist aufgeben sollte, lohnt eine Reparatur meist nicht, da Sie im Elektro-Fachhandel für wenige Euro einen neuen bekommen. Wenn diese Schalter gelegentlich gereinigt und leicht geölt werden, erreichen sie ein hohes Alter. Staub und Feuchtigkeit oder Straßensalz hingegen zerstören diese Schalter recht schnell.

Trommelbremsen

Benötigtes Werkzeug und Hilfsmittel:

- Innensechskantschlüssel
- Kreuz- oder Schlitzschraubenzieher
- Rohr- oder Kombizange
- Schieblehre
- Spannungsprüfer
- verschiedene Gabel- oder Ringschlüssel (je nach Motorradtyp unterschiedlich!)

Mit nur wenigen Ausnahmen werden Trommelbremsen hauptsächlich am Hinterrad verbaut. Konstruktiv sind sie sehr einfach, jedoch sind die wichtigsten Teile erst nach dem Ausbau des Hinterrades zugänglich. Ähnlich ist es bei der Sichtprüfung. Eine Trommelbremse von außen auf Verschleiß zu überprüfen, ist bei den meisten nicht möglich. Nur wenige sind mit Schaulöchern oder Verschleißanzeigern ausgestattet, so dass von außen der Bremsbelagverschleiß überprüft werden kann. Bei einer normalen Sichtprüfung, ohne Ausbau des Hinterrades, kann man an den meisten lediglich das Bremsgestänge auf Funktion und Beschädigung überprüfen.

Das **Bremsgestänge** muss gerade sein. Verbogene Bremsgestänge sind zu ersetzen. Wer eine seilzugbetätigte Hinterradbremse hat, achtet darauf, dass das Stahlseil nicht gesplisst ist und der Zug in der Tülle einwandfrei läuft. Bei mechanischen Bremsen sind die beweglichen Bauteile in der Regel mit Splinten gesichert. Sie haben die Aufgabe, Schrauben oder ähnliche Teile vor Verlust zu sichern und damit die sichere Funktion der Bremse unter allen Betriebsbedingungen zu gewährleisten. Auf ihren korrekten Sitz ist bei der Sichtprüfung zu achten. Es schadet sicherlich nicht, das Bremsgestänge frisch abzuschmieren. Die Lagerung des Fußbremshebels hat hierfür bei fast allen Modellen einen Schmiernippel. Auch die Hebelei an der Trommel selbst verträgt immer ein paar Tropfen Öl. Achten Sie aber darauf, dass kein Öl in die Trommel gelangt.

Auch der **Bremslichtschalter** sollte gelegentlich gereinigt und abgeschmiert und auf Funktion überprüft werden. Meist ist er so an den Maschinen verbaut, dass er bei Regen voll im Spritzwasser des Hinterrades liegt. Das führt früher oder später zu einem Ausfall wegen Kurzschluss oder Korrosion. Öl kann ihn davor bewahren.

Wer beim Bremsen bereits ein Rubbeln oder Pulsieren bemerkt, sollte die Bremse aufmachen oder das Motorrad in die Werkstatt bringen, wenn man sich diese Arbeit selbst nicht zutraut. Liegt die **Bremstrommel** offen vor einem, muss sie unbedingt zuerst vom Bremsstaub gereinigt werden (Atemschutz nicht vergessen!). Anders wie bei Scheibenbremsen bleibt der Bremsstaub in der Trommel. Unter schlechten Bedingungen legt er sich zwischen Belag und Bremstrommel und setzt die Bremswirkung herab. Bei den Trommelbremsen der Motorräder werden die Beläge meist auf einen so genannten Bremsbelagträger geklebt. Es gibt aber auch aufgenietete **Bremsbeläge**. Diese müssen spätestens dann erneuert werden, wenn sie bis auf 2 mm oberhalb der versenkten Nietenköpfe abgenutzt sind. Aufgeklebte Bremsbeläge sollten mindestens 3 mm Belagstärke aufweisen. Wenn die Oberfläche der Beläge spröde, ausgebrochen, rissig oder glasig aussieht, sind sie ebenfalls zu wechseln. Als neue Beläge kommen nur solche des Fahrzeugherstellers oder speziell freigegebene Beläge in Frage.

Die **Bremsnocke** sorgt dafür, dass die Beläge an die Bremstrommel gedrückt werden. Sie darf sich nicht schwergängig bewegen und muss durch die Rückholfedern vollständig in die Ruhelage zurückgezogen werden. Auf die Federn ist besonderes Augenmerk zu richten, da sie dafür sorgen, dass die Beläge nicht ständig an der Trommel schleifen. Die Bremstrommel darf keinerlei Riefen oder Risse aufweisen. Riefige Bremstrommeln können unter Umständen von Fachbetrieben überarbeitet werden. Hierzu werden sie ausgedreht. Bremstrommeln mit Rissen können nur ersetzt werden. Zudem sind Reparaturen bzw. Schweißarbeiten an rissigen Bremstrommeln aus Sicherheitsgründen unzulässig.

Nach der Reinigung der gesamten Trommelbremse müssen die mechanischen Komponenten, wie die Bremsnocke und das Bremsnockenlager neu abgeschmiert werden. Hierzu ist nur spezielles Fett erlaubt. Meist wird so genannte Kupferpaste verwendet. Sie hat die besondere Eigenschaft, nicht bei Wärme zu schmelzen, so dass sie nicht bei hoher Bremsbeanspruchung auf die Beläge tropfen kann. Bremsbeläge, die mit Öl oder Bremsflüssigkeit in Kontakt gekommen sind, müssen getauscht werden. Sie können nicht gereinigt werden.

Scheiben- und Trommelbremsbeläge benötigen, wenn sie neu montiert sind, eine gewisse Einfahrzeit, bis sie voll zur Wirkung kommen und ihren Biss entwickeln. Es ist daher ratsam, die Beläge vor einer Urlaubsfahrt rechtzeitig zu wechseln, so dass sie noch eine gewisse Einlaufzeit haben. Eine vollbeladene Maschine mit neuen Belägen abzubremsen, kann unter Umständen zu einem riskanten Unternehmen werden, da der Bremsweg unverhältnismäßig lang werden kann.

Vordere Trommelbremse an einer alten BMW R60/5.

Motor/Getriebe/ Sekundär-Antrieb

Den technisch einwandfreien Zustand eines Motors festzustellen, ist auch für Experten nicht immer einfach. Es gibt Motoren, die bis zu ihrem plötzlichen Exitus einwandfrei gelaufen sind. Die Besitzer solcher Fahrzeuge fragen dann oft, ob es nicht eine Möglichkeit gäbe, solche Schäden gewissermaßen vorauszusehen. Eines vorweg: Einige Schäden sind tatsächlich voraussehbar, andere, wie der „Plötzliche Motorcrash“, kann niemand voraussehen, zumindest nicht mit den normalen Mitteln, die dem Laien oder der gewöhnlichen Werkstatt zur Verfügung stehen. Woran liegt das? Der „Plötzliche Motorcrash“ geht meist auf Materialermüdung zurück. Ein Pleuel bricht oder ein Ventil reißt ab. Warum so etwas passiert, kann nur eine aufwändige Materialanalyse aufdecken. Die Fehlerursache reicht dann meist bis zur Fertigung des betreffenden Bauteils zurück. Gussfehler, falsche Materialwahl, Qualitätsschwankungen sind einige dieser Ursachen, die sich meist erst nach Jahren des einwandfreien Betriebes zeigen. Natürlich sind auch Neufahrzeuge von diesem Phänomen nicht ausgeschlossen. Die Wahrscheinlichkeit, dass so etwas mit zunehmendem Alter geschieht, muss aber nicht unbedingt ansteigen. Bewährtes kann ewig halten! Um solche Schäden zu vermeiden, müssten alle Teile eines Motors einer aufwändigen Materialprüfung unterzogen werden. Einerseits ist das extrem teuer und andererseits sind diese Untersuchungen nicht immer zerstörungsfrei. Ein Teil ist nach der Materialprüfung oft Schrott. Das oben gesagte gilt selbstverständlich auch für die anderen Antriebskomponenten des Motorrades, wie Getriebe, Kupplung oder Kette/Kardan. Auch diese können plötzlich kaputt gehen, ohne vorher nur das geringste anzukündigen.

Wir wollen aber mit ruhigem Gewissen mit unserem alten Motorrad auf Tour oder in Urlaub

Motorblock einer Moto Guzzi V65 SP. Diese Motoren sind bekannt für ihre plötzlichen Ventilabrisse.

fahren. Eines zur Beruhigung vorweg: Gegen das Phänomen des plötzlichen Motorcrashes oder Getriebeschadens ist kein Kraut gewachsen. Da dies aber äußerst selten vorkommt, sollte man es zur Kenntnis nehmen und, falls es passiert, als Schicksal akzeptieren.

Die meisten Schäden aber sind vorhersehbar bzw. damit vermeidbar. Mit etwas Geschick und Sachverstand kann jeder Motor, Getriebe, Kupplung und Sekundär-Antrieb (Kette/Kardan) so überwachen, dass sich anbahnende Schäden vermeiden lassen.

Alle Arbeiten, die hier im Folgenden besprochen werden, können meist nur von qualifizierten Motorinstandsetzungsbetrieben durchgeführt werden. Einige Arbeiten kann aber auch der versierte Laie angehen, sofern er das nötige Wissen und Spezialwerkzeug hat. Wo hier die Grenze zu ziehen ist, zwischen dem, was man selber machen kann oder was bereits die Werkstatt machen sollte, muss jeder/jede selber entscheiden.

Kompression

Benötigtes Werkzeug und Hilfsmittel:
- ggf. Kompressor
- Kompressionsuhr oder Druckluftadapter
- Zündkerzenschlüssel

Zu den bewährtesten Präventionsmaßnahmen gehört die Kompressionsprüfung der Zylinder. Sie gibt zuverlässig darüber Auskunft, in welchem Zustand sich Kolben, Zylinder und Ventile befinden. Für den einwandfreien Betrieb eines Motors maßgeblich ist die Dichtheit und damit der Verschleißzustand dieser Bauteile. In der Praxis gibt es zwei Methoden, um über die Kompression zuverlässig Auskunft zu bekommen.

Die eine Methode bedient sich eines kleinen Adapters für einen Druckschlauch. Der Adapter wird anstelle der Zündkerze in das Zündkerzenloch geschraubt und ein Pressluft-Druckschlauch an diesen

Externe Motorentlüftung an einer Moto Guzzi V75.

Auch eine mögliche Ursache für Kompressionsverlust – ein Loch im Kolben!
Links: Ein abgerissener Ventilteller schlug das Loch in den Kolbenboden (Moto Guzzi V50 III).
Rechts: Eine Zündkerze mit falschem Wärmewert hat ein Loch in den Kolbenboden „geschweißt“ (Yamaha RD 250).

angeschlossen. Vorher muss der Kolben im Motor noch auf den oberen Totpunkt des Kompressionstaktes gedreht werden. In dieser Phase des Motors sind beide Ventile, Ein- und Auslass, geschlossen. Durch die nun eingeleitete Pressluft wird die Dichtheit von Kolbenringen und Ventilen statisch geprüft. Bei einem einwandfreien Motor entweicht auch über Stunden kein Druck durch die Ventile oder über die Kolbenringe. Bei leicht verschlissenen Komponenten wird man ein leises Zischen vernehmen. Speziell die Komponente, die den Druck nicht mehr halten kann, kann leicht identifiziert werden, indem man sein Ohr an den Auspuff, den Vergaser/die Einspritzung oder die Motorentlüftung hält. Zischt es aus dem Auspuff ist das Auslassventil defekt. Wenn das Zischen aus dem Vergaser/der Einspritzung kommt ist mit Sicherheit das Einlassventil undicht. Kommt das Geräusch aus der Motorentlüftung halten die Kolbenringe nicht mehr dicht. Wer diesen Test machen sollte, braucht nicht zu erschrecken, wenn man ein zischendes Geräusch hört. Es gibt kaum Motoren, die hundertprozentig dicht sind. Ein steter Druckverlust von bis zu 30 % ist noch im Rahmen des gewöhnlichen Verschleißes. Darüber hinaus ist Handeln angesagt.

Es ist selbstredend, dass der Kompressions-Test an allen Zylindern des Motorrades durchgeführt werden muss. Alle Zylinder sollten in etwa den gleichen Verschleißzustand haben. Abweichungen von ca. 10% sind gerade noch in der Toleranz. Drüber hinaus läuft ein Motor unrund (vor allem im Standgas) und aufgrund der mechanisch unterschiedlichen Belastung zwischen den Zylindern sehr rau.

Die zweite Methode um die Kompression zu testen, wird mit der **Kompressionsuhr** durchgeführt. Sie wird ebenfalls anstelle der Zündkerze in das Zündkerzenloch gedreht. Um die Kompression zu

Aus meiner Trickkiste:

Zeitpunkt des Drucktests

Es wird in Expertenkreisen oft diskutiert, ob der Drucktest bei warmem oder kaltem Motor durchgeführt werden muss. Da Motoren in beiden Betriebszuständen laufen müssen, spricht nichts dagegen, auch in beiden Betriebszuständen die Kompression zu testen. In der Regel wird ein warmer Motor meist eine höhere Kompression haben und damit dichter sein, als ein kalter.

prüfen, sollte der Vergaser abgeschraubt werden, damit der Motor ungehindert Luft ansaugen kann. Bei einfachen Schiebervergasern genügt es, das Gas voll aufzudrehen. Die Zündung wird ausgeschaltet oder, falls das nicht geht, das Pluskabel zur Zündspule abgeklemmt. Nun drückt man auf den Starter und orgelt den Motor für ein paar Sekunden kräftig durch. Da Kompressionsuhren mit Schleppzeigern ausgerüstet sind, zeigen sie auch nach dem Durchdrehen des Motors das höchste dynamische Kompressionsergebnis an. Dieser Vorgang wird an allen Zylindern wiederholt. Die Kompression darf zwischen allen Zylindern nicht mehr als 10% von einander abweichen. Der mit der Uhr gemessene Wert muss natürlich mit dem Herstellerwert korrespondieren. Auch hier gelten Abweichungen für den gesamten Motor von bis zu 30 % als noch tolerabel. Darüber hinaus besteht Handlungsbedarf. Selbstverständlich wird der Kompressionstest, wie oben erklärt, sowohl bei kaltem als auch bei warmem Motor durchgeführt.

Es gibt Motoren, die nach einigen Jahren im Betrieb eine höhere Kompression haben, als am Anfang. Das liegt in aller Regel an Ölkohle, die sich im Brennraum abgelagert hat. Liegt die Kompression deutlich über dem Herstellerwert, sollte die Ölkohle aus dem Brennraum entfernt werden. Durch die höhere Kompression werden die Lager über das Maß beansprucht und können damit schneller verschleißen. Die Ölkohle kann mechanisch entfernt werden, was bedeutet, dass der Motor zerlegt werden muss. Die andere Methode besteht darin, sie chemisch zu entfernen. Hierzu werden dem Benzin Zusätze beigemischt, die eine Reinigung während des Betriebes versprechen. Ölkohle hat aber eine Ursache, die meist im übermäßigen Ölverbrauch des Motors begründet liegt. Wenn aber ein Motor zuviel Motoröl verbraucht, muss er ohnehin geöffnet werden, um der Ursache auf den Grund zu gehen. Nur in den seltensten Fällen hat Ölkohle eine Ursache, die dem gewöhnlichen Betrieb zugeschrieben werden darf. Hierzu wird steter Stadt- und Kurzstreckenbetrieb gerechnet. Der Motor wird dabei nicht heiß genug, um die Ablagerungen zu verbrennen. Ist das die Ursache für die Ölkohle, muss der Motor vorsichtig frei gefahren werden. Eine Urlaubsfahrt ist hierfür geradezu ideal. Langsam wird die Leistung, die wir ihm abfordern, gesteigert. Wie schnell das passieren darf, ist von Motor zu Motor unterschiedlich. Es bedarf etwas „Motorgefühl“, um herauszufinden, wann der Motor wieder „frei“ ist und voll belastet werden darf.

Kompressionsuhren zur dynamischen Messung der Kompression werden für wenig Geld im Motorradzubehörhandel angeboten. Es spielt keine Rolle, ob es sich dabei um eine Uhr mit Schleppzeiger handelt oder eine elektronische, die nach der Messung ein Protokoll ausdrucken kann. Wichtig ist, dass sie genau anzeigt, so dass über längere Zeit hinweg der Verschleißzustand des Motors überwacht werden kann.

Sich einen **Druckluftadapter** zuzulegen, rechnet sich nur für Profis. Der Adapter ist zwar preisgünstig, um ihn aber zu verwenden, braucht man einen guten Kompressor mit entsprechendem Equipment.

Ventile (nur bei 4-Takt-Motoren)

Benötigtes Werkzeug und Hilfsmittel:

- Drehmomentschlüssel
- Fühlerlehre
- ggf. Ventilausheber
- Innensechskantschlüssel
- Kreuz- oder Schlitzschraubenzieher
- Rohr- oder Kombizange
- Schieblehre
- verschiedene Gabel- oder Ringschlüssel (je nach Motorradtyp unterschiedlich!)
- Zündkerzenschlüssel

Die Ventile im Zylinder gehören zu den am meisten beanspruchten Teilen im 4-Takt-Motor. Wird beim Kompressionstest festgestellt, dass nur eines undicht ist, muss dringend gehandelt werden, bevor schlimmeres passiert. Gerade Auslassventile sind besonders gefährdet. Ist ein **Auslassventil** undicht, züngelt bei jedem Verbrennungstakt eine Flamme um den Ventilschaft. Das Ventil kann die ihm so zugeführte Wärme nicht mehr an den Ventilsitz abgeben, da es diesen nicht mehr berührt. Das Ventil wird sich immer mehr verformen und auf kurz oder lang abreißen. Der lose Ventilteller wird bei laufendem Motor den gesamten Brennraum zerstören. Das Gemeine an diesem schleichenden Schaden ist, dass man ihn nicht bemerkt, bis es zu spät ist. Es sei denn, ein Kompressionstest gibt vorher Aufschluss über die Dichtheit der Ventile. Ähnlich verhält es sich beim **Einlassventil**. Nur dauert es hier aufgrund der geringeren thermischen Belastung länger, bis das Ventil abreißt.

Die Undichtheit der Ventile kann zwei Ursachen haben. Einerseits ist der Ventilsitz im Zylinderkopf verschlissen bzw. gerissen oder andererseits, das Ventil ist falsch eingestellt, und kann sich nicht mehr richtig schließen. Im ersten Fall sollte das Ventil gegen ein neues ausgetauscht und der Ventilsitz nachgeschliffen bzw. der Zylinderkopf nachgearbeitet werden. Nur so ist garantiert, dass das Ventil dicht schließt. Im zweiten Fall gehören lediglich die Ventile nach Vorgabe des Herstellers eingestellt.

Ist der Zylinderkopf schon demontiert, ist es ratsam auch die **Ventilschaftführung** zu kontrollieren. Sie sorgt dafür, dass das Ventil zentriert geführt wird. Ist sie ausgeschlagen oder die Ventilschaftdichtung defekt, verbraucht der Motor übermäßig Motoröl. **Defekte Ventilschäfte sind neben undichten Ölabstreifringen am Kolben die Hauptursache für Ölverbrauch im Motor.** Defekte Ventilschäfte offenbaren sich beim Gasgeben auch durch blaue Abgase aus dem Auspuff. Während des Fahrbetriebes, mit zunehmender Temperatur des Motors, kann sich dieser Effekt steigern und macht sich vor allem bei Lastwechseln bemerkbar.

Einstellen der Ventile

Ventile einstellen, gehört zu den technischen Fähigkeiten, die jeder Motorradfahrer beherrschen sollte. Gerade Youngtimer haben sehr kurze Wartungsintervalle. Bei einigen Moto Guzzi Modellen aus den späten 1970ern sind die Intervalle sogar so kurz, dass die Ein- und Auslassventile nach Vorgabe des Herstellers alle 3000 km kontrolliert bzw. eingestellt werden müssen. Wer das nicht selbst machen kann und zudem Vielfahrer ist, braucht schon einen dicken Geldbeutel, wenn die Maschine von der Werkstatt immer gut gewartet sein soll. Ventile einstellen, ist nicht so schwer, wie man zunächst glauben möchte. Egal welche Konstruktion zur Ventilsteuerung im Motor die Hersteller verbaut haben, einige Dinge gelten für fast alle Ventiltriebe. Zunächst soll hier aber die Frage geklärt werden, warum überhaupt Ventile eingestellt werden müssen.

Ventile gehören, wie bereits erwähnt, zu den thermisch am höchsten belasteten Bauteilen im Motor. Das bedeutet, dass das Metall, aus dem die Ventile bestehen, extrem heiß wird und sich dabei ausdehnt. Mit zunehmender Temperatur wird das Ventil größer. Das gleiche gilt für den gesamten Ventiltrieb. Das wäre nicht so schlimm, wenn alle Komponenten aus dem gleichen Material bestehen würden und die Erwärmung des Motors gleichmäßig erfolgen würde. Dann würden sich alles homogen dehnen und die Maße im Motor gleich bleiben. Da aber der Zylinderkopf in der Regel aus einer Aluminiumlegierung besteht, der Ventiltrieb aus hochwertigen Stählen oder anderen exotischen Materialien, dehnen sich die Komponenten je nach Wärmezufuhr unterschiedlich aus. Um eine einwandfreie Funktion der bewegten Teile eines Motors während der Warmlaufphase und bei Betriebstemperatur zu gewährleisten, haben die Konstrukteure aus diesem Grund gewisse Toleranzen eingearbeitet. Hierzu gehört auch das Ventilspiel, das über Einstellschrauben oder Unterlegplättchen justiert werden kann.

Die Einstellung der Ventile, die immer bei kaltem Motor erfolgen muss, hat zum Ziel, dass der Ventiltrieb bei Betriebstemperatur möglichst wenig Spiel aufweist, damit die Steuerzeiten exakt eingehalten werden und der Verschleiß in Folge zu hohen Spiels soweit wie möglich reduziert ist. Das Ventilspiel garantiert, dass sich das Ventil gasdicht an seinem Sitzanlegen kann. Gerade die Auslassventile benötigen diesen Kontakt, um die aufgenommene Wärme abführen zu können. Bleiben sie leicht offen stehen, weil das Ventil zu eng eingestellt ist, neigen sie zum

Durchbrennen. Hat das Ventil hingegen zu viel Spiel, nimmt der Motor schlecht Gas an und verliert an Leistung. Auch läuft der Motor im Standgas extrem schlecht. Das Ventil-Einstellen ist daher bei allen Motorrädern der erste Wartungspunkt bei einer Inspektion, bevor Zündung und Vergaser kontrolliert werden.

Zum Einstellen der Ventile muss der Kolben des betreffenden Zylinders, nachdem die Zündkerzen herausgeschraubt wurden, auf OT (oberer Totpunkt) gebracht werden. Hierzu hat jeder Motor entweder auf der Schwungscheibe der Kupplung oder auf der Lichtmaschine eine Markierung, die diesen Punkt anzeigt. Sie muss meistens mit einer Gehäusemarkierung in Deckung gebracht werden, um die exakte Stellung der Kurbelwelle zu erlangen. Wer sicher gehen will, dass er wirklich den OT eingestellt hat, steckt vorsichtig (!) einen Schraubenzieher oder ähnlichen Gegenstand durch das Zündkerzenloch. Der Schraubenzieher darf nur wenige Zentimeter in das Kerzenloch fallen. Als zweiter Test, ob der OT vorliegt, kann bei Stößelstangen-Motoren die Drehbarkeit der Stößel kontrolliert werden. Lassen sie sich beide drehen, muss der OT vorliegen. Mit einer Fühlerlehre wird nun das vorhandene Ventilspiel zwischen Ventilschaftkopf und Kipphebel gemessen und gegebenenfalls eingestellt. Hierzu wird bei Stößelstangen-Motoren die Kontermutter auf dem Kipphebel geöffnet und die Einstellschraube soweit verdreht, bis die Fühlerlehre sich „satt-saugend" durch den Spalt ziehen lässt. Stimmt das Spiel, wird alles wieder mit Gefühl angezogen, der Motor zum Test noch mal mit der Hand durchgedreht und schließlich zusammengebaut.

Bei Stößelstangen-Ventiltrieben kommt es häufig vor, dass sich die Einstellschrauben schwergängig drehen lassen. Das hängt meist damit zusammen,

Die Fühlerlehre muss sich satt saugend zwischen Ventil und Kipphebel durchziehen lassen. Dann stimmt das Ventilspiel.

Stößelstangen-Ventiltrieb eines 2-Ventil-Motors

dass die Kontermutter irgendwann einmal zu fest angezogen wurde. Die Einstellschrauben dehnen sich und sperren sich im Gewinde des Kipphebels. Solche überdehnten Einstellschrauben sind sofort zu ersetzen, da sie jederzeit, während der Motor läuft, abreißen können. Die Folgen können unter Umständen ziemlich verheerend sein. Falls ihr Motorrad aber selbstsichernde Einstellschrauben besitzt, achten sie darauf, dass diese nicht zu leichtgängig sind. Hier liegt der Fall andersherum.

Das Ventilspiel an Motoren mit oben liegenden Nockenwellen einzustellen, geht ähnlich einfach. Jedoch benötigt man hierzu Spezialwerkzeuge, wie z. B. einen Ventilausheber und eine spezielle Zange. Außerdem braucht man einen Satz von Distanzplättchen, die das Ventilspiel ausgleichen. Zum Einstellen des Ventilspiels wird der Kolben des einzustellenden Zylinders ebenfalls auf OT gedreht. Der Nocken muss vollständig entlastet sein. Mit der Fühlerlehre wird nun das Spiel zwischen Ventildruckplatte (Tassenstößel) und Nocke gemessen. Ist es zu weit oder zu eng, muss mit dem Ventilausheber das Ventil nach unten gedrückt werden, um das Distanzplättchen mit der Spezialzange herausnehmen zu können. Es wird dann durch ein entsprechend dickeres oder dünneres ersetzt. Auf den Distanzplättchen sind die Maße vermerkt. Nun wird noch mal gemessen und anschließend der Motor von Hand durchgedreht, um die korrekte Funktion des Ventiltriebs zu prüfen. Stimmt das Spiel, kann wieder alles zusammen gebaut werden.

Je nachdem welchen Youngtimer man fährt, können die Ventil-Einstellarbeiten von den hier beschriebenen abweichen. Wer z. B. eine alte Ducati mit Desmodromik (Ventilzwangssteuerung) besitzt, sollte tunlichst seine Finger vom Ventiltrieb lassen, es sei denn er oder sie weiß wirklich (!) was man/frau tut. Eine desmodromische Ventilsteuerung einzustellen, ist eine äußerst diffizile Angelegenheit, die sehr viel Erfahrung erfordert. Diese Arbeit sollte der freundliche Ducati-Händler übernehmen.

Glücklich aber sind Besitzer/innen von Motorrädern, die bereits einen Ventiltrieb mit hydraulischen Ventilspielausgleich haben. Diese brauchen sich nicht um den Ventiltrieb kümmern, da sich das Ventilspiel immer automatisch selbst einstellt.

Zu den Ventileinstellarbeiten gehört auch, dass man gelegentlich die **Steuerkette bzw. den Steuerriemen (Zahnriemen) des Ventiltriebs** kontrolliert. Beides treibt die Nockenwelle an, die über die Tassenstössel die Ventile öffnet und schließt. Bei einigen Motorradmodellen muss man manuell in vorgeschriebenen Intervallen die Spannung der Steuerkette nachstellen. Wann dies notwendig und wie viel Spiel erlaubt ist, muss dem Handbuch entnommen oder beim Fachhändler nachgefragt werden. Eine zu schlaff eingestellte Steuerkette macht sich während des gewöhnlichen Fahrbetriebs meist mit rasselnden oder schlagenden Geräuschen bemerkbar. Wenn sich eine Steuerkette aufgrund von Verschleiß nicht mehr nachstellen lässt, ist sie unverzüglich zu wechseln, da sonst die Gefahr besteht, dass sie überspringt. Die Folge wären verstellte Ventilsteuerzeiten. Der Motor läuft dann nur noch schlecht oder überhaupt nicht mehr. Manchmal kann dieser Defekt sogar zu einem kapitalen Motorschaden führen.

Das Wechseln einer Steuerkette sollte der Fachwerkstatt vorbehalten bleiben, da hierzu oft der ganze Motor zerlegt werden muss. Die meisten Motorräder besitzen aber Steuerketten, die automatisch gespannt werden. Eine Spannschiene, die unter Feder- oder Öldruck steht, drückt hier permanent auf die Steuerkette. Diese servicefreundliche Konstruktion muss aber auch gelegentlich überprüft werden, da die Steuerkette sich im Laufe der Zeit erheblich dehnen kann. Hier gilt das Gleiche wie für manuell zu spannende Steuerketten. Ist sie verschlissen, muss sie gewechselt werden.

Bei Motorrädern, deren Nockenwelle über Steuerriemen (Zahnriemen) angetrieben werden (z. B. Moto Morini), bestehen von Seiten der Werke feste Wechselintervalle, die Kilometer und/oder zeitabhängig sind. Diese Intervalle sind unbedingt einzuhalten, auch wenn der Zahnriemen optisch noch in einem guten Zustand sein sollte. Der Grund: Der Gummi des Zahnriemens verhärtet mit der Zeit und wird spröde. Alte Steuerriemen machen sich meist nach dem Start des kalten Motors durch pfeifende Geräusche bemerkbar, die nach wenigen Betriebsminuten verschwinden. Wer diese Geräusche aus seinem Motor hört, sollte unverzüglich den Steuerriemen wechseln.

Kolben

Benötigtes Werkzeug und Hilfsmittel:

- Drehmomentschlüssel
- Fühlerlehre
- ggf. Schabeisen zum Entfernen alter Dichtungen
- Gummihammer
- Innensechskantschlüssel
- Kolbenringzange
- Kompressionsuhr oder Druckluftadapter
- Kreuz- oder Schlitzschraubenzieher
- Rohr- oder Kombizange
- Schieblehre
- Seegerringzange
- verschiedene Gabel- oder Ringschlüssel (je nach Motorradtyp unterschiedlich!)
- Zündkerzenschlüssel

Sind die Ventile und ihr Spiel in Ordnung, kann für einen Kompressionsverlust nur noch der Kolben bzw. seine Kolbenringe in Frage kommen. Einen Sonderfall möchte ich kurz vorweg ansprechen. Es gibt Motoren, die eine perfekte Kompression haben, die aber extrem viel Öl verbrauchen.

Dies kann an den **Ölabstreifringen** liegen. Sie haben die Aufgabe, das im Kurbelhaus an die Zylinderwand gespritzte Öl zu einem großen Teil von der Zylinderwand zu streifen, damit es nicht in den Brennraum gelangt. Sind sie verschlissen, können sie diese Aufgabe nicht mehr erfüllen und lassen Öl in den Brennraum. Da die Kompression des Motors in Ordnung ist, sind auch Kolben und Kompressionsringe mit Sicherheit noch in Ordnung. Es genügt meist, die Ölabstreifringe am Kolben zu ersetzen. Dem Vorsichtigen ist geraten, vorher alle Bauteile auf Verschleiß zu überprüfen – auch die, von denen angenommen wird, dass sie in Ordnung sind. Damit die neuen Ölabstreifringe korrekt arbeiten können, muss die Nut im Kolben, in denen sie sitzen, von Ölkohle gereinigt werden. Sie hat sich hier aufgrund des Verschleißes der alten Ölabstreifringe verstärkt angesammelt.

Sind die **Kolbenringe** (auch Kompressionsringe) verschlissen, wird man nicht herumkommen, Zylinder und Kolben überarbeiten zu lassen oder gegen Neuteile auszutauschen. Eine Überarbeitung von Kolben und Zylinder lohnt meist nur bei sehr seltenen Fahrzeugen. In aller Regel benötigt man einen Übermaßkolben. Der alte Zylinder kann weiter benutzt werden. Er muss aber für den Übermaßkolben auf Maß gebohrt und gehont werden. Es gibt eine Reihe von Firmen, die auf diese Arbeiten spezialisiert sind. Vom Kolben über Kolbenringe bis hin zur gesamten Überarbeitung des Zylinders bieten diese die gesamte Instandsetzung an. Bevor Sie jedoch einen Auftrag erteilen, klären Sie vorab den Preis. Eine seriöse Firma wird Ihnen gerne einen Kostenvoranschlag machen. Ansonsten kann es Ihnen passieren, dass Sie beim Zahlen eine böse Überraschung erleben. Einige Firmen lassen sich nämlich ihr Know-How vergolden.

Haben Sie neue Kolben und Zylinder eingebaut, sind diese, wie bei einem Neufahrzeug, zunächst einzufahren. Lange Urlaubsfahrten auf der Autobahn sind hierfür nicht geeignet. Das was der Motor während der Einfahrzeit braucht, ist Abwechslung im Fahrbetrieb. Viel Schalten und unter verschiedenen Lastbedingungen fahren, ist hierfür ideal. Gerade bei überholten Motoren ist auf den ersten 1000 km auf die Drehzahl zu achten. Diese wird vorsichtig mit zunehmender Kilometerleistung gesteigert. Während der Einfahrzeit ist es empfehlenswert, den Motor mit Mineralöl zu fahren. Es gewährleistet einen kontrollierten Verschleiß. Synthetische Öle schmieren hingegen so gut, dass sich die Komponenten im Motor nicht oder nur sehr langsam aufeinander einspielen. Der Motor braucht damit sehr lange, bis er „frei" läuft und seine maximale Leistung entwickelt. Nach der Einfahrzeit von ca. 1.000 km muss ein zweiter Ölwechsel vorgenommen werden. Jetzt kann auch synthetisches Öl zum Einsatz kommen. Beim ersten Ölwechsel nach der Überholung muss auch der Ölfilter gewechselt werden. Er ist durch den Abrieb, der während der Einlaufzeit entstanden ist, stark verunreinigt. Erst jetzt ist der Motor wieder voll einsatzbereit.

Zündkerzen/Zündung

Benötigtes Werkzeug und Hilfsmittel:

- Fühlerlehre
- Innensechskantschlüssel
- Kreuz- oder Schlitzschraubenzieher
- Rohr- oder Kombizange
- Spannungsprüfer
- verschiedene Gabel- oder Ringschlüssel (je nach Motorradtyp unterschiedlich!)
- Zündkerzenschlüssel
- Zündzeitpunktpistole oder Prüflampe

Die Zündkerzen haben auf das Laufverhalten des Motors einen sehr großen Einfluss. Neben dem Verbrauch und der Startwilligkeit sind sie für die Leistungsfreude des Motors maßgeblich verantwortlich. Zudem sind sie ein sicherer Indikator, wie gut es unserem Motor geht.

Die Motorradhersteller erproben während der Entwicklung eines Motorrades verschiedene Zündkerzentypen, um die optimale zu finden. Es macht daher zur Leistungssteigerung wenig Sinn, mit verschiedenen Kerzen zu experimentieren, es sei denn, man stellt den Motor von der Standardkerze auf ein High-Tech-Produkt, wie z. B. Iridium-Kerzen

Bei Zündkerzen kommt es auf den richtigen Wärmewert an. Stets bei kaltem Motor heraus- und hineinschrauben!

um. Diese müssen den äquivalenten Wärmewert wie die Originalkerze aufweisen, um dem Motor nicht zu schaden. Solche Kerzen haben durchaus ihren Sinn, da durch die verbesserte Verbrennung geringfügig Leistung gewonnen werden kann. Auch geht der Benzinverbrauch ein wenig zurück. Darüber hinaus halten diese Kerzen länger als Standardkerzen. Sie haben jedoch einen nicht unerheblichen Nachteil. Sie kosten meist doppelt oder dreimal soviel, wie eine herkömmliche Zündkerze. Wer neue Zündkerzen kauft, muss unbedingt darauf achten, Zündkerzen mit dem für das Motorrad richtigen Wärmewert zu kaufen. Der exakte Wärmewert ist dem Handbuch zu entnehmen. Er muss unbedingt eingehalten werden. Vor allem 2-Takt-Motoren reagieren ziemlich empfindlich auf falsche Zündkerzen. Das kann soweit gehen, dass ein Kolben durchbrennt.

Der Wärmewert einer Zündkerze gibt im Prinzip nur darüber Auskunft, wie weit die Elektrodenspitze in den Brennraum reicht. Ein höherer Wärmewert bedeutet, dass die Elektrodenspitze tiefer in der Kerze liegt. Solche Kerzen können schneller verrußen. Liegt hingegen die Elektrodenspitze weiter im Brennraum (kleinerer Wärmewert), brennt sich die Zündkerze während der Warmlaufphase schneller frei. Hat ein Motor Startschwierigkeiten, kann oftmals eine Zündkerze mit einem kleineren Wärmewert helfen. Wer dies ausprobieren will, sollte aber bei seiner Werkstatt nachfragen, um Schäden am Motor zu vermeiden. Gerade für die alten Motorräder haben die Hersteller damals verschiedene Zündkerzentypen freigegeben. Wer jedoch über die Wärmewerte keine zuverlässige Auskunft bekommt, sollte derartige Experimente lassen. Ist der korrekte Standardzündkerzen-Typ im Motor verbaut, gibt das Kerzenbild zuverlässig darüber Auskunft, wie gesund unser Motor ist.

Zur Analyse müssen wir den Motor gut warm fahren und möglichst Stadtverkehr vermeiden.

Stadtfahrten trügen das Kerzenbild, da auch gesunde Motoren meist stark verrußen. Eine durchschnittliche Überlandfahrt ist genau richtig für eine nachfolgende Kerzenschau.

Diagnose der Zündkerzen

Bei optimaler Verbrennung zeigt die Zündkerze eine graue bis hellbraune Verfärbung des Isolators und der Elektrode. Der Motor ist gesund und in einem guten Verschleißzustand.

Läuft der Motor zu heiß, bildet sich auf der Isolatorspitze ein glasiger Belag mit Blasenbildung. Die Isolatorspitze ist angeschmolzen. Das kann bis zum völligen Verschmelzen der Kerze reichen. Ursache für solche Überhitzungen sind unkontrollierte Verbrennungen, Glühzündungen und klopfende Verbrennung. Diese haben wiederum ihre Ursachen in Falschluft, falscher Zündeinstellung oder schlechtem Benzin (z. B. zu niedrige Oktanzahl).

Ist die Kerze verrußt (rußig-schwarzer Überzug), lässt das auf einen falschen Wärmewert der Kerze, ein defektes Kaltstartsystem oder zu fette Gemischaufbereitung schließen.

Zeigt die Kerze einen öligen Überzug ist zuviel Öl im Verbrennungsraum. Dies hat seine Ursache im Verschleiß des Motors (defekte Ventilführungen, Ölabstreifringe, Zylinder). Bei Zweitakt-Motoren kann es auch am zu hohen Ölanteil im Kraftstoff liegen oder die Ölpumpe bei Getrenntschmierungssystemen ist zu fett eingestellt.

Sind an der Kerze, insbesondere am Isolator oder der Elektrode graue und weiße Ablagerungen zu sehen, deutet das auf einen mechanisch verschlissenen Motor hin. Die Ablagerungen sind Rückstände aus den Additiven in Öl und Benzin. Durch die Verbrennung im Brennraum können sie zu glühen beginnen und unkontrollierte Zündungen auslösen (so genannte Glühzündungen). Diese können dem Motor erhebliche Schäden zufügen.

Ein gebrochener Isolator zeigt, dass die Kerze mechanisch beschädigt wurde. Meist sind solche Kerzen vor der Montage heruntergefallen oder unsachgemäß montiert worden. Auch wenn eine solche Zündkerze noch neu sein sollte, entsorgen sie sie sofort. Es könnte nämlich passieren, dass Splitter des Isolators ihren Zylinder oder Kolben extrem beschädigen.

Wer eine Urlaubsreise plant, sollte, bevor es losgeht, die Kerzen kontrollieren. Es ist ratsam die Kerzen zu wechseln, auch wenn die alten noch gut aussehen. Wer die alten Zündkerzen nicht wegwerfen will, kann sie ja als Reserve mit in Urlaub nehmen. Werden neue Zündkerzen in den Motor geschraubt, ist das Kerzengewinde mit Kupferpaste zu bestreichen. Sie verhindert, dass die Kerze sich im Gewinde frisst und sich beim nächsten Kerzenwechsel nicht mehr herausdrehen lässt oder das Kerzengewinde im Motor beschädigt wird. Vor der Montage ist zu guter Letzt auch noch der Elektrodenabstand zu messen. Als Standardwert gilt hier 0,6 mm. Dieser kann aber von Fahrzeug zu Fahrzeug unterschiedlich sein. Das Fahrer- oder Reparaturhandbuch gibt darüber wieder einmal Auskunft.

Zündanlage

Eine Zündkerze kann nur so gut sein, wie die Zündanlage, die sie mit dem nötigen Strom für die Zündfunken versorgt. Ist die Zündanlage defekt oder falsch eingestellt, läuft der Motor überhaupt nicht oder nur sehr schlecht.

Zur ihrer Überprüfung beginnen wir mit einer einfachen Sichtprüfung der gesamten Zündanlage. **Achtung: Arbeiten Sie an der Zündanlage nur bei ausgeschaltetem Strom!** Hierzu ist es zunächst nötig, uns klar zu werden, welche Komponenten zu unserer Zündanlage gehören. Das hängt natürlich vom Zündungstyp ab, der in unserem Motorrad verbaut wurde. Die meisten älteren Youngtimer haben eine so genannte Kontaktzündung, die über Unterbrecherkontakte, die auf einer Nocke laufen, gesteuert wird. Diese werden wir uns näher anschauen.

Selten wurden damals elektronische Zündungen verbaut. Wer ein Motorrad besitzt, das mit einer elektronischen Zündanlage ausgerüstet ist, kann sich aufgrund des geringen Wartungsaufwandes glücklich schätzen. Kontaktzündanlagen hingegen sind sehr wartungsintensiv, wenn sie ihre Arbeit vernünftig verrichten sollen. Wenn sie aber gut eingestellt sind, arbeiten sie aber fast genauso gut wie eine elektronische Zündung. Kontaktzündanlagen bestehen bei einer 1-Zylinder-Maschine aus einem Unterbrecher, einem Kondensator und einer Zündspule. Ihren Strom bezieht sie aus der Batterie bzw. aus der Lichtmaschine. Hinzu kommen eine mechanische Zündverstellung, die aus kleinen Schwunggewichten mit Rückholfedern und einer Nocke besteht, die Stromkabel für Hoch- und Niederspannung, ein Zündkerzenstecker und natürlich die Zündkerze. Entsprechend der Zylinderanzahl eines Motors kann die Anzahl der genannten Komponenten variieren.

Bei der Sichtprüfung beginnen wir mit den Kabeln der Zündanlage. Brüchige oder lose Kabel müssen ersetzt oder repariert werden. Es schadet nicht, die Kabel mit einem trockenen Tuch abzuwischen, um Kriechstrombildung zu vermeiden. Die Zündspule wird ebenfalls mit einem trockenen Tuch gereinigt und auf Beschädigung untersucht. Alle Kontaktflächen, Anschlüsse und Isolationen müssen in einem guten Zustand sein. Danach überprüfen wir die Unterbrecherkontakte. Sie steuern den genauen Zündzeitpunkt. Sie müssen in einem perfekten mechanischen und oberflächentechnischen Zustand sein. Die beiden Kontaktflächen der Unterbrecher dürfen nicht verschmutzt oder verölt sein. Es ist auch darauf zu achten, dass sie nicht „ausgebrannt“ sind. Ausgebrannt bedeutet hier, dass die Kontaktflächen durch die hohen Ströme verschmort sind. Kleine kraterförmige Löcher oder Schmelzflächen sind zu erkennen.

Zeigt sich die Zündanlage in einem ordentlichen Zustand, sind alle Komponenten auf Funktion zu prüfen. Hierzu benötigen wir eine Fühlerlehre und eine elektronische Zündzeitpunktpistole. Ein solches Gerät bekommt man für wenig Geld bereits im Baumarkt. Wie wir es gebrauchen, dazu komme ich unten. Zunächst überprüfen wir den Kontaktabstand des Unterbrecherkontaktes. Hierzu gibt es auf der Nocke, auf der das Böckchen des Unterbrecherkontakts läuft, eine Markierung. Diese ist der höchste Öffnungswinkel, den der Unterbrecherkontakt hat. Sie muss zur Kontrolle des Unterbrecherkontaktabstandes genau unter dem Böckchen des Unterbrechers stehen. Hierzu wird der Motor in Drehrichtung gedreht, bis die Markierung unter dem Böckchen des Unterbrechers steht. Mit einer Fühlerlehre messen wir nun den korrekten Abstand zwischen den Kontakten. In der Regel liegt dieser irgendwo zwischen 0,30 und 0,50 mm. Falls das nicht der Fall ist, muss der Unterbrecherabstand eingestellt werden. Hierzu wird die Schraube, mit der der Unterbrecherkontakt auf der Grundplatte ver-

Typische Kontaktzündung. Deutlich sieht man die Unterbrecher und die beiden Kondensatoren.

schraubt ist, leicht gelöst und das statische Kontakt-Böckchen mit Hilfe eines Schraubenziehers vorsichtig justiert. Beim Anziehen der Schraube ist darauf zu achten, dass sich der Abstand nicht wieder verstellt. Mehrmaliges Messen mit der Fühlerlehre ist vor und nach dem Einstellen unbedingt notwendig, um den korrekten Unterbrecherabstand zu bekommen. Der korrekte Unterbrecherkontaktabstand ge-

Zündspulen sollten immer sauber und trocken gehalten werden.

währleistet, dass die Zündspule immer entsprechend Zeit hat, genug Energie für die Zündung aufbauen zu können.

Im Anschluss hieran überprüfen wir den mechanischen Zündzeitpunktversteller. Das ist die Vorrichtung, die dafür sorgt, dass die Zündung den Motor auch bei höheren Drehzahlen, zum richtigen Zeitpunkt mit einem Zündfunken versorgt. Denn je schneller der Motor dreht, desto früher muss die Zündung erfolgen. Frühzündung bedeutet, dass die Zündkerze bereits funkt, wenn der Kolben noch nicht ganz das Gasgemisch verdichtet hat, also noch nicht am OT angelangt ist. Je schneller der Motor dreht, desto früher muss die Zündung erfolgen. Würde das nicht geschehen und der Motor würde nur auf OT zünden, hätte er nur sehr wenig Leistung, da das Benzin-Luftgemisch nicht genügend Zeit hätte, vollständig zu zünden, um seine Kraft zu entfalten. Erfolgt die Zündung, abhängig von der Drehzahl früher oder später, wird sichergestellt, dass das Benzin-Luftgemisch immer vollständig zündet. Der Zündzeitpunktversteller ist die Nocke auf der das Unterbrecherböckchen läuft. Sie ist beweglich gelagert und lässt sich bei nicht laufendem Motor leicht verdrehen. Dieses Verdrehen, das die Zündzeitpunktverstellung bewirkt, wird, abhängig von der Drehzahl des Motors, durch Schwunggewichte bewirkt. Die Nocke muss sich leicht bewegen lassen. Einige Tropfen Öl zur Pflege des Nockenmechanismus sind bei jeder Zündungskontrolle Pflicht. Wenn Sie sich nicht oder nur schwer bewegen lässt, ist das oft der Grund, wenn Motoren zwar gut im Standgas laufen aber keine Leistung im Fahrbetrieb haben. Defekte Zündzeitpunktversteller sollten von der Werkstatt repariert werden. Oft hilft aber ein Schuss Kriechöl, um den Mechanismus wieder zu reanimieren.

Zum Schluss muss noch der korrekte **Zündzeitpunkt** eingestellt werden. Die Einstellung sollte unbedingt bei laufendem Motor erfolgen. Die statische Methode mit der Prüflampe ist zu ungenau und wird von mir nicht empfohlen. Jetzt kommt die Zündzeitpunktpistole zum Einsatz, die ich oben erwähnt habe. Eine Zündzeitpunktpistole ist eigentlich nur eine Stroboskoplampe, die induktiv gesteuert ist. Sie wird an die Batterie angeschlossen und die Zündkabelklemme am Zündkabel befestigt. Sie nimmt Induktiv den Zündfunkenstrom ab und steuert elektronisch das Blitzlicht abhängig vom Zündimpuls. Ist die Zündzeitpunktpistole angeschlossen, starten wir den Motor und lassen ihn im Standgas laufen. Die Pistole blitzt jetzt. Ähnlich wie beim Ventileinstellen gibt es auf der Schwungscheibe des Motors oder auf der Lichtmaschine eine Zündzeitpunkt-Markierung. Das Blitzlicht der Pistole richten wir auf die drehende Schwungscheibe oder Lichtmaschine. Im Blitzlicht wird durch den Stroboskopeffekt jetzt die Markierung für die Zündung sichtbar. Wenn alles korrekt eingestellt ist, steht die Markierung im Einklang mit der Referenzmarkierung am Gehäuse. Die Zündung ist richtig eingestellt.

Einstellen der Zündung

Wenn nicht, muss die Zündung nachjustiert werden. Dies erfolgt durch Verdrehen der Unterbrecherkontaktplatte bei laufendem Motor (Standgas). Sie ist meist durch zwei Schrauben fixiert. Diese werden leicht gelöst und die Platte samt dem Unterbrecherkontakt vorsichtig und in kleinen Schritten verdreht. Gleichzeitig blitzen wir die Zündzeitpunktmarkierung an und beobachten, in welche Richtung die Markierung wandert. Je nachdem ob die Markierung zu früh oder zu spät ist, muss die Unterbrecherplatte in die eine oder andere Richtung verdreht werden bis die Markierung den korrekten Wert anzeigt. Ist die Zündung justiert, ziehen wir vorsichtig die Schrauben an und überprüfen nochmals die Zündung.

Zuletzt überprüfen wir die Funktion des Zündzeitpunktverstellers. Wir blitzen mit der Pistole weiter auf die Markierung und beobachten, was passiert, wenn wir Gas geben. Bei zunehmender Drehzahl wandert die Zündzeitpunktmarkierung stetig aus dem Einstellbereich heraus und verschwindet ganz aus dem Blitzbereich. Fällt die Drehzahl wieder auf Standgas ab, taucht auch wieder die Markierung auf. Ist dies der Fall, arbeitet die Zündung richtig. Wenn wir jedoch wissen wollen, wie weit die Zündung verstellt wird, benötigen wir eine Zündzeitpunktpistole, die den Zündungswinkel abhängig von der Drehzahl misst. Für unsere Zwecke ist ein solches Gerät zu teuer. Wer es genau wissen

Zündspulen und Zündkabel dürfen keine Beschädigungen haben.

Auch der Hallgeber einer elektronischen Zündung kann sich verstellen.

Aus meiner Trickkiste:

Hallgeber

Wer glaubt, dass elektronische Zündanlagen sich nicht verstellen können, irrt. In aller Regel haben diese anstatt eines Unterbrechers einen so genannten Hallgeber. Dieser arbeitet fast verschleißfrei. Einmal eingestellt, sollte er sich nicht mehr verstellen können. In meiner Berufspraxis habe ich aber bereits einige verstellte elektronische Zündungen festgestellt. Mit der Zündzeitpunktpistole lässt sich eine solch verstellte Zündung leicht entlarven. Als Ursache konnten fast ausnahmslos verstellte Unterbrecherplatten (hier eigentlich „Hallgeberplatte“) diagnostiziert werden. Es lohnt also auch mal, seine elektronische Zündanlage abzublitzen.

möchte, sollte daher zur Werkstatt seines Vertrauens gehen und die dynamische Zündzeitpunktverstellung überprüfen lassen. Grund für eine nicht richtig arbeitende Zündverstellung könnten defekte Rückholfedern der Schwunggewichte sein.

Damit herkömmliche Unterbrecherzündungen einwandfrei arbeiten können, benötigen sie einen Entstörkondensator, der u. a. den Funkenflug am Unterbrecher unterdrückt. Wenn dieses Bauteil defekt ist, brauchen auch erfahrene Mechaniker lange, es als Ursache für schlechten Motorlauf zu erkennen. Einerseits weil es so selten kaputt geht und andererseits, weil die Symptome gleich sind mit denen, wenn der Vergaser Wasser gezogen hat oder irgendeine Vergaserdüse verstopft ist. Der Motor gibt beim Beschleunigen meist nur Fehlzündungen von sich, läuft aber im Schubbetrieb und im Standgas einwandfrei. Wer diese Symptome an seinem Motorrad feststellt, sollte die Unterbrecherkontakte beobachten, während der Motor im Standgas läuft. Zeigen sie übermäßigen Funkenflug, ist die Ursache gefunden. Neben einem neuen Kondensator sollten auch gleich neue Unterbrecher eingebaut werden, weil diese durch den defekten Kondensator meist bereits stark geschädigt sind.

Vergaser

Benötigtes Werkzeug und Hilfsmittel:

- ggf. Innensechskantschlüssel
- Kompressor oder ggf. „Pressluft aus der Dose“
- Schraubenzieher
- Synchronuhren mit Adapter und Zubehör
- verschiedene Gabel- oder Ringschlüssel (je nach Motorradtyp unterschiedlich!)

Als nächsten Kontrollpunkt nehmen wir uns den Vergaser vor. Je nach Zylinderanzahl oder Auslegung des Motors kann die Anzahl, die an einem Motorrad verbaut ist, variieren. Die hier beschriebenen Kontrollarbeiten sind dann jeweils an allen Vergasern durchzuführen. Zunächst müssen wir uns darüber klar werden, um welchen Typ Vergaser es sich in unserem Motorrad handelt. Egal vom welchem Hersteller der Vergaser kommt, sie alle arbeiten zunächst nach demselben Prinzip. Sie vermischen Benzin möglichst fein zerstäubt mit Luft, damit ein homogenes, hochentzündliches Benzin-Luftgemisch entsteht. Dieses Benzin-Luftgemisch wird vom Unterdruck im Zylinder angesogen.

Ein Vergaser muss zudem dafür sorgen, dass der Motor über alle Lastbereiche hinweg immer mit einer entsprechenden Menge dieses Gemisches versorgt wird. Das Mischungsverhältnis dieses Benzin-Luftgemisches ist dabei möglichst konstant zu halten. Für handelsübliches Benzin sind Mischungsverhältnisse zwischen 7:1 (sehr fettes Gemisch; 7 kg Luft und 1 kg Benzin) bis 20 : 1 möglich (mageres Gemisch, 20 kg Luft und 1 kg Benzin). Die beste Verbrennung findet jedoch bei einem Mischungsverhältnis von 14,5 bis 15 : 1 statt. Dieser Wert wird auch als stöchiometrischer Wert bezeichnet. Bei diesem Verhältnis verbrennt das Benzin-Luftgemisch vollständig unter Bildung von Kohlendioxid und Wasser. Die Leistung des Motors ist dabei von der variablen Menge des Benzin-Luftgemisches abhängig. Das Hauptelement im Vergaser, das diese Menge variieren kann, ist der Gasschieber oder die so genannte Drosselklappe. Damit sind die beiden wichtigsten Vergaser-Typen bereits angesprochen. Auf der einen Seite gibt es die Flach- und Rundschieber-Vergaser auf der anderen die Gleichdruckvergaser mit Drosselklappe. Selbstverständlich gibt es noch eine Reihe weiterer Vergaser-Typen, wie z. B. Register- oder Fallstrom-Vergaser. Erst bei modernen Motorrädern finden sich heute Fallstrom-Vergaser. Für gewöhnlich wurden sie aber im Automobilbau verwendet.

Flach- und Rundschieber-Vergaser

Beide arbeiten nach dem gleichen Prinzip, sie unterscheiden sich, wie ihre Namen bereits verraten, lediglich durch die Form des Gasschiebers. Welcher von diesen beiden Vergasern an einem Motorrad verbaut ist, hat mit der vom Motor abgeforderten Charakteristik zu tun. Für unsere Funktionskontrolle spielt es keine Rolle, welcher von diesen beiden Vergaser-Typen verbaut ist. Um unseren Vergaser auf korrekte Funktion überprüfen zu können, müssen wir ihn zunächst zerlegen. Hierzu schrauben wir ihn vom Ansaugstutzen des Motors ab und entfernen gleichzeitig das Luftfilteransaugrohr. Benzinschlauch, Gasgestänge oder Gaszüge und die Züge für die Kaltstarteinrichtung müssen vorher bereits abgeklemmt worden sein. Je nach Motorradtyp sind noch eventuell Vergaser-Befestigungen zu lösen, um ihn aus dem Fahrzeug herauszubekommen. Liegt der Vergaser vor uns auf der Werkbank, ist es wichtig, ihn zunächst von außen zu reinigen, damit beim Zerlegen kein Schmutz in das Innere gelangen kann. Danach schrauben wir die Schwimmerkammer ab. In ihr ist meist noch Benzin, das wir in einem

Gefäß auffangen. Der Zustand der Schwimmerkammer gibt uns ein gutes Bild davon, wie gut der Vergaser erhalten ist bzw. seiner Funktion nachkommen konnte. Hierzu schauen wir uns den Rest Kraftstoff, der sich noch in der Schwimmerkammer befindet, genauer an. Es darf kein Schmutz oder Wasser in ihm sein. Beides kann die Düsen des Vergasers während des Betriebes verstopfen. Schmutz kommt meist beim Tanken in den Tank und arbeitet sich über die Zeit, trotz der Filter im Tank und in den Kraftstoffleitungen bis zur Schwimmerkammer vor. Mit Wasser verhält es sich ähnlich. Es setzt sich als kleine Wasserperlen in der Schwimmerkammer ab. Es dringt entweder beim Waschen des Motorrades in den Vergaser oder den Tank ein (vor allem durch Hochdruckreiniger!) oder es sind noch die Reste des letzten Unwetters, bei dem wir unterwegs waren. Wer eines von beiden oder beides in der Schwimmerkammer feststellt, muss unbedingt die Filter im Tank und in den Leitungen reinigen. Auch ist der Tank zu entleeren und kräftig mit Pressluft auszublasen, bis er vollständig trocken ist.

Rundschiebervergaser an einer Moto Morini.

Oft sammelt sich über Jahre hinweg Wasser im Tank an. Es kann den Tank von innen stark korrodieren lassen. Wer feststellt, dass sein Tank innen stark verrostet ist, hat zumindest die Ursache für die Verschmutzungen in der Schwimmerkammer des Vergasers entdeckt. Ein solcher Tank kann durchaus weiterverwendet werden, wenn er noch dicht ist. Wenn das nicht mehr der Fall ist, benötigt man einen neuen. Um den verrosteten Tank wieder gebrauchen zu können, muss die Korrosion dauerhaft entfernt werden. Hierzu bietet der Zubehörhandel hervorragende Produkte an, die den Rost aus dem Tank herauslösen. Nach dieser Behandlung sollte der Tank innen neu beschichtet werden. Es gibt einige Kunststoffbeschichtungen auf dem Markt, die sehr empfehlenswert sind. Sie werden in den vorher abgedichteten Tank geschüttet und durch Schütteln des Tanks gleichmäßig an der Innenwand verteilt. Der übriggebliebene Rest wird einfach aus dem Tank abgelassen.

Nach einigen Tagen des Trocknens kann der Tank wieder montiert werden. Im Innern des Tanks hat sich eine benzinresistente Kunststoffschicht gebildet, die den Tank dauerhaft vor Korrosion schützt. Diese Tankbeschichtungsmittel sind zwar nicht ganz billig, aber sie lohnen ihr Geld, da sie allemal billiger sind als ein sündhaft teurer neuer Tank. Das Benzin, das aus dem Tank vorher herausgelassen wurde, sollte nicht mehr verwendet werden, da es mit Schmutz und Wasser durchsetzt ist. Gefiltert kann es teilweise noch für den hauseigenen Rasenmäher verwendet werden, ansonsten ist es umweltgerecht zu entsorgen.

Die geöffnete Schwimmerkammer des Vergasers gibt uns die Gelegenheit, auch den Schwimmer näher zu untersuchen. Er muss dicht sein und darf nirgends eine Beschädigung aufweisen. Manche Schwimmer saugen sich über die Jahre mit Benzin voll. Ihrer Funktion, den Benzinstand im Schwimmer zu regulieren, können sie dann nicht mehr nachkommen. Die Folge ist, dass der Motor immer zu fett läuft. Der Benzinverbrauch ist übermäßig hoch. Solche Schwimmer können nur ersetzt werden. Der Schwimmer öffnet und schließt ein kleines Ventil (so genanntes Schwimmerventil), durch das Benzin vom Tank in die Schwimmerkammer laufen kann. Um seine Dichtheit zu prüfen, brauchen wir lediglich den Benzinschlauch am Tank anzuschließen, den Schwimmer nach oben zu drücken und den Benzinhahn kurz zu öffnen. Es darf nun kein Benzin austreten. Erst wenn wir den Schwimmer loslassen, muss das Benzin deutlich stark herausfließen. Auch der korrekte Schwimmerstand ist zu kontrollieren. Der Schwimmer sorgt dafür, dass sich immer eine gewisse Füllhöhe an Benzin in der Schwimmerkammer befindet.

Dieser Benzinstand ist für einen einwandfreien Motorlauf sehr wichtig. Bei zuviel oder zuwenig Benzin in der Schwimmerkammer kann das Gemisch überfetten oder abmagern. Für die Einstellung des korrekten Schwimmerstandes benötigt man die Daten des Vergaserherstellers. Beim Zerlegen des Vergasers ist daher unbedingt darauf zu achten, dass die Schwimmeraufhängung auf keinen Fall beschädigt oder verbogen wird. In guten Reparaturanleitungen wird die Überprüfung des Schwimmerstandes beschrieben. Meist soll die Hebelmechanik des Schwimmers im geschlossenen Zustand (bedeutet: kein Benzin fließt) mit dem Gehäuserand des geöffneten Vergasers (Dichtfläche der Schwimmerkammer) parallel sein. Das gilt aber nicht für jeden Vergaser! Wer unsicher ist, fragt besser bei seiner Motorradwerkstatt nach.

Für die weiteren Wartungs- und Kontrollarbeiten am Vergaser ist ein guter Kompressor unumgänglich. Aushilfsweise kann man aber auch Pressluft aus der Dose vom Baumarkt verwenden. Mit Hilfe der Pressluft blasen wir alle Düsen im Vergaser sauber. Hierzu ist es nützlich, die Hauptdüse und die Standgasdüse aus ihrem Sitz zu schrauben, um sie und die dahinter sitzenden Kanäle besser reinigen bzw. durchblasen zu können. Ist der Vergaser mit einer Lufteinstellschraube oder mit einer Gemischeinstellschraube ausgestattet, so sollte diese auch komplett herausgeschraubt werden, damit das Leerlaufsystem des Vergasers mit Pressluft gereinigt werden kann. Mechanisch bewegte Komponenten, wie der

Schwimmer und Schwimmerkammer eines Gleichdruckvergasers.

Schieber, die Düsennadel oder das Gasgestänge werden mit Benzin gereinigt und anschließend auf Verschleiß und Korrosion überprüft. Beim Zusammenbau des Vergasers ist darauf zu achten, dass sämtliche Dichtungen ausgetauscht werden.

Gleichdruckvergaser

Bis hierher ist die Wartung eines Schiebervergasers identisch mit der eines **Gleichdruckvergasers**.

Bei Gleichdruckvergasern, die übrigens leicht von außen an dem großen runden Dom zu erkennen sind, bewirkt die Verstellung des Schiebers eine Unterdruckmembran. Die Gasregulierung übernimmt eine Drosselklappe, die nach dem Schieber im Vergaser eingebaut ist. Sie wird beim Gasgeben geöffnet. Der durch die Öffnung der Drosselklappe bewirkte Unterdruck wird dazu verwendet, den Schieber mittels der Unterdruckmembran zu öffnen oder zu schließen. Der Vorteil solcher Vergaser ist, dass der Motor noch sehr viel besser auf den Gasimpuls anspricht als bei herkömmlichen Schiebervergasern. Der Unterdruck im Vergaser reguliert über die Schieberhöhe die Benzineinspritzmenge der Hauptdüse, die so optimal an die Gegebenheiten angepasst wird. Damit dieses System einwandfrei arbeiten kann, muss die Membran dicht sein. Hierzu öffnet man den Dom und überprüft die Membran auf Risse oder Knicke und korrekten Sitz auf den Dichtflächen. Eine defekte Membrane ist auszutauschen.

Aus meiner Trickkiste:

Vergaser nicht schmieren

Vergaser dürfen auf keinen Fall mit Öl oder ähnlichen Schmierstoffen geschmiert werden. Sie laufen immer trocken oder das Benzin sorgt für die nötige Schmierung. Manch einer hat es oft zu gut gemeint und trotzdem den Vergaser geölt. Am Öl bleiben sämtliche Schmutzpartikel kleben. Sie wirken wie Schmirgel im Inneren des Vergasers und verursachen erhöhten Verschleiß.

Einige Vergaser sind mit so genannten Beschleunigerpumpen ausgestattet. Das sind mechanische Einspritzsysteme, die dafür sorgen, dass eine kleine Menge Benzin in den Ansaugstutzen gespritzt wird, wenn das Gas aufgezogen wird. Es gibt Beschleunigerpumpen mit Kolben und solche mit Membrane. Die mit Kolben sind fast wartungsfrei, die mit Membrane sollten ab und an kontrolliert werden, ob die Membran noch einwandfrei ist. Bei der Überprüfung sind die Einspritzmenge und der Zeitpunkt der Einspritzung zu überprüfen. Hierzu benötigt man wiederum die Angaben des Herstellers.

Nach dem Zusammenbau des Vergasers montieren wir ihn wieder am Motorrad und schließen sämtliche Züge und Hebel an. Dabei achten wir darauf, dass für die Einstellarbeiten am Vergaser genügend Spiel in den Zügen vorhanden ist. Selbstverständlich ersetzen wir beschädigte, geknickte, gequetschte oder angerissene Gas- und Kaltstartzüge. Beim Einbau neuer Züge ist darauf zu achten, sie einwandfrei zu verlegen, ohne dass ihre Funktion beeinträchtigt wird. Bevor man den alten Zug herausreißt, sollte parallel zu diesem der neue verlegt werden. Erst wenn der neue liegt und tadellos funktioniert, kann man den alten Zug entfernen.

Synchronisieren des Vergasers

Nach der Montage der Vergaser geht es an das so genannte **Synchronisieren**. Die Vergaser müssen synchronisiert werden, damit Motoren in allen Zylindern die gleiche Kraft aufbauen und über das gesamte Leistungsband gleichmäßig abgeben können. Das funktioniert nur, wenn die Vergaser alle gleichmäßig öffnen und entsprechend aufeinander abgestimmt sind. Sind die Vergaser eines Motors nicht synchronisiert, so leistet ein Zylinder mehr als der andere. Ungleichmäßige mechanische Belastungen sind die Folge. Neben starkem Leistungsverlust, schlechtem Standgas und erheblichen Vibrationen kann dies sogar bis zum Lagerschaden an Kurbelwelle und Pleuel führen.

Synchronisiert werden müssen natürlich nur Motorräder, die mehr als einen Vergaser haben. Bei mehrzylindrigen Maschinen übernimmt für gewöhnlich ein Vergaser pro Zylinder die Gemischaufbereitung. Es gibt auch Motorräder, die für zwei Zylinder nur einen Vergaser besitzen. Hier wird das Gemisch über einen sich aufgabelnden Ansaugstutzen in die Zylinder geleitet. Hier erübrigt sich das Synchronisieren, es sei denn, dass mehrere Zylinderpaare über einzelne Vergaser versorgt werden. Solche Vergaseranordnungen müssen dann synchronisiert werden. Zum Synchronisieren der Vergaser benötigt man **Unterdruckuhren** (auch Synchronuhren). Sie werden von den Motorradzubehörgeschäften für Zwei- und Vierzylinder-Motorräder angeboten. Hierbei handelt es sich um Messuhren, die lediglich den Ansaugunterdruck messen. Es ist sinnvoll für jeden Zylinder eine eigene Messuhr beim Synchronisieren anzuschließen. Daher sollten Besitzer von 3- oder 6-Zylinder-Motorrädern, die Kosten nicht scheuen und die entsprechende Anzahl Uhren dazu kaufen. Auf diese Art ist es möglich, einen direkten Vergleich der Unterdrücke in den Ansaugstutzen der Motoren zu haben. Dies erleichtert die Arbeit ungemein. Beim Kauf der Uhren muss auf Qualität geachtet werden. Vor allem die Dämpfung der Uhren muss einwandfrei einstellbar sein, sonst ist die Uhr zu ungenau und eigentlich nicht zu gebrauchen. Die Dämpfung verhindert, dass die Zeiger zu sehr schwingen. Das Schwingen hat in den Ansaugvorgängen des Zylinders seine Ursache und wird, je niedriger die Drehzahl des Motors ist, immer deutlicher. Natürlich müssen die Uhren auch sehr robust ausgelegt sein, um auch mal den harten Bedingungen einer Werkstatt trotzen zu können.

Bevor wir an das Synchronisieren gehen, muss das Motorrad ordentlich warm gefahren werden. Nur an betriebswarmen Motoren macht es Sinn, Vergaser einzustellen, da die Einstellwerte des Vergasers schließlich auch für den warmen Motor gelten sollen. Zum Vorbereiten des Synchronisierens wird der Motor abgestellt, um die nötigen Anschlüsse vornehmen zu können. Beim Synchronisieren der Vergaser spielt es keine Rolle, ob der Unterdruck vor dem Schieber oder danach gemessen

40-mm-Gleichdruckvergaser von Bing, deutlich erkennbar am Dom, an einer BMW R 100 RS, Bj. 1983

wird. Die meisten Motorräder haben den Anschluss für die Synchronuhren jedoch am Ansaugstutzen, zwischen Vergaser und Zylinder. Hier sitzt eine Schraube, die herausgedreht werden muss. Statt dieser wird ein Adapter, der für gewöhnlich den Uhren beiliegt, eingeschraubt und die Unterdruckschläuche angeschlossen.

Ein Tipp am Rande: Beim Kauf von Synchronuhren sollte überprüft werden, ob die beiliegenden Adapter auch für das eigene Motorrad passen.

Aus meiner Trickkiste:

Synchronuhren kaufen

Achten Sie beim Kauf der Synchronuhren noch darauf, dass den Verpackungen Gummistöpsel beiliegen, mit denen beim Abstimmen der Uhren die bereits in die Ansaugstutzen hineingedrehten Adapter verschlossen werden können. Sonst können Sie die Adapter erst nach dem Warmfahren bzw. Abstimmen der Uhren in die Ansaugleitungen drehen. Die Gefahr, dass man sich hierbei die Finger verbrennt, ist nicht unerheblich.

Bevor der Motor gestartet wird, kontrollieren wir noch mal die Gaszüge bzw. Gasgestänge auf genügend Spiel. Bevor das Synchronisieren der Zylinder losgehen kann, müssen die Synchronuhren noch aufeinander abgestimmt werden. Hierzu liegt den Synchronuhren meist ein Gabelanschluss bei, der meist zwei Uhren bzw. deren Unterdruckschläuche zu einer Leitung zusammenfasst. Diese eine Leitung wird an einem Zylinder angeschlossen, so dass zwei Synchronuhren einen identischen Unterdruck messen. Jetzt wird an der Uhren-Dämpfung solange vorsichtig gedreht, bis beide Uhren auf Gasstöße gleichmäßig reagieren. Die Uhren sollten empfindlich reagieren, die Zeiger dürfen jedoch nicht schwingen bzw. zittern. Sind mehr als zwei Synchronuhren aufeinander abzustimmen, ist dieser Vorgang an allen Uhren vorzunehmen. Es ist dabei sinnvoll, sich quasi eine „Vorgabe-Uhr" herauszusuchen, nach der alle anderen Synchronuhren abgestimmt werden.

Nachdem die Uhren aufeinander abgestimmt wurden, werden sie jetzt jeweils an die einzelnen Zylinder angeschlossen und der Motor wieder neu gestartet. Jetzt zeigen die Uhren den Ist-Zustand der Unterdrucksituation im Ansaugkanal der jeweiligen Zylinder an. Als erstes wird jetzt das Standgas synchronisiert. Um nicht einfach willkürlich an den Standgaseinstellschrauben der Vergaser herumzuschrauben, in der Hoffnung, Synchronität herzustellen, ist folgendes zu beachten: Je weiter eine Standgasschraube herausgedreht wird (Standgas fällt), desto mehr steigt der Unterdruck in dem Zylinder, an dem manipuliert wird. Bei den anderen Zylindern verhält es sich umgedreht. Der Unterdruck fällt. Wenn man sich dieses Prinzip einmal klar gemacht hat, ist das Standgas sehr schnell synchronisiert. Man braucht nur die jeweiligen Standgaseinstellschrauben in kleinen Schritten hinein- bzw. herausdrehen, bis das Standgas synchron ist. Selbstverständlich ist hierbei auf die Standgas-Drehzahl des Motors zu achten. Die Standgas-Synchronisation der Vergaser hat immer um die entsprechende Standgas-Drehzahl herum stattzufinden. Wie hoch diese Drehzahl für die jeweiligen Motorräder ist, darüber gibt das Fahrerhandbuch Auskunft. Manche Hersteller geben auch Sollwerte vor, wie weit die Standgaseinstellschrauben maximal hinein – bzw. herausgedreht werden dürfen. Meist liegt dieser Wert irgendwo zwischen einer halben und eineinhalb Umdrehungen.

Nach der Einstellung des Standgases wird nochmals das Spiel der **Gaszüge** kontrolliert und gegebenenfalls korrigiert. Der Gaszug sollte ca. ein bis zwei Millimeter Spiel aufweisen. Um die Gaszüge zu synchronisieren, wird zunächst langsam Gas gegeben und dabei die Uhren beobachtet. Der Gaszug bzw. Vergaser dessen Synchronuhr zuerst mit einem deutlichen Druckabfall reagiert, ist derjenige, dessen Gasschieber zuerst öffnet. Jetzt werden die Gaszugeinstellschrauben des benachbarten Vergasers vorsichtig in kleinen Schritten herausgedreht, bis beide Vergaser beim Gasgeben gleich reagieren. Jetzt öffnen beide Schieber bzw. Drosselklappen synchron. Nach dem Synchronisieren der Vergaser, ist nochmals das Spiel der Gaszüge zu überprüfen. Es muss an allen Vergasern deutliches Spiel aufweisen, ansonsten muss nachjustiert und nachsynchronisiert werden.

Zum Schluss der Einstellarbeiten ist es noch nötig, die **Lufteinstell- bzw. Gemischeinstellschraube** nachzuregulieren. Hierzu lässt man den Motor im Standgas laufen. Mit einem geeigneten Schraubenzieher wird die Einstellschraube ganz in den Vergaser hineingedreht. Wenn der Motor hierbei fast abstirbt, ist das ein gutes Zeichen, da er sehr empfindlich auf das Standgasgemisch reagieren sollte. Die Standgas-Bedüsung im Vergaser und die Einstellung des Standgases sind korrekt. Nun dreht man die Schraube ca. eine halbe Umdrehung auf und beobachtet, wie der Motor hierauf reagiert. Meist läuft der Motor normal, so wie das Standgas eingestellt wurde. Nun dreht man langsam die Lufteinstell- bzw. Gemischeinstellschraube weiter auf und lässt nach jeder kleinen Korrektur (max. Achtel-Umdrehungen!) der Schraube, dem Motor ein paar Sekunden Zeit hierauf zu reagieren. Wenn der Motor beginnt, höher zu drehen, versucht man die Drehzahl noch mit kleinen Korrekturen an der Lufteinstell- bzw. Gemischeinstellschraube zu steigern, bis die Drehzahl wieder beginnt abzufallen. Die optimale Einstellung für diesen Vergaser ist gefunden.

Jetzt muss unter Umständen das **Standgas** mit der Standgaseinstellschraube nachreguliert werden, so wie es oben beschrieben ist. Dabei sind die Synchronuhren zu gebrauchen, um nicht wieder ein asynchrones Standgas zu bekommen. Nach dem Herstellen des korrekten Standgases wird das Gemisch des nächsten Vergasers auf die oben beschriebene Weise eingestellt. Auf diese Art geht man voran, bis alle Vergaser eingestellt sind. Beim Einstellen ist unbedingt darauf zu achten, dass die Lufteinstell- bzw. Gemischeinstellschraube minimal nur eine halbe Umdrehung aber maximal nur eineinhalb Umdrehungen hinein- bzw. herausgedreht werden dürfen. Der korrekte Einstellwert liegt irgendwo dazwischen.

Das Vergasersynchronisieren sollte vor jeder größeren Tour und natürlich erst recht vor dem Urlaub erfolgen. Ein gut eingestellter Motor verbraucht nicht nur weniger Benzin, sondern hat auch mehr Leistung und läuft obendrein auch noch vibrations- und verschleißärmer. Da sich bei einigen Motorrädern gerne die Gaszüge verstellen, was mit zunehmendem Verschleiß der gesamten Gaszugmechanik im Lauf der Jahre zusammenhängt, ist es ratsam, auf lange Urlaubstouren die Synchronuhren mitzunehmen. Auch sollte man darauf achten, rechtzeitig Gas- und Chokezüge zu wechseln, bevor sie reißen. Bevor ein Gaszug reißt, beginnt er sich zu dehnen. Das führt zu einer asynchronen Vergasereinstellung.

Luftfilter

Benötigtes Werkzeug und Hilfsmittel:
- ggf. Innensechskantschlüssel
- Kompressor oder ggf. „Pressluft aus der Dose“
- Kreuz- oder Schlitzschraubenzieher
- verschiedene Gabel- oder Ringschlüssel (je nach Motorradtyp unterschiedlich!)

Luftfilter haben die Aufgabe, die vom Vergaser aus der Umwelt angesaugte Luft zu filtern, damit keine Schmutzpartikel in den Ansaugtrakt und Verbrennungsraum gelangen können. Der Luftfilter ist vom Motorradhersteller so bemessen, dass dem Motor immer genug Luft zur Verfügung steht. Die Bedüsung des Vergasers ist auf diesen so genannten Luftdurchsatz abgestimmt, damit der Motor optimale Leistung erbringen kann. Damit der Luftdurchsatz und damit die Leistung des Motors immer gleich bleibt, müssen verschmutzte Filter, die den Luftdurchsatz behindern, getauscht werden. Einige Motorrad-Handbücher geben aus diesem Grund Wechselintervalle für Luftfilter vor.

Ein gepflegter und regelmäßig gewarteter Luftfilter kann solche Intervalle jedoch ohne großen Leistungsverlust für den Motor deutlich übertreffen.

Der Unterschied ist deutlich: Neuer (links) und gebrauchter (rechts) Plattenluftfilter.

Um sich ein Bild davon zu machen, in welchen Zustand der Luftfilter sein muss, ist es unumgänglich, sich zunächst einen neuen zu besorgen. Der direkte Vergleich alt zu neu offenbart den wirklichen Zustand des gebrauchten Filters. Die meisten Filter werden aus gelbem, seltener aus weißem Filterpapier hergestellt. Die helle Farbe hat den Grund, dass man Verunreinigungen schnell feststellen kann. Bereits nach einigen hundert Kilometern Fahrt hat sich die Farbe des Filters deutlich verändert. Sie zeigt sich jetzt gleichmäßig dunkler. Feinster Straßenstaub, Blütenpollen, Gummiabrieb und vieles mehr beginnen, den Filter allmählich zuzusetzen. Je dunkler der Filter ist, desto mehr Schmutz hat er aus der Ansaugluft gefiltert. Zu beachten ist jedoch, dass für die Funktion eines Luftfilters weniger die Kilometer die er bereits im Motorrad Dienst tut, ausschlaggebend sind, als vielmehr die Art des Schmutzes, den er gefiltert hat. Mancher Schmutz, wie z. B. klebriger Blütenpollen, setzt den Filter schneller zu als trockener Straßenstaub. Vor allem Enduro-Fahrer, die viel im Gelände unterwegs sind, müssen daher ihren Luftfilter regelmäßig kontrollieren. Luftfilter sollten zur Kontrolle immer komplett aus dem Fahrzeug ausgebaut werden, damit man auch unter Umständen kleine Löcher im Filterelement feststellen kann. Beschädigte Luftfilter sind immer durch neue zu ersetzen, damit der Luftdurchsatz korrekt ist. Zur Reinigung von Papierluftfiltern verwendet man am besten Pressluft. Der Filter sollte von beiden Seiten kräftig abgeblasen werden. Die Filterlamellen sind mit den Fingern dabei zu öffnen und auszublasen, so dass auch tief hineingesogener Schmutz aus dem Filter geblasen wird. So genannte Nassfilter, die aus Schaumstoff bestehen, sind mit einem Filterreinigungsmittel, das es im Motorradzubehörhandel gibt, zu reinigen. Auch hier schadet es nicht, das Element im Anschluss mit Pressluft auszublasen. Vor dem Wiedereinbau müssen Nassfilter mit Filteröl benetzt werden, damit sie auch feinste

Schmutzpartikel filtern können. Wie oft ein Filter zu reinigen ist, dafür muss ein Gespür entwickelt werden. Es hängt in erster Linie von der Umgebung ab, in der das Motorrad bewegt wird und wie der Motor läuft. Gepflegte Luftfilter können eine hohe Lebenserwartung haben. Die Pflege lohnt jedenfalls, da Luftfilter gerade bei den meisten älteren Motorrädern nicht gerade billig sind.

Aus diesem Grund tauschen einige Besitzer älterer Maschinen gerne das serienmäßige Teil gegen einen so genannten **Dauerluftfilter** oder Trockenfilter aus. Der Motorradzubehörhandel bietet für fast jedes Modell den entsprechenden Dauerluftfilter an. Sie haben jedoch einen nicht unerheblichen Nachteil. Der hohe Anschaffungspreis hat sich erst nach Jahren amortisiert. Hinzu kommt, dass bei einigen Dauerluftfiltern die Luftdurchsatzmenge sich sehr vom Original unterscheidet. Deshalb sind manchmal Vergaserabstimmungsarbeiten notwendig, damit der Motor mit dem Dauerluftfilter betrieben werden kann. Wer eine solche Abstimmung nicht selbst vornehmen kann, sollte lieber mit dem Originalluftfilter weiterfahren, um Schäden am Motor zu vermeiden. Wer trotzdem plant, einen Dauerluftfilter einzubauen, sollte sich mit der Fachwerkstatt beraten, um die dabei entstehenden Kosten abschätzen zu können. Sind Abstimmarbeiten am Vergaser notwendig, sollte man immer bedenken, dass sie viel Zeit benötigen, wenn sie sorgfältig vorgenommen werden. Zeit, die Sie natürlich der Fachwerkstatt bezahlen müssen.

Wenn der Luftfilter wieder im Filterkasten eingebaut ist, sollte zum Abschluss der Kontrollarbeiten noch der gesamte **Ansaugtrakt** des Motorrades auf Dichtheit überprüft werden. Nirgends, außer an den dafür vorgesehenen Öffnungen, darf Luft in das

Beim Luftfilterwechsel ist auch der Luftfilterkasten auf Dichtheit zu überprüfen.

Gehäuse gelangen. Vor allem die Luftschnorchel vom Vergaser in den Luftfilterkasten müssen dicht schließen. Kontrollieren sie eventuell vorhandene Gummidichtungen und Schlauchschellen auf korrekten Sitz. Bei einigen der älteren Modelle leiten manche Motorradhersteller die Motorentlüftung in den Luftfilterkasten.

Wenn der Luftfilterkasten undicht wurde, tritt meist Öl aus, das so in die Umwelt gelangt. Wenn an ihrem Motorrad eine solche Konstruktion noch vorliegt, ist auf die Dichtheit des Luftfilterkastens besonders zu achten. Gerade die zum Luftfilter führenden Entlüftungsgummischläuche neigen oft dazu, undicht zu werden.

Alte Gummischläuche sollten durch Gewebeschläuche gleichen Querschnitts ersetzt werden. Sie sind nur unwesentlich teurer und halten um ein vielfaches länger.

Auspuffanlage

Benötigtes Werkzeug und Hilfsmittel:

- ggf. Innensechskantschlüssel
- Kreuz- oder Schlitzschraubenzieher
- verschiedene Gabel- oder Ringschlüssel (je nach Motorradtyp unterschiedlich!)

Auch bei der Auspuffanlage starten wir die Kontrolle mit einer Sichtprüfung. Die einzelnen Elemente der Auspuffanlage müssen dicht sein. Besondere Aufmerksamkeit sollte dabei der Krümmeranbindung am Zylinderkopf gelten. Die Dichtung zwischen Zylinderkopf und Krümmer muss intakt sein. Sie darf nicht blasen. Zu erkennen ist eine defekte Stelle am schwarzen Ruß, der sich um die undichte Stelle zwischen den Kühlrippen oder an der Kronmutter bildet. Am Motorgeräusch ist eine solche kleine Undichtheit

An einer ungepflegten Auspuffanlage erkennt man selten eine undichte Stelle.

kaum zu erkennen. Manchmal kann ein zischendes, blasendes Geräusch im Standgas darauf hinweisen.

Es folgt die Kontrolle der Anbindungen des Indifferenzrohrs zwischen den Krümmern. Sie neigen ebenfalls sehr stark dazu, undicht zu werden. Ebenso die Verbindung zwischen Endtopf und Krümmer. Hier sind die Schellen auf korrekten Sitz und Korrosion zu überprüfen. Auch hier lassen sich Undichtheiten am schwarzen Ruß erkennen. Während des Fahrbetriebes verraten sich undichte Auspuffanlagen meist durch Fehlzündungen im Schiebebetrieb. Bei Fehlzündungen sollte daher immer bei der Fehlersuche mit der Auspuffanlage begonnen werden. Zündung und Vergaser sind erst dann zu überprüfen, wenn die Auspuffanlage als Fehlerquelle sicher auszuschließen ist. Die Sichtprüfung wird mit der Korrosionskontrolle der gesamten Auspuffanlage und speziell der Auspufftöpfe beendet.

Verrosteter Auspuff

Vielen Auspuffanlagen, insbesondere denen der italienischen und deutschen Hersteller, kann man quasi beim Verrosten zusehen. Die Auspuffanlagen der anderen Hersteller sind aber qualitativ oft auch nicht sehr viel besser. Bedauerlicherweise erkennt man die Schäden meist erst dann, wenn es bereits zu spät ist. Alle Auspufftöpfe neigen nämlich dazu, von innen heraus zu verrosten. Der Rostschutz von außen, die Chromschicht, fehlt den meisten Auspuffanlagen innen. Wenn Motorräder dann viel im Kurzstreckenverkehr eingesetzt werden und dazu viel draußen stehen müssen, rostet die Anlage in kurzer Zeit durch. Das liegt daran, dass das Kondenswasser in der Auspuffanlage während des Fahrbetriebes nicht vollständig abtrocknet. Zusammen mit den aggressiven Komponenten in den Abgasen ist dem Rost Tür und Tor geöffnet.

Eine verrostete Auspuffanlage zu schweißen, ist oft ein vergebliches Unterfangen. Beim Schweißen stellt man meist fest, dass das vermeintlich kleine Loch nur die Spitze des Eisberges war. Vor allem die das Rostloch umgebende Chromschicht hält oft nur noch den Rost zusammen. Wird dann geschweißt, ist meist kein Material übrig, das sich schweißen

An der Krümmeranbindung werden Auspuffanlagen gerne undicht.

lässt. Das Loch bricht immer weiter auf. Hier hilft nur, die Umgebung eines Rostloches großzügig mit der Flex auszuschneiden, bis kein verrostetes Material mehr da ist. Die zum Zuschweißen aufgesetzten Bleche sind aber alles andere als optisch ansprechend. Technisch ist jedoch gegen eine solche Repa-

Aus meiner Trickkiste:

Kupferpaste

Bei der Montage einer neuen oder alten gereinigten Auspuffanlage sollten alle Verbindungen mit Kupferpaste eingestrichen werden. Sie verhindert auf Dauer ein Zusammenbacken der Teile. Eine spätere Demontage der Anlage ist einfacher, da sich alle Teile leicht voneinander lösen lassen. Wer die Zeit hat, kann die Auspufftöpfe gelegentlich lockern und die Verbindungsfläche mit Kupferpaste nachbehandeln. Alle halbe Jahr, zu Beginn und am Ende der Saison, genügt, um ein dauerhaftes Zusammenbacken der Teile zu vermeiden. Ein Austausch einzelner Teile der Auspuffanlage bleibt somit möglich, ohne die restliche Anlage zu zerstören.

ratur, auch von Seiten des Gesetzgebers, nichts einzuwenden. Voraussetzung ist natürlich, dass der Topf hinterher genauso leise ist, wie ein Neuteil. Hierzu müssen die Innereien des Topfes, vor allem die Prallbleche, einwandfrei sein. Sind sie es nicht, wird man um eine Neuanschaffung nicht herum kommen.

Geflickte Prallbleche verändern die Abstimmung der Auspuffanlage und das führt in den meisten Fällen zum Leistungsverlust. Die Hersteller stimmen nämlich ihre Auspuffanlagen speziell auf die Motoren ab. Dies dauert oft Wochen, bis die korrekte Abstimmung gefunden ist. Hierzu ist eine gehörige Portion Erfahrung und das nötige Equipment, wie ein Leistungsprüfstand und Abgasmessgeräte notwendig. Man sollte daher nicht der Versuchung erliegen, wenn der Topf vor einem offen liegt, an seinen Innereien zu manipulieren.

Beim Kauf einer neuen Auspuffanlage darf auch nicht irgendeine montiert werden, nur weil sie billig ist und zufällig passt. Es sollte das Originalteil sein. Wer so genannte „Racing-Anlagen" oder ähnliches montiert, handelt sich einen Haufen Ärger ein, da bei der Montage einer nicht zulässigen Auspuffanlage die Betriebserlaubnis erlischt. So etwas gibt Punkte in Flensburg und kostet viel Geld, wenn man erwischt wird. Motorradzubehörläden bieten eine Unzahl von **Nachrüstauspuffanlagen** an. Viele davon haben ABE (Allgemeine Betriebserlaubnis), dass heißt, man darf sie montieren und fahren, ohne mit dem Gesetz in Konflikt zu kommen. Das Problem mit diesen Anlagen ist jedoch, dass sie oft schlecht abgestimmt sind. Das Ergebnis ist ein erheblicher Leistungsverlust. Wer eine solche ABE-Anlage kaufen möchte, sollte weniger nach Klang und Optik gehen, als vielmehr darauf achten, eine von einem renommierten Nachrüster zu nehmen, der die nötigen Abstimmungsarbeiten nachweisen kann. Der Preis einer solchen Nachrüstanlage kann dann aber höher sein, als der eines Originalteils. Sinnvoll ist eine solche Anschaffung nur, wenn das Originalteil nicht mehr erhältlich ist.

Auspuffanlagen benötigen eine gehörige Portion Pflege. Um sie optisch ansprechend zu erhalten, sollten sie nach jeder Regenfahrt von Straßenstaub und Dreck befreit werden. Hierzu sind alte Lappen aus Baumwolle sehr hilfreich. Ist die Verschmutzung hartnäckig, so hilft nur Seife, Wasser und eine Bürste. Die Auspuffanlage sollte abgekühlt sein, bevor man sie mit Wasser einsprüht, um Spannungsrisse, vor allem in der Chromschicht, zu vermeiden. Bei Verschmutzungen, die bereits eingebrannt sind, kann feine Stahlwolle sehr hilfreich sein. Es ist aber vorher zu testen, ob die Chromschicht hart genug für diese Behandlung ist. Stahlwolle kann nämlich die Oberfläche des Chroms erheblich verkratzen.

Wird die Maschine für längere Zeit abgestellt, sollte die Auspuffanlage immer außen und innen vollständig trocken sein. Mit etwas Öl dünn eingerieben, bewahrt man die Chromschicht vor Rost. Auch die Auspuffschellen bleiben länger rostfrei, wenn sie regelmäßig geputzt und geölt werden. Eine Auspuffanlage von innen vor Rost zu schützen ist nur möglich, wenn die Anlage noch neu ist. Dann kann sie zu einem Galvaniseur gebracht werden, der sie von innen galvanisiert. Gebrauchte Anlagen werden von Galvanikbetrieben nicht angenommen, da sie von innen kaum zu reinigen sind. Die Gefahr einer Verunreinigung der Galvanikbäder ist den meisten Galvaniseuren zu hoch.

Ölstände

Benötigtes Werkzeug und Hilfsmittel:

- ggf. Innensechskantschlüssel
- Kreuz- oder Schlitzschraubenzieher
- Ölfilterschlüssel
- verschiedene Gabel- oder Ringschlüssel (je nach Motorradtyp unterschiedlich!)

Für viele Leser mag es profan klingen, aber die Kontrolle der Ölstände, ist für die Lebenserwartung eines Motorrades von größter Bedeutung – und hier ist nicht nur der Ölstand vom Motoröl gemeint, sondern auch der des Getriebes – und eventuell der des Kardanöls. Betrachten wir aber zunächst einmal das Motoröl. Hier bedeutet Ölstand kontrollieren mehr,

Ölwechsel sind immer nur am warmen Motor vorzunehmen.

als nur gelegentlich den Ölstab herauszuziehen oder den korrekten Ölstand am Schauglas abzulesen. Erst der Vergleich über eine gewisse Gebrauchszeit des Motorrades gibt zuverlässig Auskunft darüber, wie und unter welchen Bedingungen der Motor Öl benötigt. Es gibt Phasen, da braucht der Motor kaum Motoröl, dann steigt der Verbrauch plötzlich an, um sich dann wieder zu normalisieren. Gründe für diese Verbrauchsschwankungen können die Orte sein, wo man mit seinem Motorrad unterwegs ist, wie kalt oder warm es gerade war und nicht zuletzt, welche Qualität das Motoröl im Motor hat. Wie jeder weiß, haben die meisten Motorräder luftgekühlte Motoren. Fährt man längere Zeit bei sommerlicher Hitze im Stau in der Stadt, so heizt sich der Motor extrem auf. Das Motoröl wird sehr dünnflüssig. Die Ölabstreifringe der Kolben können ihrer Aufgabe nicht mehr ganz nachkommen und Öl wird mit verbrannt. Der Ölverbrauch steigt. Eine scharfe Überland- oder Autobahnfahrt kann unter Umständen denselben Effekt hervorrufen. Bei kühleren Verhältnissen, z. B. im Herbst, hat die gleiche scharfe Überlandfahrt meist kaum Auswirkungen auf den Ölverbrauch. Ein erfahrener Motorradfahrer wird daher nach solchen scharfen Fahrten den Ölstand immer kontrollieren, auch wenn die letzte Kontrolle erst kurz zurückliegt. Wie dieses Beispiel zeigt, haben feste Kontrollintervalle keinen Sinn. Viel mehr gilt die Regel, vor jeder längeren Fahrt den Ölstand zu kontrollieren. Dass ein Motor Öl verbraucht, ist normal. Der Verbrauch darf bis einen Liter auf 1.000 km betragen. Einige Firmen behaupten zwar, dass ein Verbrauch von 1,5 Litern Öl auf 1.000 km noch normal ist, ich halte einen solchen Verbrauch aber bereits für zu hoch. Das Ölnachschütten hat auch sein Gutes. Je nach Menge, wird das Motoröl durch das neu dazugeschüttete Öl wieder aufgefrischt. Man sollte dabei darauf achten, dass Öle gleicher Qualität verwendet werden. Wird Öl minderer Qualität nachgefüllt, wird auch das

Bei jedem Ölwechsel sollte der Ölfilter mit gewechselt werden.

hochwertigere Öl im Motor qualitativ schlechter. Das Beste ist daher, sich einen Vorrat von seiner bevorzugten Ölmarke zuzulegen, den man dann auch in den Urlaub mitnehmen kann, um immer das gleiche Öl nachzuschütten. Am Stammtisch erzählen viele Motorradfahrer, dass ihr Motorrad kein Öl benötigt. Über Tausende von Kilometern verändert sich nichts am Ölstand. Manche wissen sogar von der wundersamen Ölvermehrung zu berichten. Solche Beobachtungen sind genauso beunruhigend, wie übermäßiger Ölverbrauch.

Ein gewisser Ölverbrauch ist normal und sogar von den Konstrukteuren bewusst kalkuliert. Verbraucht ein Motor kein Öl, so liegt das meist daran, dass Wasser oder Benzin das Ölniveau konstant hält. Verbrauchtes Öl wird quasi durch Wasser oder Benzin ersetzt. Die Folge ist, dass das Öl immer dünner wird und seine Schmiereigenschaften drastisch abnehmen. Beides, Wasser und/oder Benzin im Öl, ist eine Folge von sehr vielen Kurzstreckenfahrten, bei denen sich der Motor nicht richtig erwärmen konnte. Benzin und Wasser kondensieren an den Motor-Innenwänden und vermischen sich schließlich mit dem Motoröl. Dieser Vorgang findet bei jedem Kaltstart statt. Deshalb ist es sehr wichtig, die Strecken so auszuwählen, dass das Motorrad immer auf Betriebstemperatur kommt. Nur dann ist gewährleistet, dass Wasser und Benzin sich über die Motorentlüftung aus dem Öl verflüchtigen können.

Ölwechsel

Mit ähnlichen Problemen hat auch das Getriebe- und Kardanöl zu kämpfen. Getriebeöl ist sehr hygroskopisch. Es zieht Wasser an wie ein Magnet. Aus diesem Grund ist auch öfters das Getriebeöl zu kontrollieren. Gebrauchtes Getriebe- oder Kardanöl, das milchig wirkt, hat bereits ein hohes Maß an Wasser aufgenommen. Seine Schmierleistung ist herabgesetzt. Ölwechsel, egal ob ein Motor-, Getriebe- oder Kardanölwechsel vorgenommen wird, sind immer im warmen Zustand durchzuführen, damit das Öl und der darin enthaltene Schmutz besser abfließt. Hierzu ist das Motorrad gründlich warm zu fahren. Zum Ablassen des Öls, sollte nach dem Warmfahren immer mit der Baugruppe am Motorrad begonnen werden, dessen Öl die geringste Wärme entwickelt hat. Bei Kardanmotorrädern lässt man zuerst das Achsgetriebe, dann das Schaltgetriebe und schließlich das Motoröl ab. Diese Reihenfolge soll verhindern, dass das Öl bereits zu sehr abgekühlt ist, bevor es abgelassen wird. Beim Ölwechsel ist besondere Vorsicht angebracht, damit man sich nicht an heißem Öl die Finger verbrennt. Das Tragen von festen öldichten Arbeitshandschuhen sollte hierbei selbstverständlich sein. Sinnvoll ist es, das Öl gründlich austropfen zu lassen, am besten lässt man das Motorrad eine Nacht lang stehen.

Bei einem Motorölwechsel sollte auch nicht vergessen werden, den **Ölfilter** zu tauschen, falls einer im Motor verbaut wurde. Manche Ölfilter können bis zu einem Viertelliter Öl aufnehmen. Wird es nicht abgelassen und mit dem Ölfilter entfernt, vermischt es sich gleich von Beginn an mit dem frischen Motoröl und beeinträchtig seine Qualität. Ölfilter sollten immer als Originalersatzteil gekauft werden. Denn nur Ölfilter, die der Hersteller freigegeben hat, stellen sicher, dass der Öldruck und die Filterleistung im vorgegebenen Rahmen bleiben. Ölfilter mit zu groben Poren lassen zu viel Schmutz durch, der die Lager beschädigen kann. Zu engporige Filter verschmutzen zu schnell und verursachen aufgrund ihres erhöhten Gegendrucks unter Umständen Lager- und Dichtungsschäden an der Ölpumpe.

Bei einem Ölwechsel sollte auch das Öl aus dem **Ölkühler** abgelassen werden. Ölkühler können oft bis zu einem halben Liter Öl enthalten! Beim Nachfüllen des frischen Öls muss natürlich darauf geachtet werden, dass die Ölmenge stimmt. Bevor der Motor gestartet wird, sollte er ein paar Umdrehungen mit dem Starter durchgedreht werden, bis der neue Ölfilter und eventuell der Ölkühler mit Öl voll gelaufen bzw. entlüftet ist. Der Ölkreislauf im Motor ist dann entlüftet, wenn am Armaturenbrett die Ölkontroll-Lampe erlischt. Sie ist ein sicheres Indiz dafür, dass sich das neue Öl im Motor gleichmäßig verteilt hat. Zuletzt kontrolliert man nochmals das Öl und schüttet gegebenenfalls fehlendes nach. Erst dann sollte der Motor mit Zündung gestartet werden. Nach einem erfolgten Ölwechsel stellt man oft fest, dass das neue Öl bereits nach kurzer Zeit wieder pechschwarz geworden ist. Dieses Phänomen hat nichts mit dem qualitativen Verbrauchszustand des Öls zu tun. Es beweist aber, dass das neue Öl seine Arbeit im Motor verrichtet. Öle sollen ja Schmutz und Abrieb in der Schwebe halten. Würden sie es nicht tun, käme es auf kurz oder lang zu verstopften Ölleitungen und in der Folge zu Lagerschäden.

Aus meiner Trickkiste:

Choke zurücknehmen

Übermäßige Benzinkondensation kann man vermeiden, indem man den Choke so früh wie es nur geht, zurücknimmt. Der Choke hat die Aufgabe, das angesaugte Benzingemisch fett anzureichern, d. h. den Zylinder übermäßig mit Benzin zu versorgen. Auf diese Art kann der Motor überhaupt erst anspringen. Das meiste Benzin wird in der Startphase gar nicht verbrannt, da es an den Zylinderwänden kondensiert. Um diese für Schmierung und Öl ungünstige Phase so kurz wie möglich zu halten, sollte der Choke sofort herausgenommen werden, sobald der Motor regulär Gas annimmt.

Öl-Undichtheiten

Benötigtes Werkzeug und Hilfsmittel:

- Drehmomentschlüssel
- ebene Fläche (z. B. Glasplatte)
- Eintreibvorsätze für Dichtringe (ggf. Nüsse aus Ratschensatz)
- ggf. Innensechskantschlüssel
- Gummihammer
- Kreuz- oder Schlitzschraubenzieher
- Schabeisen zum Entfernen alter Dichtungen
- Schweißgerät
- verschiedene Gabel- oder Ringschlüssel (je nach Motorradtyp unterschiedlich!)

Um es gleich vorweg zu sagen, es gibt kaum einen Motor, der zu 100 % öldicht ist. Immer wird sich irgendwo am Motor ein kleiner Ölnebel oder mal ein Tropfen Öl finden. Gerade nach langen Etappen, bei der der Motor richtig heiß gefahren wurde, zeigen sich diese kleinen Undichtheiten. Sie sind aber kein Grund sich aufzuregen. Ärgerlich wird es erst dann, wenn sich unter dem Motorrad Ölflecken bilden. Dann ist das Ölleck meist schon so groß, dass Handlungsbedarf besteht. Einerseits, weil das der Umwelt schadet, andererseits weil ein Öllleck auf Dauer den Ölstand im Motor deutlich absinken lässt. Welche Folgen das haben kann, braucht hier nicht beschrieben werden. Wer ein Ölleck an seinem Motorrad entdeckt, sollte es zunächst einmal eine Weile beobachten. Manchmal verschwinden solche Lecks wieder von selbst, andere bleiben gleich, aber die meisten werden mit der Zeit größer, d. h. die Menge des austretenden Öls nimmt zu. Woran liegt das? Hierzu betrachten wir die Möglichkeiten, die zu Öllecks am Motor führen können.

Öllecks: Undichte Papierdichtungen

Die klassischen Öllecks sind undichte Papierdichtungen und defekte Dichtringe. Papierdichtungen werden in der Regel nur dann undicht, wenn sie vorher falsch montiert wurden, ansonsten sind sie zuverlässig. Bei der Montage ist darauf zu achten, dass die Dichtflächen penibel gereinigt werden, bevor die neue Papierdichtung aufgelegt wird. Die Reste der alten Dichtung müssen vorsichtig mit einem Schabeisen entfernt werden. Die Dichtfläche ist dabei auf keinen Fall zu beschädigen. Dichtungsentferner, wie man ihn im Baumarkt oder beim Motorradzubehörhandel bekommt, können hierbei sehr nützlich sein. Bei der Montage ist auf korrekten Sitz zu achten. Die Dichtung muss bündig mit den Dichtflächen abschließen. Eine Dichtung sitzt dann richtig, wenn die Schrauben der Gehäuseteile sich ohne Probleme von Hand eindrehen lassen. Beim Anziehen der Schrauben ist auf das richtige Anzugsmoment zu achten. Wird ein Gehäuseteil verspannt montiert, ist die Dichtung nicht dicht, da sie unterschiedlich belastet wird. Bei den meisten Öllecks sind verspannte und verzogene Gehäuseteile für das Ölleck verantwortlich. Wer eine undichte Papierdichtung wechselt, sollte daher immer die Gehäuseteile auf Verzug prüfen (Glasplatten-Test). Ist das Gehäuseteil verzogen, muss es meist ersetzt werden, da ein Planen der Dichtfläche, wegen der Baumaße und Toleranzen im Motor oft nicht möglich ist.

Manche Mechaniker schwören darauf, auf Papierdichtungen zusätzlich Silikondichtungsmasse zu schmieren. Das kann im Einzelfall eine sinnvolle Maßnahme sein, gerade wenn die Konstrukteure sehr dünne Dichtungsflächen vorgesehen haben. Eine normale Papierdichtung benötigt aber kein zu-

Defekter Kurbelwellendichtring. Die Kupplungsglocke ist bereits verölt.

sätzliches Silikon. Es erschwert sogar bei einer späteren Reparatur die Demontage der Teile, da es stark klebt. Ausgehärtetes Silikon kann nur mechanisch entfernt werden. Das bedeutet sehr viel Handarbeit beim Reinigen von Dichtflächen. Wer dennoch mit Silikon arbeitet, sollte möglichst sparsam damit umgehen und es hauchdünn auf die Dichtflächen auftragen. Es besteht sonst die Gefahr, dass herausquellendes Silikon auf der Motorinnenseite in den Ölkreislauf gelangt und Ölkanäle verstopft.

Öllecks: Defekte Wellendichtringe

Ein zweite Ölquelle am Motor sind defekte Wellendichtringe. Sie haben die Aufgabe, rotierende Teile, wie die Kurbel- oder Nockenwelle, die im Motorgehäuse gelagert sind, nach außen zu dichten. Sie bestehen aus einer Dichtlippe und einer Ringfeder, die die Dichtlippe auf die Welle drückt. Wellendichtringe sind damit mechanischem Verschleiß ausgesetzt. Einerseits wird die Lippe des Wellendichtrings abgeschliffen, andererseits wird er durch das horizontale und vertikale Wellenspiel mechanisch beansprucht. Es ist dennoch erstaunlich, wie lange Wellendichtringe halten können. Verschleißen Wellendichtringe jedoch sehr schnell oder sind nach einem Wechsel nicht dicht, so ist das Problem nicht am Wellendichtring zu suchen, sondern meist im Lagerspiel der Welle. Durch zuviel Spiel eiert die Welle und die Dichtlippe kann nicht auf der Dichtfläche geschlossen aufliegen. Es ist daher bei jedem Wellendichtringwechsel auf das Wellenspiel zu achten. Ist es zu groß, müssen die Lager getauscht werden.

Ein anderer Grund für Undichtheiten kann eindringender Schmutz sein. Schmutz wirkt wie Schmirgelpapier und reibt die Dichtlippe auf. Gegen eindringenden Schmutz kann man nur wenig unternehmen. In diesem Zusammenhang wird das Einschmieren des Wellendichtrings von außen mit Fett oft empfohlen. Das Fett verhindert auf gewisse Zeit das Eindringen von Schmutz. Es hat aber auch einen erheblichen Nachteil. Fett bindet jeden Schmutz, daher muss es regelmäßig entfernt und neu aufgetragen werden. Das geht natürlich nur an gut zugänglichen Wellendichtringen. Bei Wellendichtringen, die zur Trockenkupplung hin verbaut sind, sollte von dieser Methode Abstand genommen. Die Gefahr, dass geschmolzenes Fett die Kupplungsscheibe verschmiert, ist zu groß.

Neu gesetzter Kurbelwellendichtring

Spezialwerkzeug zum Eintreiben von Wellendichtringen

Wenn ein Wellendichtring gewechselt werden muss, ist auch darauf zu achten, dass sich die Lauffläche der Lippe auf der Welle in einem einwandfreien Zustand befindet. Sie muss absolut glatt sein und darf keine Riefen oder Rillen aufweisen. Bei beschädigten Wellen hilft meist nur der Austausch. Manchmal rentiert es sich aber, die Lauffläche überarbeiten zu lassen.

Die Montage von Wellendichtringen ist eine heikle Angelegenheit. Bereits bei der Demontage des defekten Rings kann viel verkehrt gemacht werden. Wellendichtringe müssen aus ihrem Sitz herausgehebelt werden. Dabei besteht die Gefahr, dass man mit dem Werkzeug den Sitz des Dichtringes beschädigt. Der Wellendichtring wird bei einer Demontage immer vollständig zerstört, d. h. man kann ihn nicht einfach mal so herausbauen, um zu sehen in welchen Zustand er ist. Wer also einen Wellendichtring entfernt, sollte stets einen neuen zur Hand haben. Bei der Montage des neuen Wellendichtrings ist darauf zu achten, dass dieser gut eingeölt wird. Das erleichtert die Montage. Zudem ist die Gefahr nicht so groß, dass sich die Dichtlippe verlegt. Beim Einschlagen des Wellendichtringes muss ein gerader Sitz gewährleistet sein. Für das Einschlagen von Wellendichtringen gibt es je nach Durchmesser unterschiedliche Spezialwerkzeuge. Sie stellen sicher, dass der Ring immer gerade eingetrieben wird. Doch auch speziell die größeren Ratschennüsse eignen sich meist hervorragend zum Einschlagen von Wellendichtringen. Ist ein Wellendichtring richtig eingebaut, dann schließt er gleichmäßig mit dem Gehäuse ab. Ist das nicht der Fall muss nachgearbeitet werden. Ansonsten sitzt der Ring schief und kann nicht dichten.

Öllecks: Defekte Zylinderkopfdichtungen

Ein besonders unangenehmer Fall von Öl-Undichtheit sind defekte Zylinderkopfdichtungen. Wer bei der Sichtprüfung Öl zwischen Zylinder und Zylin-

Bei der Demontage wird der Wellendichtring immer zerstört. Deutlich sind die äußere und innere Dichtlippe zu erkennen.

derkopf in der Nähe der Kopfdichtung feststellt, sollte schnell nach der Ursache für den Ölaustritt forschen.

Die häufigsten Gründe für undichte Kopfdichtungen sind meist ein verzogener Zylinderkopf, zu lockere Stehbolzenverschraubungen oder eine verbrannte Dichtung aufgrund von Überhitzung. Dass die Dichtung bei Zeiten ganz den Geist aufgeben wird, ist bei diesen Ursachen nur noch eine Frage der Zeit und der Belastung, die dem Motor abverlangt wird. Die Reparatur sollte nicht auf die lange Bank geschoben werden, erst recht nicht, wenn man vorhat, in den Urlaub zu fahren.

Um die Kopfdichtung wechseln zu können, muss der Zylinderkopf demontiert werden. Das ist von Motorrad zu Motorrad eine unterschiedlich aufwändige Aktion. Vor allem Mehrzylinder-Maschinen, die obenliegende Nockenwellen haben, sind eine ganz besondere Herausforderung für Mechaniker. Ist der Zylinderkopf demontiert, untersucht man ihn auf Haarrisse. Diese können auch ein Grund für Ölverlust sein. Zeigt der Kopf feine Haarrisse ist er meist reif für den Schrott. Einige Fachbetriebe können diese aber je nach Art der Risse wieder zuschweißen.

Danach ist zu prüfen, ob der Kopf plan ist. Hierzu legt man ihn mit der gereinigten Dichtfläche auf eine absolut ebene Fläche (Glasscheibe o. ä.). Beide Dichtflächen müssen vollkommen plan aufeinander liegen. Stellt sich heraus, dass der Kopf verzogen ist, muss er ausgetauscht oder instand gesetzt werden. Bei der Entscheidung hierüber ist der Motoreninstandsetzungsfachbetrieb eine wertvolle Entscheidungshilfe. Wenn der Kopf mit einer neuen Dichtung montiert wird, muss auf die Anzugsreihenfolge der Stehbolzen und auf das richtige Anzugsmoment geachtet werden. Hierzu ist unbedingt ein Drehmomentschlüssel zu verwenden. Zieht man den Kopf nicht korrekt an, kann man sich die Arbeit eigentlich gleich sparen, da er mit Sicherheit nicht dicht wird. Zudem besteht die Gefahr, dass der Kopf sich beim Anziehen verzieht oder reißt. Die Anzugsmomente für Schrauben oder Muttern sind unbedingt in Erfahrung zu bringen. Hierzu gibt das Werkstatthandbuch oder die freundliche Fachwerkstatt gerne Auskunft.

Nach der Montage ist der Motor zunächst einsatzbereit, bevor der Kopf nach einer gewissen Betriebszeit nochmals nachgezogen werden muss. Hierzu muss er vorher drei bis fünfmal einen Warm-Kalt-Zyklus erfahren haben. Wie viele Kilometer während dieser Zyklen gefahren werden, spielt eher eine untergeordnete Rolle. Es sollten aber nicht zu viele sein. Erst nach diesen Zyklen haben sich alle Komponenten des Motors neu gesetzt. Besonders am Ventilspiel lässt sich dieser Vorgang gut beobachten. Das nach der Montage eingestellte Ventilspiel ist meist nach den ersten drei bis fünf Warm-Kalt-Zyklen bis auf Null herunter geschrumpft. Zum Nachziehen des Kopfs muss der Motor vollkommen ausgekühlt sein. Bei Maschinen mit bauartbedingt einzelnen Zylindern ist der Kolben jeweils auf OT zu drehen, bevor nachgezogen wird. Die Schrauben bzw. Bolzen werden nach dem gleichen Anzugsmuster angezogen wie bei der Dichtungsmontage. Es ist aber darauf achten, dass die Schrauben bzw. Bolzen vor dem erneuten Anziehen eine halbe Um-

Aus meiner Trickkiste:

Wellendichtringe

Auf den Markt befinden sich verschiedene Wellendichtring-Typen unterschiedlicher Qualität. Wenn Sie Wellendichtringe wechseln müssen, erkundigen Sie sich bei ihrer Werkstatt, welche es für Ihre Maschine gibt. Manchmal werden Wellendichtringe mit zwei Dichtlippen oder solche mit Teflonbeschichtung als Ersatz für ihr benötigtes Teil angeboten. Solche Wellendichtringe sind immer empfehlenswert, da sie, wie im Fall der teflonbeschichteten Wellendichtringe auch eine erhöhte Lebensdauer haben. Die Mehrkosten für so einen speziellen Wellendichtring belaufen sich dabei im überschaubaren Rahmen.

drehung geöffnet werden, um sie dann vorsichtig mit dem korrekten Drehmoment anzuziehen. Diese Maßnahme verhindert, dass durch Reibung falsche Anzugsmomente vorgetäuscht werden.

Nach dem Anziehen ist nochmals das Ventilspiel zu kontrollieren bzw. zu korrigieren. Es gibt Motorradhersteller, die ein zweites Nachziehen nach einer gewissen Zeit vorschreiben. Der Vorgang ist identisch mit dem ersten Anziehen. Ob der Kopf nachgezogen werden muss, hängt wesentlich von der verwendeten Dichtung ab. Bei modernen Motorrädern ist kein Nachziehen mehr notwendig, weil die Dichtungen entsprechend ausgelegt sind und sich nicht komprimieren lassen. Für unsere alten Maschinen gibt es solche Dichtungen jedoch meist nicht. Einige Motorradzubehörhändler bieten aber Dichtungen an, die mit einer zusätzlichen Dichtungsmasse bestrichen sind. Solche Dichtungen sollen ganz besonders dicht werden. Sie werden gerne bei Motorrädern eingebaut, die auf Bleifrei-Benzin umgebaut wurden, um den veränderten thermischen Verhältnissen zu entsprechen. Ob sich ihr Einsatz lohnt, sollte mit dem Fachhändler besprochen werden, zumal diese Dichtungen um einiges teurer sind als herkömmliche. Sie werden gerne dann verwendet, wenn die Ursache für die Öl-Undichtheit extreme thermische Belastung ist. Bevor man jedoch auf sie zurückgreift, sollte die Ursache für diese bekannt sein. Es empfiehlt sich, nach einem Dichtungswechsel über eine gewisse Zeit ein Auge auf das Ventilspiel zu haben. Auch wenn sich nach dem ersten Nachziehen nichts mehr verändern darf, kommt es immer wieder vor, dass sich die Dichtung weiter setzt. Spätestens nach ca. 1.000 km darf sie sich aber nicht mehr weiter setzen.

Defekte Zylinderkopfdichtungen sind aufgrund der nachfolgenden Arbeiten nicht unmittelbar vor einer langen Urlaubsreise zu wechseln, es sei denn, die nötigen Werkzeuge (Drehmomentschlüssel, ggf. passende Nüsse, Fühlerlehre u. a.) werden mitgenommen. Man sollte aber sicher sein, dass die eigenen Kenntnisse ausreichen, die Arbeiten auch unter widrigen Umständen (Campingplatz o.ä.) sorgfältig durchführen zu können. Alternativ kann man auch Markenhändler an den Urlaubsorten ausfindig machen (Internet) und vorab bereits kontaktieren, ob die Arbeiten zuverlässig und termingerecht übernommen werden.

Aus meiner Trickkiste:

Zylinderfußdichtung

Wer die Mühe nicht scheut, sollte bei einem Wechsel der Kopfdichtung auch immer die Zylinderfußdichtung mit austauschen. Durch die Entlastung des Zylinders kann sie beschädigt werden und ist anschließend nicht mehr dicht. Da es sich bei ihr meist um eine einfache Papierdichtung handelt, stehen die Kosten in keiner Relation zum möglichen Ärger, den man hat, wenn die Fußdichtung undicht wird.

Öllecks: Risse oder Löcher im Motorgehäuse

Diese Sorte von Öllecks am Motor ist besonders kostspielig zu reparieren. Sie werden meist durch Stürze verursacht. Ein solcher Schaden bedeutet zunächst immer, das betroffene Gehäuseteil auszubauen, damit es fachgerecht instand gesetzt werden kann. Das kann unter Umständen heißen, dass der Motor komplett ausgebaut und zerlegt werden muss. Die eigentliche Reparatur beschränkt sich meist darauf, das Loch oder den Riss zuzuschweißen. Da hierbei die Gefahr besteht, dass sich das Teil verzieht, muss es ausgebaut sein, um es hinterher zu vermessen und gegebenenfalls überarbeiten zu können. Manchmal hilft aber nur noch ein Neuteil.

Um die Nachteile des Schweißens zu vermeiden, versucht man oft auch Aluminium hart zu löten. Auch diese Methode kann aber die in sie gesetzten Erwartungen nur bedingt erfüllen, hat sie doch ähnliche Nachteile, wie die Schweißverfahren. Da der Schmelzpunkt der Hartlote (ca. 600°C) nur wenige Grad Celsius unter dem des Aluminiums (ca. 660°C, je nach Legierung höher oder niedriger) liegt, kommt es immer wieder vor, wenn die Gasflamme zu heiß ist, dass beim Vorheizen des Werkstücks das Aluminium genauso zerrinnt, wie beim Schweißen. Hinzu kommt, dass der Umgang mit den z.T. sehr giftigen Lot-Flussmitteln im Praxisgebrauch nicht unproblematisch ist. Sie müssen zudem nach dem Hartlöten vom Werkstück sorgsam entfernt werden, um weiterer Korrosion vorzubeugen. Auch kann sich das Werkstück beim Hartlöten verziehen. Eine aufwändige und kostspielige Nachbearbeitung ist daher auch hier meist unumgänglich. In der Werkstatttechnik hat sich daher das Hartlöten als Alternative zum Schweißen bisher kaum durchsetzen können.

Seit einiger Zeit wird aber ein neues Hartlöt-Verfahren angewendet, bei dem das Alu-Hartlot mit ca. 380°C einen deutlich niedrigeren Schmelzpunkt hat als herkömmliche Alu-Hartlote. Dabei aber weist dieses Produkt, das als AL75 bezeichnet wird, dieselben hervorragenden Haft- und Verbindungseigenschaften auf (bis zu 85 N/mm^2), auch zwischen unterschiedlichen Alu-Legierungen, wie gewöhnliches Hartlot. Vorteil dieser Methode ist, dass die zu reparierenden Gehäuseteile keinen Verzug nach der Reparatur aufweisen und dass sogar in vielen Fällen direkt am Motor gearbeitet werden kann, ohne das defekte Teil ausbauen zu müssen. Falls Sie also einen Riss oder ein Loch im Motor haben, erkundigen Sie sich bei ihrer Fachwerkstatt nach dieser Methode.

Beim Zubehörhändler und in den Baumärkten wird für Alu-Reparaturen auch so genanntes Kaltmetall angeboten. Das ist eine Paste, die in das Loch oder den Riss gedrückt werden kann. Sie ist hoch temperaturbeständig und soll dauerhaft dichten. Auch wenn das Zeug Kaltmetall heißt, muss man sich im Klaren darüber sein, dass es letztendlich nur ein Kunststoffprodukt ist. Es unterliegt damit einer schnelleren Alterung als das Metallgehäuse vom Motor. Wer dauerhaft reparieren will, sollte auf solche Pasten verzichten. Man weiß nämlich nie, wann die Paste undicht wird. Eines ist jedoch sicher, dass es immer dann passiert, wenn man es gar nicht braucht und das ist meist im Urlaub oder auf einer längeren Tour. Sinnvoll zu verwenden, ist eine solche Paste nur als Notmaßnahme nach einem Sturz.

Gelegentlich lecken auch **Ölablassschrauben**. Dies geschieht aber meist nur dann, wenn zum wiederholten Male derselbe Dichtring verwendet wurde. Generell gilt bei Verschraubungen, die öldicht sein müssen, dass nach jedem Öffnen der Schrauben die Dichtungsringe ersetzt werden müssen. Geiz mag zwar für manche geil sein, aber an dieser Stelle ein paar Cent zu sparen, steht in keinem Verhältnis zum Ärger, den man mit Ölflecken unter dem Motorrad bekommen kann. Ganz zu Schweigen vom Schaden, den man der Umwelt zufügt, wenn Öllecks am Motorrad toleriert werden.

Öle

Nichts ist beim Motorradfahren so stark belastet wie das Motoröl. Es muss eine extrem hohe Scherstabilität aufweisen, die auch unter Volllast nicht zu knacken ist. Es soll die Betriebstemperatur senken, die Metallreibung minimieren, Ablagerungen im Motor verhindern, Schmutz aufnehmen und unter allen Betriebsbedingungen zuverlässig schmieren. Das klingt nach einem Wundermittel.
Der klassische Schmierstoff wird jedoch nicht in der Hexenküche gebraut, sondern seine Basis ist Erdöl. Erdöl besteht aus einer Reihe von Bestandteilen, die verschiedene Siedepunkte haben. In Raffinerien wird Öl durch Destillation und Raffination in seine einzelnen Bestandteile getrennt. Jedoch ergeben sich hieraus keine chemisch reinen Stoffe, sondern so genannte Fraktionen. Hierunter versteht der Chemiker Gemische von Kohlenwasserstoffen, die bei verschiedenen Temperaturen sieden. Je nachdem, bei welcher Temperatur ein Öl siedet, verhält es sich mehr oder weniger zähflüssig. Die Chemiker sprechen hier von Viskosität.
Für die Anwendung in der Praxis bedeutet das, je heißer das Öl, desto dünnflüssiger wird es und umgekehrt. Aus diesem Grund werden Öle verschiedener Fraktionen und damit unterschiedlicher Schmiereigenschaften gemischt. So wird erreicht, dass das Öl beim Kaltstart dünnflüssig ist und sofort alle Schmierstellen erreicht, aber bei Betriebstemperatur dickflüssig genug bleibt, so dass der

Schmierfilm nicht reißen kann. Die Chemiker haben aber noch mehr Tricks auf Lager, um die Viskosität weiter zu verbessern. Hierfür mischen sie den Mineralölen so genannte Polymere bei. Erst durch diese Beimischung gelingt es, die Mehrbereichscharakteristik des Öls zu erreichen, die heute von ihm verlangt wird. Einbereichsöle, die sich nur für einen Temperaturbereich eignen, sind deshalb chemisch nicht so aufwändig, wie die Mehrbereichsöle.

Synthetische Öle hingegen sind produktionstechnisch sehr viel aufwändiger als mineralische Öle. Auch Synthetiköle bestehen aus Erdöl, nur werden sie nicht destilliert, sondern chemisch in kleinste Bausteine zerlegt und dann, je nach Einsatzzweck, quasi zusammengebaut. Der Vorteil dieser Methode ist, dass das Öl nur das enthält, was man auch wirklich will. Synthetische Öle können daher nahezu jede gewünschte Viskosität haben. Zwischen mineralischen und synthetischen Ölen gibt es noch die Gruppe der teilsynthetischen Öle, die, wie der Name bereits sagt, Bestandteile beider Ölgruppen enthalten. Hier werden die Öle so gemischt, dass sie sich sinnvoll in ihrer Funktion ergänzen. Sie sind eine gute Wahl für diejenigen, die ihr Motorrad nicht gänzlich auf synthetisches Öl umstellen wollen, aber teilweise die jeweiligen Vorteile nutzen möchten.

Öl-Klassifikationen

Damit man beim Kauf weiß, welches Öl welchen Anforderungen genügt, werden sie in verschiedene Klassen unterteilt. Die erste übergeordnete Einteilung haben wir bereits erfahren. Sie unterteilt die Öle nach synthetischen, teilsynthetischen und mineralischen Sorten. Innerhalb der Sorten wird dann nach verschiedenen Viskositäten, Klassen, und Additiven unterschieden. Wer Motoröl für sein Motorrad kauft, sollte jedoch zunächst darauf achten, dass das Öl auch für Motorrä-

Die Honda XL 250 K3, Bj.1977, war eine der ersten „richtigen" japanischen Einzylinder- Enduros. Sie wurde von ihren Besitzern vor allem im Alltag und auf Reisen eingesetzt.

der geeignet ist. Moderne 4-Takt-Motorräder stellen an ihr Motoröl viel höhere Anforderungen, als einfache Automobilmotoren. Die Motorradmotoren drehen höher, sind leistungsfähiger und werden meist, bedingt durch die Luftkühlung, heißer. Bei vielen Konstruktionen müssen auch noch das Getriebe und die im Ölbad laufende Kupplung mitgeschmiert werden. Viele Öle, die man ohne Probleme im Automobil verwenden kann, sind für Motorräder gänzlich ungeeignet. Sie werden den hohen Anforderungen der Motorradmotoren nicht gerecht. Umgekehrt aber können die Motorradöle ohne Bedenken im Auto genutzt werden.

Hält man einen Kanister Motoröl in der Hand und liest das Etikett, so stehen dort Kürzel, die uns darüber Auskunft geben, welches Öl wir in Händen halten. Betrachten wir daher diese Abkürzungen mal etwas näher:

ACEA: *Association of European Automobile Manufacturers.* Europäische Klassifikation für Motoröl. Sie wurde 1996 im Rahmen der EU-Anpassung eingeführt. Die Klassen A1, A2, A3, A4 und A5 sind Öle für Otto- bzw. 4-Takt-Motoren. B1, B2, B3, B4 und B5 sind Öle für Diesel-Motoren (es gibt auch Dieselmotorräder!).

API: *American Petrol Institute.* Die Einteilung der Verwendungs- und Qualitätsklassifikation besteht in Amerika seit ca. 1941. Sie wird auch in Europa verwendet. Der nach dem Kürzel API folgende Buchstabe „S" beschreibt das Öl als für Otto- bzw. 4-Takt-Motoren geeignet. Der nächste Buchstabe bezeichnet den Leistungsstandard. Im Jahr 1980 galt noch **SF** als der höchste Standard. 1988 folgte **SG**, 1993 **SH**. Seit 1996 ist **SJ** der höchste Leistungsstandard.

Wer ein Motorenöl kauft, sollte daher darauf achten, dass sein Öl mindestens dem Leistungsstandard SH entspricht. Es gilt die Regel, je höher im Alphabet der Buchstabe nach dem S steht, desto besser ist das Öl. Der API-Standard gilt auch für Getriebe- und Kardanöle. Getriebeöle sind in die Klassen G1, G2 und G3 unterteilt. Kardan- und Getriebeöle in die Klassen G4 und G5. Vor einigen Jahren wurden noch 2-Takt-Öle mit den Buchstaben „T" besonders gekennzeichnet. Diese Kennung gibt es heute jedoch nicht mehr.

Zur Übersicht sind hier die Motoröl-Leistungsstandards für Otto-Motoren aufgelistet:

SA: Regular-Motorenöl, das gelegentlich mit so genannten Stockpunktverbesserern und/oder mit Schauminhibitoren, zur Vermeidung von Schaumbildung vermischt ist. Solche Öle sind nur für Oldtimer bis ca. Bj. 1950 verwendbar. Die Klassifikation ist nicht mehr gültig.

SB: Mildlegiertes Motorenöl, für den Einsatz in leicht beanspruchten Otto-Motoren. Es enthält bereits Wirkstoffe gegen Alterung, Korrosion und Verschleiß. Die Klassifikation hat heute keine Gültigkeit.

SC: Motorenöl, das für mittlere Betriebsbedingungen entwickelt wurde. Es enthält Zusätze gegen Kaltschlamm, Verkokung, Korrosion, Verschleiß und Alterung. Es hat die Anforderungen der US-Automobilhersteller für die Fahrzeuge von 1964–1967 erfüllt. Die Klassifikation ist nicht mehr gültig.

SD: Ähnlich der Anforderung an Motorenöl der API-SC-Klassifikation, jedoch für höhere beanspruchende Betriebsbedingungen. Es erfüllt die Anforderungen der US-Automobilhersteller für Fahrzeuge von 1968–1971. Die Klassifikation hat heute keine Gültigkeit mehr.

SE: Nochmals verbessertes Motorenöl für Otto-Motoren zum Einsatz bei erhöhten Anforderungen und starke Belastungen im Stadtverkehr und bei Kurzstreckenfahrten. Es hat die Anforderungen der US-Automobilhersteller für Fahrzeuge von 1971–1979 erfüllt. Die Klassifikation ist heute nicht mehr gültig.

SF: Weiterentwickeltes SE-Motorenöl, das die stetig wachsenden Anforderungen und starken Belastungen der Otto-Motoren im Stadtverkehr und Kurzstreckeneinsatz noch besser erfüllt. Es zeichnet sich vor allem durch den verstärkten Einsatz von Additiven aus, die Oxidationsstabilität, Verschleißschutz und Schlammtragevermögen verbessern sollen. Es entspricht den Vorgaben der US-Automobilhersteller für Fahrzeuge von 1980–1987. Die Klassifikation ist nicht mehr gültig.

SG: Dieses Motorenöl ist in Richtung Oxidationsstabilität und Reduzierung der Schwarzschlammbildung weiter entwickelt worden. Es erfüllt die Anforderungen der US-Automobilhersteller für Fahrzeuge der Jahre 1987–1993. Seine Klassifikation ist nicht mehr gültig.

SH: API-SH entspricht annähernd der Klassifikation API SG, jedoch mit strengeren Anforderungen bezüglich Filtrierbarkeit, Flammpunkt, Schaumverhalten und Verdampfungsverlust. Seit 1996 nicht mehr gültig.

SJ: Seit 10/1996 gültige Motoröl-Klassifikation. Aus Umweltgründen hat das Öl einen streng limitierten Verdampfungsverlust und dadurch bedingt geringeren Ölverbrauch. Für die Verwendung im Kfz- und Motorrad-Bereich werden für Getriebeöle die Leistungsklassen API GL 1 bis GL 5 unterschieden. Ähnlich der API-Klassen der Motoröle sind **Getriebeöle** mit höherer Zahl in der GL-Bezeichnung anspruchsvoller legiert.

GL1: Unlegiertes Getriebeöl für den Einsatz in Schnecken- und Zahnradgetriebe. Es ist auch geeignet für schräg- und bogenverzahnte Achsantriebe. Aufgrund der wenig zugesetzten Korrosionsschutzadditive und Oxidationsinhibitoren ist es nur für leichte Betriebsbedingungen geeignet. Gelegentlich wird es für den Einsatz in Oldtimergetrieben empfohlen. Die Klassifikation ist nicht mehr gültig.

GL 2: GL 2 ist mit einem besseren Additivpaket ausgestattet als GL 1. Es eignet sich bedingt für den Einsatz in Oldtimergetrieben. Die Klassifikation ist nicht mehr gültig.

GL 3: Mildlegiertes Getriebeöl, besonders für Schalt-, Sonder- und Achsgetriebe geeignet, die leichten und mittleren Betriebsbedingungen ausgesetzt sind. Gelegentlich findet sich der Zusatz EP – Extreme Pressure (hoher Druck bzw. Beanspruchung). Auch diese Klassifikation ist bedingt für Oldtimergetriebe geeignet. Sie ist nicht mehr gültig.

GL 4: Modernes Mehrzweckgetriebeöl für den Einsatz in hochbelasteten Schaltgetrieben und in so genannten Hypoid- und Sonderantrieben (Kardan u. ä.).

GL 5: Nochmals verbessertes Getriebeöl für hochbeanspruchte Hypoidantriebe (Kardan). Einige Hersteller schreiben es auch für die Verwendung im Schaltgetriebe vor.

Getriebeöle verschiedener Leistungsklassen dürfen aus technischen Gründen nicht gegeneinander ausgetauscht oder vermischt werden. Für die Abdeckung zweier Leistungsklassen gibt es spezielle Getriebeöle.

JASO: *Japanese Automotive Standards Organization.* Die JASO-Klassifikation T 903 bezeichnet speziell den Gebrauch für 4-Takt-Motorräder. Sie baut auf der API und der ACEA-Klassifikation auf und beschreibt zusätzlich die Reibeigenschaften des Motorenöls, die für Motorräder mit Ölbadkupplungen wichtig sind. Unterteilt nach dem Reibungsverhalten in der Kupplung, wird nach JASO MA oder JASO MB unterschieden. JASO MA gibt hierbei den höheren Reibwert vor.

SAE: *Society of Automotive Engineers.* Die SAE-Klassen beschreiben die Viskosität und damit die Zähflüssigkeit des Öls über den gesamten Temperaturbereich, für das es verwendet werden kann. Je niedriger die erste Zahl mit dem nachfolgenden „W" (= Winteröl) ist, desto dünnflüssiger ist das Öl bei Kälte. Die nachfolgende Zahl, also die nach dem „W", steht für den Einsatzbereich im Sommer.

Hier gilt: Je höher die Zahl, desto dickflüssiger und belastbarer ist der Schmierfilm bei hohen Temperaturen. Die SAE-Klassen der Motorenöle reichen heute von SAE 0W (sehr dünnflüssig) bis SAE 60 (sehr dickflüssig).

Moderne Getriebeöle decken heute die Klassen SAE 70W (dünnflüssig) bis SAE 250 (dickflüssig) ab. Öle, die über mehrere Viskositätsklassen reichen, nennt man Mehrbereichsöle. Eine der häufigsten Viskositätsklassen für synthetische Mehrbereichs-Motorenöle ist SAE 5W 40. Sie deckt hervorragend die mitteleuropäischen Klimabedingungen ab. Für Getriebeöle ist die gängigste SAE-Klasse 75W-90.

Unter Motorradfahrern wird viel über die Verwendung von synthetischen Ölen diskutiert. Vor allem, ob es sinnvoll ist, diese in unsere alten Motorräder zu kippen, zumal sie überhaupt keine Freigaben von den Herstellern haben. Wie sollen sie auch? Vor über 25 Jahren sind diese Öle erst zu erschwinglichen Preisen auf den Markt gekommen. Synthetiköle sind mineralischen Ölen in jeder Hinsicht überlegen. Sie bieten bei Kaltstarts schneller Schmierung, sind hochtemperaturstabil und minimieren die Reibung gegenüber mineralischen Ölen um ein vielfaches.

Auch gibt es im Motor so gut wie keine Ablagerungen mehr. Synthetiköl ist immer dann sinnvoll, wenn das Motorrad extrem belastet wird. Das kann eine lange Urlaubsreise in den Süden bei hohen Außentemperaturen sein oder eine scharfe Ausfahrt am Wochenende. Auch getunte Motorräder sollten besser mit synthetischen Ölen betrieben werden, auch wenn der Hersteller das Gegenteil vorschreibt. Wer den Wechsel plant, sollte darüber jedoch vorher mit seiner Motorradwerkstatt sprechen. Die Experten der Werkstatt haben die nötige Erfahrung, darüber zu entscheiden, ob das Motorrad hierfür geeignet ist oder nicht.

Einige Motorräder mit Ölbadkupplung reagieren auf Synthetiköl mit rutschenden Kupplungen. Auch ist bei sehr hohen Laufleistungen von einem Wechsel abzuraten. Im Motor solcher Motorräder haben sich zahlreiche Ablagerungen gebildet, die durch das Synthetiköl aufgelöst werden. Das kann im Extremfall sogar zum Kompressionsverlust führen. Auch ist nicht immer sicher, wie die alten Dichtungen auf das Synthetiköl reagieren. Oft werden sie undicht. Ein Wechsel sollte erst dann vorgenommen werden, wenn der Motor einer kompletten Revision unterzogen wurde.

Für Oldtimer-Motorräder, also jene Motorräder die deutlich über 30 Jahre alt sind, sollte kein Synthetiköl verwendet werden, da die hohen Toleranzen solcher Motoren, mineralisches Öl benötigen, um diese besser auszugleichen. Synthetiköl wäre hier schlicht zu dünnflüssig. Wer dennoch nicht auf die Vorteile synthetischer Öle verzichten möchte, sollte über die Verwendung eines teilsynthetischen Öls nachdenken.

Wurde das Motorrad einmal auf Synthetiköl umgestellt, sollte man bei diesem bleiben. Theoretisch ist natürlich immer ein Wechsel zurück zum Mineralöl möglich. Manchmal ist dieser sogar notwendig, wenn sich herausstellt, dass der Motor Synthetiköl nicht verträgt (rutschende Kupplung u. ä.). Ein Problem ergibt sich oft bei Urlaubsfahrten tief in den Süden. Beim Tankstopp stellt man fest, dass der Motor Öl benötigt. Leider hat aber die Tankstelle kein Synthetiköl der verwendeten Marke im Sortiment. In einer solchen Notlage ist es sogar möglich, Mineralöl nachzuschütten. Hierdurch werden zwar die herausragenden Eigenschaften des Synthetiköls minimiert. Das ist aber immer noch besser als einen Lagerschaden wegen Ölmangels zu riskieren. Der Gesetzgeber schreibt sogar die Mischbarkeit der verschiedenen Öle vor. Es empfiehlt sich dennoch nach einer solchen Notmaßnahme, den nächsten Ölwechsel sobald wie möglich durchzuführen. Um nicht in eine solche Situation im Urlaub zu kommen, sollte im Gepäck immer genügend Motoröl der gleichen Ölsorte wie im Motor mitgeführt werden. Die Menge, die mitgeführt wird, hängt stark vom Verbrauch und der Distanz, die man zurücklegen will, ab.

Kaltstart

Ein Kaltstart ist unvermeidlich, aber um seine Folgen für den Motor zu minimieren, gibt es einige Tricks, die den Motor länger leben lassen. Es werden oft mehrere große Fehler im Umgang mit dem Motor gemacht. Einer der häufigsten Fehler ist das sinnlose Anlassen des Motors für lediglich kurze Zeit. Dies geschieht oft, wenn ein Motorrad verkauft werden soll oder um den Freunden den Sound zu präsentieren. Es gibt auch Zeitgenossen, die glauben, dass kurzes Anlassen des Motors im Winter ihr abgemeldetes Motorrad besser über die kalte Jahreszeit bringt. Dass diese Annahme aber das genaue Gegenteil bewirkt, liegt daran, dass beim kurzem Laufen lassen nicht gleich alle Schmierstellen mit Öl versorgt werden können. Bis Öl angesaugt wird, vergehen ca. 300 Kurbelwellen-Umdrehungen. Erst dann fängt die Ölpumpe an, das Öl im Motor zu verteilen. Wird aber nach einigen Sekunden der Motor abgestellt, ist das Öl meist noch nicht bis zu den entfernten Punkten des Motors, wie z. B. dem Ventiltrieb, vorgedrungen. Durch wiederholtes kurzes Laufen lassen, verbraucht sich schließlich das Öl an den entfernten Schmierstellen, weil noch kein frisches nachgepumpt wurde. Spätestens nach dem dritten oder vierten Kurzstart läuft der Ventiltrieb Metall auf Metall. Die Folgen für den Motor sind extrem erhöhter Verschleiß. Es gibt auch Leute, die nach einem Kaltstart gleich kräftig Gas geben. Diese Motorfolter hat für das geschundene Triebwerk gleich mehrere negative Folgen. Wird nach einem Kaltstart der Motor in den Drehzahlhimmel gejagt, dehnen sich die Motorkomponenten thermisch unterschiedlich aus. Besonders extrem ist dies für Kolben und Zylinder. Durch die hohe Drehzahl erhöht sich die Temperatur des Kolbens im Gegensatz zum Zylinder schneller. Aufgrund der thermischen Ausdehnung des Kolbens wird die Zylinderlaufbahn hoch beansprucht. Das zur Schmierung vorhandene noch kalte Öl kann schließlich durch die Kolbenringe weggewischt werden. Die Folge ist kurzzeitiger Schmierungsverlust und Metall-auf-Metall-Kontakt.

Dieser Schmierungsverlust in Folge von hohen Drehzahlen gilt auch für die anderen bewegten Komponenten des Motors. Eine Nebenerscheinung ist zudem, dass wegen der hohen Drehzahl ein so hoher Druck durch das kalte dickflüssige Öl im Ölfilter aufgebaut wird, dass das Überdruckventil öffnet und das Öl wieder in die Ölwanne zurückfließen lässt. Wenn dies geschieht, wird der Motor noch langsamer durchölt, weil nur wenig Öl in die Ölleitungen gelangen kann. Für die Ölpumpe und ihren Antrieb bedeutet der Überdruck zudem erhöhten Verschleiß.

Jeder Motorstart muss also gut überlegt sein. Wenn der Motor gestartet wird, sollte der Motor ca. 1 Minute Zeit bekommen, im Standgas warm zu laufen. Das ist in etwa auch die Zeit, die das Öl benötigt, alle Schmierstellen zu erreichen. Bei kalter Witterung sollte man ihm sogar etwas mehr Zeit geben. Zwei Minuten sollten aber genügen. Danach fährt man mit gemäßigter Drehzahl los und schaltet möglichst früh in den nächst höheren Gang. Nach ca. 5 km fängt der Motor an allmählich durchzuwärmen. Halb- bis Dreiviertel-Gas ist jetzt zulässig. Ein Motor ist erst nach 15 bis 20 km Wegstrecke vollständig auf Betriebstemperatur gebracht! Vorher von ihm volle Leistung abzuverlangen, schadet mit Sicherheit.

Wurde ein Motor jedoch einmal auf Betriebstemperatur gebracht, spielt es keine Rolle mehr, mit welcher Drehzahl man ihn bewegt – vorausgesetzt, er wird unterhalb des Drehzahllimits gehalten. Wer wegen einer möglichen Lärmbelästigung der Nachbarschaft sein Motorrad nicht ein bis zwei Minuten warm laufen lassen kann, sollte bei abgeschalteter Zündung und geschlossenem Gas den Motor solange mit dem E-Starter durchdrehen lassen, bis die Ölkontrollleuchte erlischt. Diese Maßnahme stellt sicher, dass die Ölleitungen mit Öl geflutet sind. Gerade wenn die Maschine länger gestanden hat, ist diese Maßnahme immer sehr empfehlenswert. Wird ein Motor auf diese Art und Weise ständig warm gefahren, wird er es mit einem langen Motorleben und satter Kraft, auch bei hohen Kilometerleistungen, danken.

Kupplung

Benötigtes Werkzeug und Hilfsmittel:

- Drehmomentschlüssel
- ebene Fläche (z. B. Glasplatte)
- ggf. Innensechskantschlüssel
- Gummihammer
- Kreuz- oder Schlitzschraubenzieher
- Rohrzange oder Kombizange
- Schabeisen zum Entfernen alter Dichtungen
- Schieblehre
- verschiedene Gabel- oder Ringschlüssel (je nach Motorradtyp unterschiedlich!)

Egal welches Motorrad wir fahren, es hat entweder eine Trocken- oder eine Ölbadkupplung (auch oft Nasskupplung genannt). **Trockenkupplungen** besitzen meist nur eine Reibscheibe, seltener wurden mehrere Reibscheiben verbaut. Trockenkupplungen sind meist separiert im Motorrad, vor Ölkontakt geschützt, in der so genannten Kupplungsglocke eingebaut. **Ölbadkupplungen** hingegen laufen im Getriebeöl mit und sind Bestandteil der Getriebekonstruktion. Damit sie die Kräfte, trotz Ölbad, übertragen können, haben sie immer mehrere Reibscheiben.

Unabhängig von der Bauart der Kupplung überträgt die Kupplungsdruck- bzw. Feder-Platte die Kraft des Motors auf die Reibscheibe, die diese dann weiter ans Getriebe oder den Sekundär-Antrieb leitet. Ein Druckstift (manchmal einstellbar!), der auf ein so genanntes Ausrücklager drückt, spreizt bei Betätigung des Kupplungshebels das Kupplungspaket auf. Reibscheibe, Druck- und Federplatte werden getrennt und so der Kraftfluss, der über Reibungskräfte besteht, aufgehoben. Der Motor und das Getriebe sind getrennt. Beim Einkuppeln lässt der zurückweichende Druckstift der Federplatte die Reibscheibe auf die Druckscheibe drücken. Die Kupplung schließt sich und die Kräfte können wieder übertragen werden.

Eine gut funktionierende Kupplung lässt sich ohne viel Kraftanstrengung bedienen. Das Einkuppeln hat butterweich und ohne Rupfen im letzten Drittel des Kupplungshebelweges zu erfolgen. Achten Sie daher zunächst auf das korrekte Kupplungsseilzugspiel am Kupplungshebel. Je nach Hersteller beträgt es zwischen 2 und 4 mm, bis der Seilzug sich spannt. Eingestellt wird das Spiel am kleinen Rändelrad am Kupplungshebel. Bei einigen Motorrädern gibt es eine zweite Einstellmöglichkeit am Seilzugwiderlager am Getriebe.

Nur in seltenen Fällen sollte man versuchen, die Kupplung am Druckstift des Getriebekupplungshebels einzustellen. Bereits kleinste Verdrehungen haben hier eine große Wirkung. Übrigens: Nicht an jedem Motorrad kann der Druckstift eingestellt werden. Ist das Spiel korrekt und die Kupplung eingekuppelt, darf sie auf keinen Fall rutschen. Um den korrekten Kupplungskontakt zu überprüfen, schaltet man im Fahrbetrieb in einen hohen Gang und gibt Vollgas. Die Kupplung darf über die gesamte Beschleunigungsphase nicht rutschen, d. h. dass der Motor beginnt höher zu drehen, ohne das dies in deutliche Beschleunigung umgesetzt wird. Eine defekte bzw. rutschende Kupplung kann mehrere Ursachen haben. In den meisten Fällen wird man aber um eine Kupplungsdemontage nicht herum kommen.

Lässt sich eine Kupplung schwer bedienen, so ist als erstes der Kupplungszug auf Freigängigkeit zu überprüfen. Hierzu baut man ihn am besten aus und zieht das Kupplungsseil aus der Tülle. Das Seil darf nirgends geknickt oder aufgesplissen sein. Auch sind Verschmutzungen zu entfernen und der Kupplungszug neu zu schmieren. Achten Sie darauf, dass es sich nicht um einen teflongeführten Seilzug handelt. Diese erkennt man an der weißen Innenummantelung in der Tülle. Solche Züge benötigen keine Schmierung. Es wäre sogar für die Freigängigkeit schädlich, sie zu schmieren. Sie kann man eigentlich bei einem Defekt nur ersetzen. Nach der Überprüfung der Freigängigkeit ist der Kupplungszug möglichst knickfrei und mit weiten Bögen am Motorrad zu verlegen. Wenn die Tülle des Kupplungszuges oder andere Verletzungen wie Quetschungen oder Knicke festgestellt wurden, sollte auch ein Standardzug möglichst gegen einen neuen gewechselt werden.

Einstellbarer Kupplungsdruckstift. Die Innensechskant-Madenschraube wird durch eine Mutter gesichert.

Die Kupplung muss gleichmäßig geöffnet werden, da sie unter hoher Federspannung steht.

Ist die Kupplung nach dieser Maßnahme immer noch schwergängig, bleibt nur noch, die Hebel am Lenker oder am Getriebe auf korrekte Funktion zu prüfen und ggf. abzuschmieren. Hat auch dies nichts geholfen, muss die Kupplung demontiert werden. An manchen Youngtimern wurden bereits hydraulische Kupplungsbetätigungen verbaut. An ihnen kann so gut wie nichts, bis gelegentlich auf die Kupplungspunktverstellung, eingestellt werden. Natürlich ist bei Hydraulikkupplungen auf die Dichtheit des Systems und auf leichtgängige Hebel zu achten. Bei rupfenden oder abrupt kommenden Kupplungen kann das Entlüften des Hydrauliksystems manchmal Abhilfe verschaffen.

Bei Trockenkupplungen kann Rupfen oft auf fehlendes Fett (Kupferpaste) auf der Verzahnung Kupplungsscheibe/Antriebswelle zurückgeführt werden. Ein einfacher Defekt, der es aber bei einigen Motorrädern oft nötig macht, fast die gesamte Maschine zu zerlegen. Bei Ölbadkupplungen sollte die Ausrückmechanik im Getriebe überprüft werden. Auch hier kommt man bei den meisten Maschinen nicht um eine umfangreiche Demontage herum.

Sind diese Punkte in Ordnung, muss das Kupplungspaket geöffnet werden. Beim Öffnen ist Vorsicht angebracht, da die Kupplung unter Federdruck steht. Alle Schrauben müssen daher gleichmäßig abwechselnd herausgeschraubt werden, bis die Federn entspannt sind. Nach Öffnen der Kupplung sind die Druck- und Federplatte auf Verschleiß zu prüfen. Sie dürfen keine Riefen, Risse oder Wellen aufweisen. Auch auf Verfärbung ist zu achten. Blaue oder goldgelb schimmernde Stellen auf der Reibfläche sind Belege dafür, dass die Kupplung überhitzt wurde und ggf. verzogen ist. Dies gilt für Ölbad- wie für Trockenkupplungen. Liegt einer dieser Defekte vor, ist die Kupplung komplett auszutauschen. Sind Druck- und Federplatte in Ordnung, bleibt noch die Reibscheibe(n) auf Verschleiß zu prüfen. Reibscheiben müssen eine gewisse Mindestdicke aufweisen. Den genauen Wert kann man dem Reparaturhandbuch entnehmen.

Bei der weiteren Überprüfung der Reibscheiben ist auf die Oberfläche zu achten. Sie sollte gleichmäßig sein und darf keine Verglasungen, Fehlstellen, Wellen, Blasen, Risse oder Riefen aufweisen. Auch auf den Verschleißzustand der Kupplungsscheibenverzahnung ist zu achten. Sie darf nicht ausgeschlagen sein und muss einwandfrei auf der Getriebewellenverzahnung sitzen. Im Gegensatz zu den Reibscheiben von Ölbadkupplungen sind die Reibflächen einer Trockenkupplung meist nicht geklebt sondern auf die Kupplungsscheibe genietet.

Aus meiner Trickkiste:

Reibscheibe mit wechseln

Aufgrund der umfangreichen Arbeiten, die die Kupplungsüberprüfung bzw. Reparatur mit sich bringt, sollte auch eine Reibscheibe gewechselt werden, die noch innerhalb der Verschleißtoleranz liegt, aber bereits deutliche Abnutzungserscheinungen hat. Die Kosten der Reibscheibe stehen in keiner Relation zu den Kosten des Arbeitsaufwandes. Falls Sie die Reparatur nicht selbst vornehmen, bitten Sie den Monteur unter dieser Voraussetzung die Reibscheibe(n) zu wechseln.

Zu trocken! Die Verzahnung muss geschmiert werden. Kupferpaste ist hier ideal.

Die Getriebeeingangswelle muss gut gefettet sein, damit die Kupplung einwandfrei arbeiten kann.

Die Nieten sind im Reibbelag versenkt und deutlich zu erkennen. Achten Sie darauf, dass die Nieten noch genügend tief im Reibbelag liegen. Ist der Verschleiß schon soweit vorangeschritten, dass die Nieten benahe auf selber Höhe wie die Oberfläche des Reibbelages sind, ist die Kupplungsscheibe unverzüglich zu wechseln, auch wenn sie bis dahin einwandfrei funktioniert hat.

Am Ende der Kupplungskontrolle bleibt noch, die Federn auf Verschleiß zu prüfen. Ölbadkupplungen haben meist Schraubenfedern. Sie müssen auf korrekte Länge vermessen werden. Der Verschleißwert geht aus dem Handbuch hervor. Erschlaffte Federn sind oft ein Grund für rutschende Kupplungen. Leider bemerkt man sie meist erst dann, wenn es zu spät ist und die Kupplung bereits Schaden davon getragen hat. Bei Trockenkupplungen verhält es sich ähnlich, nur dass an Stelle von Schraubenfedern oft so genannte Tellerfedern verbaut werden. Um ihren Verschleißzustand zu überprüfen, müssen auch sie vermessen werden.

Ein Tipp am Rande: Wenn Sie Besitzer eines Motorrades mit Trockenkupplung sind, lohnt es sich, wenn ohnehin alles vor Ihnen offen liegt, einen Blick auf den Zustand des **Kurbelwellendichtrings** zu werfen. Zeigt er bereits leichten Ölnebel, sollte er auch gleich gewechselt werden. Es ist bei Ölnebel nur noch eine Frage der Zeit, wann der Wellendichtring endgültig undicht wird. Ist er hingegen trocken, lassen Sie ihn wo er ist. Ein präventives Wechseln bringt in aller Regel nichts.

Dies gilt natürlich auch für den Wellendichtring der Getriebeeingangswelle. Ölnebel in der Kupplungsglocke muss übrigens nicht unbedingt von Motor- oder Getriebeseite in die Glocke gelangen. Es gibt einige Motorräder, deren E-Starter auf den Zahnkranz der Kupplung wirken. Die E-Starter-Mechanik wird manchmal zu stark eingefettet. Bei Hitze läuft dieses Fett aus und verteilt sich als feiner Nebel in der Kupplungsglocke. Das ist ein harmloser Effekt, der einem nur schmutzige Finger bereitet. Wo das Öl oder Fett seinen Ursprung hat, kann übrigens leicht durch Riechen festgestellt werden. Besonders Getriebeöl fällt durch seinen penetranten metallischen Geruch auf.

Am Ende der Kupplungsarbeiten bleibt den Besitzern von Trockenkupplungs-Motorrädern nur noch die **Kupplungsglockeninnenseite** gründlich vom Kupplungsstaub zu befreien. Die Wellendichtringe werden es Ihnen mit längerer Lebensdauer danken, da umherwirbelnder Staub nicht die Dichtlippen der Dichtringe belastet.

Diese Reibscheibe sieht zwar ziemlich mitgenommen aus, sie war aber verschleißtechnisch tatsächlich noch fast neuwertig.

Klebende Kupplung

Besitzer von Motorrädern mit Ölbadkupplung haben oft das Problem von klebenden Kupplungen. Die Kupplung selbst kann sich hierbei in einem einwandfreien technischen Zustand befinden. Trotzdem passiert es regelmäßig. Die Kupplung klebt beim Kaltstart. Das ist sehr unangenehm und ist zudem nicht ganz ungefährlich.

Leicht klebende Kupplungen lösen sich meist mit einem hörbaren Krachen, wenn der erste Gang eingelegt wird. Es gibt aber auch Kupplungen, die sich nicht so leicht lösen. In diesem Fall macht das Motorrad einen gehörigen Satz nach vorne, bis sich die Kupplung löst.

Sicherlich kann man, bevor man startet, versuchen, die Kupplung frei zu treten. Dies geschieht, indem man den ersten Gang einlegt und dann kräftig bei gezogenem Kupplungshebel auf den Kickstarter tritt. Funktioniert das nicht, erreicht man das Gleiche auch, indem der erste Gang eingelegt wird und dann bei gezogener Kupplung und ausgeschalteter Zündung das Motorrad solange hin und her geschoben wird, bis sich die Kupplung löst.

Kupplungstellerfeder

Das Problem wird aber hierdurch nicht bei seiner Ursache gepackt. Meist wurde ein zu dickflüssiges Öl verwendet, dass das Kleben verursacht. Ein einfacher Ölwechsel von z. B. einem 20W- zu einem 10W-Öl kann hier bereits Abhilfe schaffen. Dieses Öl ist viel dünner und verklebt nicht die Kupplungsscheiben. Falls das noch immer nicht genügt, bleibt nur noch die Reibbelege näher zu begutachten. Manchmal sind so genannte Korkbelege verbaut. Diese haben eine starke Tendenz bei kalten Motor zu verkleben. Wenn es modernen Ersatz für sie gibt, sollten sie ersetzt werden. Diese Maßnahme einzeln oder in Kombination mit dem dünnflüssigeren Öl hat bisher immer den gewünschten Erfolg erbracht.

Getriebe

Benötigtes Werkzeug und Hilfsmittel:
- Drehmomentschlüssel
- ggf. Innensechskantschlüssel
- Kreuz- oder Schlitzschraubenzieher
- Rohrzange oder Kombizange
- Schabeisen zum Entfernen alter Dichtungen
- verschiedene Gabel- oder Ringschlüssel (je nach Motorradtyp unterschiedlich!)

Ein Motorradgetriebe enthält eine Menge an bewegten Teilen. Einige laufen im Ölbad, andere werden durch das umherspritzende Öl im Getriebegehäuse geschmiert. Dem Öl im Getriebe kommen im wesentlichen die gleichen Aufgaben zu wie dem Motoröl. Es schmiert die einzelnen Komponenten, es hält die Temperatur im Getriebe auf gleichmäßigem Niveau und bindet Abrieb und Verunreinigungen. Aufgrund der platzsparenden Bauweise sind Motorradgetriebe im Vergleich zu Autogetrieben sehr klein ausgelegt. Dabei müssen sie aber manchmal deutlich mehr Leistung übertragen. Die Spitzendrücke an den Zahnradflanken übertreffen daher oft die derer bei Automobilgetrieben um ein Vielfaches. Getriebeöl hat es zudem schwer, weil die Aufwärmphase deutlich länger dauert, als beim Motor. Zumindest gilt dies für Konstruktionen bei denen Getriebe und Motor getrennt sind. Trotzdem erwarten wir von unserem Getriebeöl, dass es bei kaltem Getriebe ebenso gut schmiert wie bei warmem. Um immer diesen Anforderungen gerecht werden zu können, muss das Getriebeöl bei Motorrädern regelmäßig gewechselt werden. Bei den geringer beanspruchten Automobilgetrieben hingegen ist das Getriebeöl zum Teil ein Autoleben lang ohne Wechsel im Getriebe. Es erklärt sich von selbst, warum wir beim Motorradgetriebe besonders auf das Getriebeöl achten müssen.

Wegen der im Spritzbereich liegenden bewegten Teile ist die Füllhöhe von besonderer Bedeutung. Zu wenig Getriebeöl kann bedeuten, dass Teile aus dem Spritzbereich kommen und schlicht trocken laufen. Zu viel des Guten kann aber auch problematisch werden. Durch die Pumpwirkung der Getriebezahnräder entsteht an einigen Stellen des Getriebes Überdruck, der den Dichtungen schaden kann. Wer zuviel Öl im Getriebe hat, bemerkt dies oft bereits am Ölaustritt aus der Getriebeentlüftung. Wenn der Ölstand hingegen in Ordnung ist und trotzdem Öl aus der Entlüftung kommt, kann das zwei Gründe haben. Zum einen kann die Entlüftung defekt sein und zum anderen wurde eventuell falsches Getriebeöl verwendet. Das verwendete Getriebeöl muss zum Getriebe passen. Ansonsten besteht die Gefahr, dass das Getriebeöl sehr stark aufschäumt. Das Aufschäumen kann bis zum totalen Schmierungsverlust führen und Lagerschäden verursachen, obwohl der Füllstand im Getriebe in Ordnung ist. Schäumendes Getriebeöl verabschiedet sich, wie gerade erwähnt, schließlich durch die Getriebeentlüftung. Wer also an der Entlüftung Öl feststellt, sollte der Ursache schnellst möglich auf den Grund gehen.

Um das Getriebeöl zu kontrollieren, besitzen fast alle Getriebe eine Kontrollschraube, auch Peilöffnung genannt. Diese schraubt man heraus und schaut in das Getriebe. Das Ölniveau muss kurz unterhalb der Kontrollschraubenöffnung liegen. Bevor man jedoch die Kontrollschraube herausdreht, sollte darauf geachtet werden, dass das Motorrad auf ebener Fläche steht. Ansonsten kann es einem passieren, dass das Öl herausläuft oder wir einen zu

Aus meiner Trickkiste:

Öffnen der Ölablassschraube

Wer eine Ölablassschraube öffnen möchte, sollte dies immer mit sehr gutem Werkzeug tun. Es hat keinen Sinn mit billigem oder ausgeschlagenem Werkzeug an diese Schrauben heranzugehen, da derartiges Werkzeug meist mehr schadet als nützt. Dies sollte für alle Schraubverbindungen am Motorrad gelten. Sein Geld in gutes Werkzeug zu investieren, gehört zu den besten Investitionen, die man machen kann.

So schön zugänglich wie hier sind die wenigsten Motorradgetriebe.

geringen Ölstand messen, obwohl dieser nicht vorhanden ist. Glücklich können sich Besitzer von Motorrädern schätzen, deren Fahrzeug einen Peilstab oder ein Schauglas im Getriebe hat. Hier muss man lediglich wie beim Motoröl die Füllstandshöhe am Peilstab oder am Schauglas ablesen.

Ein Ärgernis, von dem auch die meisten modernen Maschinen nicht verschont bleiben, sind **defekte Ölablassschrauben**. Sie sitzen entweder extrem fest und lassen sich kaum öffnen oder sie sind undicht. Man könnte fast meinen, dass mehr als hundert Jahre Motorradentwicklung an ihnen spurlos vorüber gegangen sind. Die Erklärung ist einfach. Meist sind Ölablassschrauben am tiefsten Punkt des Getriebes bzw. Motors angebracht. Da das Getriebe bzw. die Motorölwanne nicht sehr dickwandig ist, sind auch die Gewindegänge nicht gerade lang. Sie haben, wie der Fachmann sagt, zu wenig „Fleisch“. Meist müssen dann zwei bis drei Gewindeumdrehungen genügen, damit die Schraube fest sitzt. Ein so kurzes Gewinde kann eigentlich nur undicht sein. Aus diesem Grund werden die Schrauben brutal fest angezogen. Die Folge ist, dass sich das Aluminium und der Stahl der Schraube „fressen“. Genau betrachtet, verformt sich das weiche Aluminium und staucht sich an der harten Stahlschraube. Das Gewinde ist zwar vorerst dicht, aber nur bis zum nächsten Ölwechsel. Wird dann die Schraube wieder herausgedreht und nach dem Ölwechsel neu hineingedreht, ist das Gewinde undicht. Wenn man dann Pech hat, ist das Gewinde meist bereits so stark beschädigt, dass die Schraube nicht mehr angezogen werden kann. Die Schraube geht leer durch und oft kommt das gesamte Gewinde aus der Bohrung.

Das und noch vielmehr ist alles in einem Getriebe (hier: Eingangs-, Neben- und Abtriebswelle).

Wenn dies geschieht, ist eine Demontage unumgänglich, da Gewindereste in das Innere des Getriebes bzw. Motors gelangt sein können. Sie müssen, um Folgeschäden zu vermeiden, entfernt werden. Als Reparaturmaßnahme hilft in einem solchen Fall meist nur eine neue Ölwanne. Manchmal gelingt es, dass Gewinde mit einem Gewindereparatursatz zu erneuern. Einige Motorradfachbetriebe schweißen neues Material auf, bohren das Gewindeloch neu und schneiden ein neues Gewinde. Das geht natürlich nur bei einem ausgebauten Teil. Wenn diese Art von Reparatur gewissenhaft durchgeführt wird, kann das Gewinde so ausgelegt werden, dass mehr „Fleisch" vorhanden ist. Ein ähnlicher Schaden wie er vorgelegen hat, ist damit zukünftig fast ausgeschlossen. Um Undichtheiten an Ablassschrauben von vornherein zu vermeiden, ist bei jedem Ölwechsel ein neuer Dichtring zu verwenden. Andere Dichtmittel sind nicht zu verwenden, da sie die Gewinde verkleben können. Die Ablassschraube lässt sich dann nur schwer herausdrehen und wird meist zudem stark beschädigt.

In vielen Ablassschrauben sind Magnete integriert. Sie haben die Aufgabe den Abrieb des Motors bzw. Getriebes magnetisch zu binden. Wer Öl wechselt, muss sich diesen Abrieb nach Herausdrehen der Schraube sehr genau betrachten. Die Konsistenz des Abriebes gibt sehr genau Auskunft über den Zustand des Motos bzw. des Getriebes. Ist der Abrieb sehr fein und lässt sich zwischen den Finger sehr gut verreiben, ohne dass gröbere Späne zu fühlen sind, besteht kein Grund zur Sorge. Ein gewisser Abrieb ist normal. Finden sich aber Späne oder gröbere Metallteile am Magneten, dann muss gehandelt werden. Sie sind meist die Vorboten eines Lagerschadens oder anderer Defekte. Um eine Motor- oder Getrieberevision kommt man dann nicht mehr herum. Wenn die Ablassschraube keinen Magneten besitzt, ist das abgelassene Getriebeöl zu filtern. Man schaut dann im Filtersatz, ob sich Späne oder Metallteile finden. Wie oben erwähnt, sollte das Öl beim Ablassen möglichst warm sein, damit Metallabrieb bzw. Späne mit herausfließen können. Fließt das Öl, trotz Erwärmung, nur schlecht ab, ist das Ablassloch verstopft. Das kann am Abrieb oder am Ölschlamm liegen. In beiden Fällen muss durch Zerlegen nach der Ursache geforscht werden. Manchmal laufen Motorradgetriebe sehr rau und lassen sich schlecht schalten. Die Besitzer solcher Motorräder versuchen dann mit allerlei verschiedenen Ölen dem Getriebe Herr zu werden. Der Markt ist voll von solchen „Spezialölen", die einen ruhigen Lauf und gute Schaltbarkeit wieder herstellen sollen. Ich will es hier jedoch deutlich sagen: Wenn ein Getriebe rau läuft oder sich schlecht schalten lässt – vorausgesetzt, das vorgeschriebene Öl wird verwendet – dann hat das einen mechanischen Grund und liegt mit Sicherheit nicht am Öl. Meist sind dann z. B. Schaltgabeln verbogen oder die Wellenlager fangen an sich aufzulösen. Kein Öl der Welt kann so etwas schmieren oder gar reparieren. Geld für so ein „Wunderöl" auszugeben, ist herausgeschmissenes Geld. Stattdessen sollte es lieber für eine Getriebeüberholung gespart werden. Eine Getriebeüberholung in der Fachwerkstatt ist leider nicht gerade billig, da für die Überholung eine Menge Spezialwerkzeug und sehr gute Fachkenntnisse von Nöten sind – und beides kostet eben.

Kardan

Benötigtes Werkzeug und Hilfsmittel:

- Drehmomentschlüssel
- ggf. Innensechskantschlüssel
- Kreuz- oder Schlitzschraubenzieher
- Rohrzange oder Kombizange
- Schabeisen zum Entfernen alter Dichtungen
- Schraubstock
- Seegerringzange
- verschiedene Gabel- oder Ringschlüssel (je nach Motorradtyp unterschiedlich!)

Was gerade über das Getriebe gesagt wurde, gilt im wesentlichen auch für den Kardanantrieb. Bei einigen älteren Motorrädern kann es noch sein, dass die Kardan- oder Kreuzgelenke regelmäßig

Unauffällig und zuverlässig – der Kardanantrieb.

abgeschmiert werden müssen, da die Lagerung der Zapfen in Bronzebüchsen erfolgt. Jedoch finden sich auch bei Youngtimern bereits Gelenke, die nicht abgeschmiert werden müssen, da sie auf Lebensdauer versiegelt sind. Meist handelt es sich hier um gekapselte Nadellager. Um die Längen-Bewegung der Schwinge beim Ein- und Ausfedern auszugleichen, besitzen einige Kardanwellen Gleitverzahnungsbüchsen. Sie müssen regelmäßig geschmiert werden, da sonst die Gefahr besteht, dass sie sich fressen und so die Kardanwelle Schaden nehmen kann. Schäden an der Kardanwelle zeigen sich durch Vibrationen im Fahrbetrieb oder durch laute Knack-Geräusche beim Anfahren oder Lastwechsel. Bei den ersten Anzeichen eines Kardanschadens sollte diesem unverzüglich nachgegangen und keine weiten Strecken mehr gefahren werden. Kardanwellen mit Lagerschaden laufen unrund und zerstören auf Dauer die Getriebeausgangswelle und/oder die Achsgetriebe-Eingangswelle. Darüber hinaus besteht die Gefahr, dass die Welle im Fahrbetrieb blockiert und es in Folge zu einem Sturz kommen kann. Bei fast allen Motorrädern mit Kardanantrieb muss zur Kontrolle der Welle die Hinterradschwinge herausgebaut werden. Dies ist eine mechanisch sehr anspruchsvolle

Arbeit und sollte, falls ausreichende Kenntnisse fehlen, möglichst von einer Fachwerkstatt durchgeführt werden. Die Kontrolle der Kardanwelle beginnt mit einer Sichtprüfung. Die Welle darf nicht verrostet oder in irgendeiner Art und Weise beschädigt sein (Schleifspuren, Wucht u. ä.). Um das Kreuzgelenk zu überprüfen, sollte ein Ende der ausgebauten Welle in einen Schraubstock gespannt werden. Achten Sie aber darauf, dass die Backen des Schraubstocks eventuell vorhandene Verzahnungen nicht beschädigt. Mit einem von der Größe her geeigneten Schraubenzieher fährt man zwischen das Kreuzgelenk und setzt es unter Spannung. Dabei beobachtet man das Spiel der einzelnen Lager. Ein gesundes Kardangelenk hat keinerlei spürbares Spiel. Dabei ist jede Komponente des Kreuzgelenks frei beweglich und sperrt sich bei keiner Bewegung.

Defekte Kardanwellen müssen nicht unbedingt auf den Schrott geworfen werden. Einige Motorradhersteller haben ihre Kardanwellen so konstruiert, dass eine Überholung möglich ist. Solche Wellen lassen sich leicht an den Sicherungsringen oberhalb der Nadellager erkennen. Nach Lösen der Ringe können die Nadellager leicht ausgetauscht werden. Voraussetzung einer solchen Reparatur ist jedoch, dass sämtliche Verzahnungen, Verbindungselemente und die Welle selbst im einwandfreien Zustand sind. Nach einer Lagerüberholung sollte die Welle abschließend noch auf Rundlauf kontrolliert werden. Da hierzu nur die wenigsten Leser die Möglichkeit haben, kommt man um die Hilfe eines Fachbetriebes nicht herum. Die Kosten einer solchen Überholung belaufen sich jedoch meist auf einen Bruchteil einer neuen Kardanwelle.

Ist die Kardanwelle ausgebaut, sollte bei trockenen und im Ölbad laufenden Kardanwellen auch die Dichtringe der Getriebeausgangswelle und der des Achsgetriebes auf Dichtheit überprüft werden. Selbstverständlich sind auch sämtliche Gummi-Faltenbälge des Kardantunnels auf Risse und Löcher zu kontrollieren, da eindringendes Wasser oder Schmutz die Kardangelenke sehr schnell schädigen können.

Kette/Ritzel/Kettenrad

Benötigtes Werkzeug und Hilfsmittel:

- Drehmomentschlüssel
- ggf. Innensechskantschlüssel
- Kettentrenner und -vernieter
- Kreuz- oder Schlitzschraubenzieher
- Rohrzange oder Kombizange
- Seegerringzange
- verschiedene Gabel- oder Ringschlüssel (je nach Motorradtyp unterschiedlich!)

In den letzten 20 Jahren hat sich eine Menge bei der Entwicklung von Ketten getan. Heute fährt kaum ein Motorrad mehr ohne so genannte O- oder X-Ring-Ketten. Diese Ketten haben aufgrund ihrer Fettfüllung in den Lagern eine erheblich längere Lebensdauer als herkömmliche Ketten. Ihr Name rührt von den Dichtungsringen her, die die Fettfüllung im Lager zurückhalten. O- oder X-Ring-Ketten werden auch als Ersatzketten für die meisten Youngtimer angeboten.

Auch wenn diese um eine vielfaches länger halten als herkömmliche Ketten und leider auch heute noch sehr viel teurer sind als diese, sind auch sie irgendwann einmal verschlissen und müssen ausgetauscht werden. Wenn sie gewechselt werden müssen, so sollte immer der gesamte Kettensatz, bestehend aus Kettenrad, Ritzel und Kette ausgetauscht werden. Ansonsten passt sich die neue Kette sehr schnell dem Verschleißzustand von Kettenrad und Ritzel an. Nicht vergessen sollte man auch die Sicherungsbleche, die die Schrauben von Kettenrad und Ritzel gegen ungewolltes Öffnen sichern. Sie durch neue zu ersetzen, verlangt nicht nur die eigene sondern auch die Sicherheit der anderen Verkehrsteilnehmer.

Oft werde ich gefragt, wann eine Kette verschlissen ist. Eine Kette ist dann verschlissen, wenn sie sich bei korrekt gespannter Kette vom Kettenrad, also am Hinterrad, um einige Millimeter abheben lässt. Dieser Abhebetest muss an verschiedenen Stellen der Kette vorgenommen werden, da sich Ketten unterschiedlich dehnen und auch an verschiedenen Punkten unterschiedlich verschleißen. Auch dürfen sich Ketten nicht nach außen ziehen lassen. Diesen Test führt man am besten auf halber Länge zwischen Kettenrad und Ritzel durch. Lässt sich die Kette deutlich zur Seite drücken, ist sie verschlissen und muss entsorgt werden. Für die **Lebensdauer der Kette** sind zwei Punkte entscheidend. Zum einem die korrekte Kettenspannung und zum anderen die Pflege mit Schmiermittel. Die korrekte Kettenspannung wird auf halbem Weg zwischen Kettenrad und Ritzel gemessen. Wie viele Zentimeter dieser so genannte Kettendurchhang betragen darf, ist dem Handbuch zu entnehmen. Auch gibt es Modelle, bei denen der Kettendurchhang bei aufgebocktem Motorrad gemessen werden muss. Bei anderen Modellen ist dieser bei belastetem Fahrwerk, sprich, wenn man auf der Maschine sitzt, zu messen.

Pflege der Kette

Bei der Kettenpflege ist darauf zu achten, welche Art von Kette verbaut ist. O- oder X-Ring-Ketten benötigen, wie jede normale Kette auch, ein von außen aufgetragenes Schmiermittel, um die Reibung zwischen Kette und Kettenrad bzw. Ritzel zu minimieren. Sie sind jedoch nur mit für diese Ketten zugelassenen Schmier- und Reinigungsmittel zu pflegen. Das hat mit den Dichtringen der Kettenlager zu tun. Falsches Schmier- oder Pflegemittel kann die Dichtungen anlösen bzw. beschädigen. Die Folge: Das Lagerfett tritt aus und die Kette läuft auf Dauer trocken. Beim Kauf einer neuen Kette ist deshalb darauf zu achten, welche Pflegemittel für diese Ketten zugelassen sind. Normale Ketten, also solche die keine Fettfüllung haben, stellen an die Pflegemittel nicht so hohe Anforderungen. Sie müssen jedoch auch regelmäßig gepflegt werden, damit sie lange halten können. Wichtig für beide Ketten-Typen ist, dass die Ketten sauber gehalten werden.

Der durch das Schmiermittel gebundene Straßenstaub wirkt wie Schmirgelpaste und lässt die Lager der Kette bzw. Kettenrad und Ritzel vorzeitig verschleißen. In Gegensatz zu O- oder X-Ring-Ketten können herkömmliche Ketten im warmen Petroleum oder mit gewöhnlichem Benzin ausgewaschen werden. Beides löst gut alle Verunreinigungen. Nach dem gründlichen Trocknen der Kette trägt man ein schleuderfestes Kettenfett auf. Hier ist wie bei den O- oder X-Ring-Ketten auf gute Qualität zu achten, damit das Fett nicht nach den ersten paar Kilometern von der Kette geschleudert wird.

Beim Abschmieren einer Kette muss das Kettenfett immer von innen auf die Kettenglieder aufgetragen werden. So kann das Fett mit Hilfe der Zentrifugalkraft beim Fahren alle wichtigen Teile erreichen. Wie oft die Schmierung einer Kette kontrolliert werden muss, hängt stark von den Einsatzbedingungen des Motorrades ab. Besonders nach längeren Regenfahrten ist der Griff zum Kettenfett meist unumgänglich. Für Pflegemuffel jedoch bietet der Motorradzubehörhandel Dauerschmiersysteme (Kettenöler) an, die am Motorrad angebaut werden können. Ein kleiner Ölschlauch, der über der Kette montiert wird, versorgt hier aus einem Vorratbehälter die Kette ständig mit frischem Öl. **Kettenöler** sind vor allem für Langstreckenfahrer eine lohnende Investition, da sie die Lebensdauer der Kette erheblich verlängern können. Bei solchen Systemen muss nur ab und an der Ölstand im Vorratsbehälter kontrolliert werden.

Ebenso wichtig wie der Zustand der Kette ist der von Kettenrad und Ritzel. Sie dürfen auf keinem Fall so genannte Haifisch- oder Sägeblattzähne aufweisen. Meist ist das Kettenrad mehr verschlissen als das Ritzel. Die Zähne sind in Zugrichtung der

Detailaufnahme von „Sägezähnen". Wenn ein Kettenblatt so aussieht, muss es unbedingt gewechselt werden.

So muss eine Kette aussehen! Sauber und gut geschmiert.

Kette aufgedehnt. Bei stark verschlissenen Kettenrädern besteht schließlich die Gefahr, dass die Kette vom Kettenrad springt. Das kann zu bösen Stürzen führen. **Muss die Kette getauscht werden, ist auch das Kettenrad und das Ritzel zu wechseln.** Alle drei Komponenten verschleißen gemeinsam.

Kettenmontage

Die Montage von O- oder X-Ring-Ketten kann technisch sehr anspruchsvoll sein, da es sich bei diesen Ketten um Endlosketten handelt, die kein Kettenschloss haben. Sie müssen oft als Ganzes montiert werden. Das bedeutet manchmal, dass die gesamte Schwinge ausgebaut werden muss, um sie montieren zu können. Bei herkömmlichen Ketten, die Kettenschlösser besitzen, ist die Montage sehr viel einfacher. Jedoch besteht bei diesen Ketten die Möglichkeit, dass das Kettenschloss sich im Fahrbetrieb öffnen kann. Um einem Öffnen des Kettenschlosses vorzubeugen, muss beim Schließen der Kette daher streng darauf geachtet werden, dass der Verschlussbügel des Kettenschlosses immer mit seiner geschlossenen Seite in Laufrichtung der Kette weist. So vermeidet man, dass der Verschlussbügel des Kettenschlosses, falls die Kette an einem Bauteil schleift, sich verhakt und geöffnet wird. Sicherer sind Ketten, die vernietet werden müssen. Hierzu wird das Bindeglied der Kette (Kettenschloss) mit einem so genannten Kettenvernieter auf Dauer vernietet. Leider ist für diese Arbeit ein Spezialwerkzeug nötig, das sehr teuer ist. Dafür wird es fast bei jedem Motorradzubehörhändler angeboten. Bei der Montage einer neuen vernieteten Kette werden zunächst mit dem Kettentrenner-Vorsatz an der alten Kette die beiden Bolzen einer Kettenplatte herausgetrieben. Dabei muss der Dorn des Spezialwerkzeuges bündig auf dem Kettenglied aufliegen. Jetzt befestigt man provisorisch die neue Kette an der alten und zieht sie so über das alte Kettenritzel (auch zu Empfehlen bei Ketten mit Kettenschloss). Das spart Zeit, da man die Kette nicht umständlich über die Schwinge einfädeln muss. Liegt die neue Kette am richtigen Platz, entfernt man die alte Kette. Nun können Kettenblatt und Ritzel getauscht werden. Im Anschluss wird die neue Kette an den beiden Endgliedern verbunden. Hierzu werden das Kettenschloss eingesteckt,

Wenig Hubraum für einen Vierzylinder-Motor - dafür sehr drehfreudig und zuverlässig, die Honda 350 F, Bj. 1974.

die O-Ringe aufgesetzt und die Außenlasche gerade aufgeschoben. Mit dem Kettenvernieter-Vorsatz wird nun der Bolzen vernietet. Hierzu benötigt man unbedingt einen Drehmomentschlüssel, um eine korrekte Aufspreizung des Kettenbolzens zu erreichen. Beachten Sie aber dabei, dass das Drehmoment von Kette zu Kette unterschiedlich sein kann. Angaben hierüber finden sich meist in der Bedienungsanleitung des Vernietwerkzeuges oder fragen Sie bei Ihrer Fachwerkstatt nach.

Wer Kettenrad, Ritzel und Kette wechselt, sollte auch ein Auge auf benachbarte Komponenten des Antriebes werfen. Ist der Ruckdämpfer im Rad noch in Ordnung? Ist der Dichtring am Getriebeausgang beim Ritzel dicht. Hat die Schwinge Schleifspuren von der Kette? Ist der Kettenspanner, falls vorhanden, noch voll funktionstüchtig? Sind eventuell vorhandene Führungsschienen und Kettenabdeckbleche funktionstüchtig, vollständig und nicht beschädigt? Nicht vergessen sollte man auch, dass alle Komponenten, wenn sie schon zerlegt vor einem liegen, gereinigt werden sollen. Das senkt den späteren Verschleiß, da kein Dreck gebunden werden kann, der Dichtungen oder Lager schädigt.

Zum Schluss noch ein Wort zur Ersatzteilbeschaffung. Für viele Youngtimer gibt es keine Kettensätze mehr. Das ist aber heute kein Problem. Die meisten Ketten unserer alten Motorräder sind Standardware, die jeder Kettenlieferant auf Lager hat. Auch Kettenblatt und Ritzel sind meist als Nachfertigung bei eigens hierfür spezialisierten Betrieben zu bekommen. Diese Nachfertigungen sind zwar teurer als das Originalteil, dafür sind sie oft von sehr viel besserer Qualität.

Elektrische Anlage

Kabelbaum

Benötigtes Werkzeug und Hilfsmittel:
- Elektriker-Schraubenzieher
- Heißluftfön
- Kreuz- oder Schlitzschraubenzieher
- Lötkolben
- Prüflampe
- Rohr- oder Kombizange, kleine Spitzzange
- Seitenschneider
- Spannungsprüfer
- verschiedene Gabel- oder Ringschlüssel (je nach Motorradtyp unterschiedlich!)

Kein Bauteil am Motorrad bereitet so oft Ärger wie der Kabelbaum. Es gibt Motorradmarken, die wegen ihres unzulänglichen Kabelbaums und schlechter Elektrikbauteile regelrecht berühmt geworden sind. Vor allem wenn der Kabelbaum, wie an unseren Youngtimern, bereits in die Jahre gekommen ist und der eine oder andere Kontakt nicht mehr sauber funktioniert.

Ärger muss aber nicht sein. Der Kabelbaum gehört schließlich, wie viele glauben, zu den Bauteilen am Motorrad, die scheinbar dem wenigsten Verschleiß unterliegen. Damit er aber über die Jahre seinen Dienst einwandfrei leisten kann, benötigt er jedoch eine gehörige Portion Pflege. Eine Reihe von widrigen Umständen setzt nämlich dem Kabelbaum am Motorrad besonders zu. Besonders die Bewegungen im Bereich des Lenkkopfes, und dazu die steten Vibrationen und Fahrwerksschläge bean-

Ein derartiger Kabelbaum verursacht nur Ärger! Fachgerechte Steckverbindungen, Schrumpfschläuche und Kabelbinder sorgen hier für Ordnung und Betriebssicherheit.

Kabelfarbe und Verbraucher (Änderungen möglich)		
Farbe	**Kabel von**	**nach**
Schwarz	Zündschloss	Zündspule
Grün	Zündspule	Unterbrecherkontakt
Rot	Regler	Pluspol an Batterie
Braun, Schwarz	Verbraucher	Masse (Minuspol)
Weiß	Lichtschalter Armatur	Abblendschalter
Weiß	Abblendschalter	Fernlicht (Scheinwerfer)
Gelb	Abblendschalter	Abblendlicht (Scheinwerfer)
Grau	Lichtschalter	Rückleuchte, Standlicht, Kennzeichenbeleuchtung, ggf. Seitenwagenbeleuchtung

spruchen den Kabelbaum mechanisch. Sie sind oft der Grund, weshalb die Kabel reißen, Kontakte aus den Steckverbindungen rutschen oder Isolationen durchscheuern bzw. brechen. Die Hitze des Motors, die UV-Strahlung der Sonne, der Luftsauerstoff sowie der Einfluss von Öl, Benzin und Batteriesäure lassen zudem die Isolationen porös werden und Kabel oxidieren. Hinzu kommen Kurzschlüsse und kurzzeitige Überlastungen, die die Kabel unter Umständen überhitzen und verschmoren lassen. Natürlich wirken die hier genannten Ursachen immer gleichzeitig. So gesehen, hat es ein Kabelbaum im Motorrad besonders schwer.

Für die Überprüfung des Kabelbaumes benötigt man einen **Schaltplan** (wenn vorhanden) und eine Prüflampe bzw. ein Spannungsmessgerät, um den Stromfluss prüfen zu können. Bevor jedoch am Kabelbaum gearbeitet wird, muss man für die nötige Sicherheit sorgen. Wenn der Strom der Batterie nicht für Testzwecke benötigt wird, klemmt man zuerst den Minuspol von der Batterie ab. Nichtisolierte Kabel sind vor Kurzschluss zu sichern, bevor die Batterie wieder am Kabelbaum angeschlossen wird. Armbanduhren aus Metall und Metallarmbänder werden vor den Arbeiten abgelegt, um Kurzschlüsse beim Hantieren im Kabelbaum zu vermeiden. Nach Beachten aller Sicherheitshinweise kann man ohne Gefahr am Kabelbaum arbeiten.

Alle elektrischen Bauteile des Motorrades sind durch verschiedenfarbige Kabel verbunden. Das erleichtert die Identifizierung der einzelnen Kabel und Verbraucher ungemein. Der Farbschlüssel ist dem Schaltplan zu entnehmen. In der Regel sind die Farben der Kabel normiert, jedoch darf man sich hierauf nicht immer verlassen. Die Tabelle oben gibt einen Überblick über die Farben der Kabel und die daran angeschlossenen Verbraucher.

Da die meisten Schaltpläne schwarz/weiß gedruckt sind, werden die Farben der Kabel durch Abkürzungen bezeichnet. Bei deutschen Schaltplänen ist das auch kein Problem! Hier steht w für weiß oder g für grün. Bei englischen oder italienischen Schaltplänen muss man aber, je nachdem wie gut oder schlecht die eigenen Sprachkenntnisse sind, doch mal gelegentlich ein Wörterbuch in die Hand nehmen, um Verwechslungen zu vermeiden.

Neben dem Farbcode sind dem Schaltplan meistens auch eine Reihe von Zahlen zu entnehmen. Sie sind, ähnlich den Farben der Kabel, ebenfalls international normiert. Die Zahlen stehen als Kürzel der Klemmen bzw. für die daran angeschlossenen Verbraucher. Die nachfolgende Tabelle gibt einen Überblick, welche Klemme im Schaltplan welche Zahl trägt. Doch leider kann man sich auf sie nicht in jedem Fall verlassen!

Anschlusscodes		
Klemmen-Nummer	**Kabel von**	**nach**
1	Zündspule	Unterbrecherkontakt
2	Primärwicklung der Zündspule, Magnetzünder oder Zündanker	Zündschloss oder Kurzschlussschalter (Killschalter)
4	Zündspule	Zündkerze bzw. Verteiler
15 wenn 15/54	Zündschloss	Zündspule, Hupe, Bremslicht mit Ladekontrollleuchte
30	Pluspol Batterie	Zündschloss, E-Starter
30/51	Lichtmaschinenregler	Pluspol Batterie
31	Minuspol Batterie	Masse
50	E-Starter Druckknopf	E-Starter-Magnetschalter bzw. Relais
51	Lichtmaschinenregler	Pluspol Batterie
54	Zündschloss	Hupe, Blinkrelais, Bremslicht u. a.
56	Lichtschalter	Abblendschalter
56a	Abblendschalter	Fernlicht-Kontakt
56b	Abblendschalter	Abblendlicht-Kontakt
57	Lichtschalter	Standlicht
58	Lichtschalter	Rückleuchte, Kennzeichenbeleuchtung, ggf. Seitenwagenbeleuchtung
59	Lichtanker (Wechselstrom, ggf. Lichtmaschine)	Lichtschalter-Scheinwerfer
59a	Ladeanker (Wechselstrom-Lichtmaschine)	über Gleichrichter zum Pluspol Batterie
61	Lichtmaschinenregler	Ladekontrolle
85	Relaiswicklung	Masse (Minuspol)
86	Relaiswicklung	über Schalter an Plus
87	Relais-Arbeitskontakt	Verbraucher
87a	Relais-Ruhekontakt	Verbraucher
B+	Regler	Batterie
D-	Lichtmaschine Minuspol	Regler Minuspol
D+	Lichtmaschinen Pluspol	Regler
DF	Lichtmaschine (Feld)	Regler
L	Blinkerschalter	Blinker links
R	Blinkerschalter	Blinker rechts

Will man jetzt z. B. die Scheinwerfer-Funktion überprüfen, sind lediglich die korrekten Kabel anhand ihrer Farbe im Kabelbaum zu suchen (hier: Weiß). Zuweilen findet man sogar an der einen oder anderen Klemme die Klemmennummer und kann so die Kabel eindeutig identifizieren. Leider sieht die Realität am Motorrad meist aber anders aus, da die Kabel in Schrumpfschläuchen oder Plastiktüllen zu Kabelsträngen zusammengefasst sind. Das ist zwar sehr praktisch für die Montage am Fahrzeug, die Ummantelung verhindert aber einen direkten Blick auf die Kabel und damit eine schnelle Identifizierung. Um die richtigen Kabel zu finden, muss man direkt am Verbraucher die Farbe des Kabels überprüfen und mit dem Schaltplan vergleichen. Um stromführende Kabel auf Funktion zu testen, ist der Pluskontakt des Prüfgeräts mit dem Kabel zu verbinden. Der Minuskontakt wird auf Masse oder an den Minuspol der Batterie gelegt. Schlägt die Anzeige des Gerätes aus oder leuchtet die Prüflampe, je nachdem, welches Prüfgerät man eben verwendet, ist die stromführende Verkabelung in Ordnung. Masse- oder Minuskabel werden genauso geprüft. Nur ist die Polung umgekehrt, d. h. das Pluskabel des Messgerätes wird an den Pluspol der Batterie gelegt, das Minuskabel an das zu prüfende Masse- oder Minuskabel. Auch hier bestätigt ein Ausschlag der Anzeige oder das Leuchten der Prüflampe die korrekte Funktion.

Ein gutes Kontaktspray schützt vor Korrosion.

Ein Tipp am Rande: Den gerade beschriebenen Test sollte man bei eingeschalteten Verbrauchern wiederholen. Manchmal kommt es nämlich vor, dass Stromkabel ohne Belastung den Strom noch ungehindert fließen lassen. Wenn dann richtig Leistung gefordert wird, bricht der Stromfluss oft zusammen, weil der Widerstand an einigen Kontaktstellen zu hoch wird. Reagieren die Prüfgeräte dann nicht, so ist das Kabel defekt.

Stecker

Ein möglicher Fehler hierfür sind schadhafte Stecker. Alle Steckkontakte des Kabels müssen daher kontrolliert werden. Am Kabelbaum finden sich verschiedene Kabelverbindungen und Stecker. Der häufigste Stecker ist sicherlich der Flachstecker. Er ist meist isoliert. Das Kabel ist mit ihm entweder verlötet oder verquetscht. Ähnlich dem Flachstecker sind Rundstecker. Für beide Varianten gibt es Kupplungsstücke. Sie besitzen eine innere Metallhülse oder Zunge, die von außen isoliert ist. Die beste Kabelverbindung ist die Kabelöse. Sie besteht aus einem Ring, der meist mit dem Verbraucher verschraubt wird. Bei einigen Herstellern finden sich auch so genannte Einschneidverbinder. Sie haben den Vorteil, dass man Stromleitungen anzapfen kann, ohne dass das Kabel aufgetrennt werden muss. Eine Isolierung verhindert Kurzschlüsse.

Alle genannten Steckverbindungen müssen auf korrekten Sitz und Stromleitfähigkeit überprüft werden. Hierzu zieht man die Stecker auseinander und kontrolliert sie auf Korrosion. Korrodierte Stecker sind stets durch neue zu ersetzen – oder – falls kein neuer Stecker vorhanden ist, ordentlich mit einem guten **Kontaktspray** einzusprühen. Ist der Stecker in Ordnung, muss die Isolation auf Dichtheit geprüft werden. Sie muss fest am Metall anliegen und darf keine Risse oder Brüche aufweisen. Sind Isolationen schadhaft, sind sie sofort zu ersetzen. Hierfür eignet sich am besten ein Schrumpfschlauch. **Schrumpfschläuche** sind in allen Größen, Farben und Längen im guten Elektro- bzw. Elektronikfachhandel zu bekommen. Sie werden einfach über die schadhafte Isolation geschoben und dann vorsichtig mit einem Heißluftfön oder Feuerzeug zum Schrumpfen gebracht. Hierfür bedarf es etwas Übung und Gefühl, da die Schrumpfschläuche beim Schrumpfen leicht reißen können. Sind sie aber ausgekühlt, werden sie sehr fest und liegen dicht am zu isolierenden Stecker oder Draht an.

Das bekannte Isolierband sollte nur im Notfall verwendet werden. Es hält nicht auf Dauer. Spätestens nach ein oder zwei Jahren löst es sich vom Kabel. Hinzu kommt, dass der Klebstoff des Isolierbandes, die übrige am Kabel oder Stecker noch vorhandene Isolation anlösen kann. Das kann gerade unter den Bedingungen am Motorrad, speziell wegen der steten mechanischen Belastung der Kabel, wieder zu neuen Kurzschlüssen führen. Aus diesem Grund sollte man es auch vermeiden, mit Isolierband Kabelstränge zu bilden. Hierfür sollte ausschließlich ein Schrumpfschlauch verwendet werden.

Wenn Kabel jedoch so stark beschädigt sind, dass die Isolation über mehrere Zentimeter verletzt ist, müssen sie ausgetauscht werden. Beim Austausch des Kabels sollte auf die korrekte Farbe geachtet werden, damit es später einmal, falls wieder eine Reparatur notwendig wird, auch einwandfrei identifiziert werden kann. Hat man nicht das korrekte Kabel zur Hand, sollte die Farbänderung zumindest im Schaltplan vermerkt werden. Wichtiger als die Farbe des Kabels ist aber sein Querschnitt. An Kraftfahrzeugen werden meist vier verschiedene Kabelquerschnitte verbaut. Die meisten Kabel sind Standardkabel mit einem Querschnitt von 1,5 mm^2. Für Verbraucher, die höhere Ströme benötigen, werden Kabel mit 2,5 mm^2 benötigt. Hochspannungskabel, so wie sie oft für die Zündung verbaut werden, haben einen ähnlich hohen Kabelquerschnitt, jedoch ist ihre Isolation sehr viel stärker. Mit 16 mm^2 Kabelquerschnitt sind die Kabel des Anlasserstromkreises die stärksten Kabel am Motorrad. Bei einer Reparatur an diesen Kabeln ist immer darauf zu achten, dass der gleiche Kabelquerschnitt verbaut wird. Sonst besteht die Gefahr, dass das Kabel wegen Überbelastung zu schmoren beginnt. Beim Kabelkauf ist natürlich auch auf die Qualität zu achten. Kaufen Sie hochwertiges, feinfasriges Kabelmaterial, das maximale Flexibilität und Biegedauerhaltbarkeit verspricht.

Um Schäden am Kabelbaum zu vermeiden, ist sein Sitz am Motorrad immer wieder mal zu kontrollieren. Er darf auf keinen Fall irgendwo gequetscht werden (man beachte hier den Bereich am Lenkkopf) oder sehr heißen Bauteilen, wie z. B. der Auspuffanlage oder dem Zylinderkopf, zu nahe kommen. Der Kabelbaum darf unter keinen Umständen mit Klebeband am Fahrzeug befestigt sein – es sei denn es handelt sich um einen Notfall. Aus den oben genannten Gründen hält dies nicht sehr lange. Bei einer derartigen Befestigung muss es auf kurz oder lang wieder zu Defekten kommen. Eine professionelle und dauerhafte Befestigung sind so genannte **Kabelbinder**. Durch ihren Ratschmechanismus halten sie die Kabelstränge fest am Rahmen oder an den verschiedenen Bauteilen des Motorrades. Beim Verlegen ist darauf zu achten, dass gerade im Bereich des Lenkkopfes der Kabelbaum genügend Platz hat, die Lenkbewegungen des Vorderrades mitzumachen. Bei vollem Einschlag in beide Richtungen darf er nicht gedehnt werden. Es besteht sonst die Gefahr, dass die Litze (stromführendes Metall) im Kabel reißt. Dieser so genannte innere Kabelbruch ist dem Kabel von außen nicht anzusehen, da die elastische Isolation des Kabels noch unbeschädigt ist. Da diese Kabel zuweilen noch Strom führen können, wenn sie nicht gerade gedehnt werden, weil die gebrochenen Litzenenden im Kabel aufeinander treffen, ist die Lokalisierung eines solchen Kabelbruches mitunter eine zeitraubende Angelegenheit. Die Suche nach einem solchen Defekt hat schon manchen Mechaniker zur Verzweiflung gebracht!

Hier noch ein paar Tipps im Umgang mit dem Kabelbaum:

- Sorgen Sie immer dafür, dass sämtliche Steckkontakte nicht mit Spritzwasser in Berührung kommen. Dichten Sie hierzu alle Kabelzuführungen zum Stecker zusätzlich mit elastischer Silikondichtmasse ab. Sie garantiert zuverlässig, dass kein Wasser in den Stecker gelangen kann.
- Sind die Kontaktflächen in den Steckern korrodiert, so hilft oft ein gutes Kontaktspray. Zusätzlich zum Kontaktspray kann man die Kontakte mit einem Stück Leder oder feinem Schmirgelpapier behandeln.
- Berühren Sie die Kontakte nie direkt mit ihren Fingern. Schweiß enthält Säure, die die Kontaktflächen korrodieren lässt. Der nächste Ausfall wäre sonst vorprogrammiert.
- Falls Sie einmal Steckverbindungen auswechseln müssen, kaufen Sie keine billigen Stecker. Verwenden Sie nur hochwertige Ware! Leider sind solche Stecker, die in übrigen hervorragend isoliert sind, nicht gerade billig (s. u.).
- Vermeiden Sie es, Steckkontakte häufig zu öffnen und wieder zu schließen. Zum einem leidet hierunter der Kontakt-Anpressdruck, zum anderen wird Material von den Kontaktflächen abgeschabt. Selbst gute Steckverbindungen sollten nicht öfters als ca. 10 Mal geöffnet und geschlossen werden.
- Ist der Kontakt-Anpressdruck doch einmal zu gering, können Sie versuchen, den Kontakt vorsichtig mit einer kleinen Zange oder einem kleinen Schraubenzieher nachzubiegen. Diese Maßnahme ist jedoch als Notbehelf zu verstehen. Besser: Wechseln Sie den Stecker bald gegen einen neuen hochwertigen aus. Im Kfz- oder Elektronikfachhandel wird man sie diesbezüglich gerne beraten.
- Müssen Sie einen neuen Kabelbaum legen, vermeiden Sie unter allen Umständen zu dicke Kabelstränge. Sie sind zu schwer und zu steif und belasten daher sich selbst und die daran angeschlossenen Steckkontakte.

Sie werden sich jetzt sicherlich noch fragen, woran sie beim Kauf eine gute Steckverbindung erkennen. Das wichtigste an einer guten Steckverbindung ist ihre hohe elektrische Leitfähigkeit. Das verwendete Material muss gegenüber Korrosion und mechanischen Abrieb (Öffnen und Schließen) widerstandsfähig sein. Der Kontakt-Anpressdruck sollte zudem über eine lange Zeit hinweg konstant bleiben. Diese Eigenschaften erfüllen Kontakte, die eine Nickel-Phosphor Beschichtung haben. Seltener – da sehr viel teurer – sind Kontakte, die mit Rhodium, Palladium, Gold oder gar Platin beschichtet

Ein typischer Sicherungskasten mit vier Torpedo-Sicherungen

sind. Solche Kontakte werden bevorzugt bei Elektronikbauteilen verwendet. Blei hat übrigens eine der besten Leitfähigkeiten. Sein Nachteil ist jedoch, dass es zu weich ist. Es wird daher meist nur für Batterien verwendet. Leider oxidiert Blei an der Luft so schnell, dass man beinahe schon zusehen kann. Um dies zu verhindern verwendet man bei den Batteriekontakten stets Polfett.

Gute Stecker zeichnen sich auch durch eine hervorragende Isolation gegen Spritzwasser aus. Gut schließende Dichtlippen an der Steckverbindung sind daher ein Muss. Achten Sie auch auf die Materialqualität der Steckerisolation. Das Material sollte gegenüber Benzin und Hitze resistent sein. Schließlich müssen die Kontaktstellen zwischen Stecker und Kabelmaterial möglichst großflächig und dicht zu verpressen sein, um einen ungehinderten Stromzufluss zu gewährleisten.

Sicherungen

Benötigtes Werkzeug und Hilfsmittel:
- Elektriker-Schraubenzieher
- Kombizange
- Prüflampe

Kommt es zu einer Störung im Kabelbaum, so brennt entweder die Sicherung durch oder ein elektrisches Bauteil fällt aus. In einigen seltenen Fällen kann es passieren, dass es zu einem so genannten Kabelbrand kommt. Das geschieht meist dann, wenn die Sicherung nicht durchbrennt oder Verbraucher, wie zusätzliche Scheinwerfer, Heizgriffe o. ä., falsch angeschlossen wurden und dabei vergessen wurde, eine Sicherung einzubauen. Auch wird oft der Fehler gemacht, Sicherungen durch sehr viel stärkere zu ersetzen, für die der Stromkreis nicht

Klare englische Technik! Im gepflegten Zustand ist auch eine Triumph Bonneville 140E, Bj. 1979, sehr zuverlässig und langlebig. Drehzahlorgien hasst der Motor jedoch.

ausgelegt wurde. In diesem Fall schmort dann nicht die Sicherung durch, sondern das stromführende Kabel. Es ist also zuerst darauf zu achten, welche Sicherungen sich im Sicherungskasten unseres Motorrades befinden. Die richtige Amperezahl für den entsprechenden Stromkreis ist dem Handbuch zu entnehmen. Wer sich nicht sicher ist, sollte seine Werkstatt fragen. Schwächere Sicherungen sind jedoch meist für die Lichtanlage und die Armaturenbeleuchtung vorgesehen, stärkere Sicherungen hingegen für die Zündanlage, den E-Starter oder Heizgriffe.

Sicherungen gehören im Kabelbaum zu den störempfindlichsten Teilen – und das ist auch gut so. Manchmal können sie wegen kurzer Überlastungsspitzen, die sonst keine Schäden nach sich ziehen, durchbrennen. Es empfiehlt sich daher, im Bordwerkzeug immer ein paar Ersatzsicherungen mitzuführen. Bei Motorrädern finden sich in der Regel drei Sicherungstypen. Mit die häufigste ist die so genannte Glaskörpersicherung. Sie besteht aus einem kleinen Glasröhrchen in dem der Schmelzdraht sichtbar liegt. Ihr sehr ähnlich und fast genauso häufig ist die Porzellankörpersicherung (auch Torpedo-Sicherung). Hier liegt der Schmelzdraht außen an. Der modernste Sicherungstyp, der sich meist an japanischen Motorrädern findet, ist die Flachsicherung. Sie besteht aus Plastik. Der Schmelzdraht liegt hier zwischen den zwei Zungen der Steckkontakte.

Ist eine Sicherung durchgebrannt, macht es ohne eine Prüfung des entsprechenden Stromkreises keinen Sinn, eine neue einzusetzen. Sie würde sofort wieder durchbrennen. Eine Ausnahme ist die so genannte Überlastungsspitze, die die Sicherung durchbrennen lassen kann. Speziell bei schwer belasteten Elektromotoren kommt dieser Fall immer wieder vor. Auch hier darf auf keinen Fall eine stärkere Sicherung eingesetzt werden. Im schlimmsten Fall könnten sie einen Kabelbrand auslösen oder der Verbraucher wird zerstört. Wenn eine Sicherung ersetzt werden muss, sind zunächst alle dazugehörigen Verbraucher auszuschalten. Es besteht sonst die Gefahr, falls die Sicherung wieder durchbrennt, dass man sich die Finger verbrennt.

Der Sicherungskasten kann sich an den verschiedensten Stellen am Motorrad befinden. Einige Hersteller verbauen sogar zwei Sicherungskästen. Wo er sich genau befindet, hierüber gibt der Schaltplan oder wieder das Handbuch Auskunft. Da Sicherungen lediglich geklemmt sind, korrodiert das Metall gerne an ihren Kontaktfederflächen. Die Korrosion verhindert oftmals den Stromfluss und der Stromkreis fällt aus. Es genügt daher manchmal die Sicherung in ihrer Halterung ein wenig mit den Fingern zu drehen oder bei Flachsicherungen sie paar Mal rauszuziehen und wieder einzustecken, damit der Strom wieder fließen kann. Sinnvoller ist es aber, die korrodierte Sicherung herauszunehmen und die Kontaktflächen mit feinem Schmirgelpapier zu reinigen. Bei dieser Gelegenheit sollten auch die Federhalterungen der Sicherung kontrolliert werden. Sind sie verbogen und halten die Sicherung nicht mehr kontaktsicher, können sie meist von Hand ausgerichtet werden. Um eine erneute Korrosion zu vermeiden, streicht man die Kontakte der Sicherungen mit Polfett ein. Es schadet auch nicht, am Kabelbaum sämtliche Kontakte mit Polfett zu behandeln. Neben dem Korrosionsschutz verhindert es zuverlässig das Eindringen von Feuchtigkeit bei Steckern und Kabelverbindungen.

Scheinwerfer

Benötigtes Werkzeug und Hilfsmittel:

- Elektriker-Schraubenzieher
- Kombizange
- Kreide
- Kreuz- oder Schlitzschraubenzieher
- Lötkolben
- Prüflampe

Damit der Scheinwerfer am Motorrad immer richtig funktioniert, sind regelmäßige Funktionsüberprüfungen notwendig. Diese Überprüfung fängt immer mit der Funktionsprüfung des Lichtschalters an. Er sollte einwandfrei schalten und leicht bedienbar sein. Leuchtet die Lampe erst, wenn der

Lichtschalter mehrere Male geschaltet wurde, hilft zuweilen Kontaktspray. Oft sind die Schalter an den Armaturen durch eingedrungene Feuchtigkeit oxidiert. Kontaktspray beseitigt diese Oxidationen und schützt die Kontakte vor Feuchtigkeit. Jedoch verliert Kontaktspray nach einer gewissen Zeit seine Wirkung. Es sollte daher regelmäßig verwendet werden, damit die Kontakte einwandfrei funktionieren können. Hilft auch kein Kontaktspray mehr, sind oft die Schleifkontakte im Schalter verschlissen. Sie zu wechseln, ist bei den meisten Schaltern von den Herstellern nicht vorgesehen. Jedoch lassen sich einige Schaltertypen ohne Probleme öffnen. Mit etwas handwerklichem Geschick kann dann der Kontakt nachgearbeitet werden. Diese Arbeit kann aber in ein rechtes Gefummel ausarten. Wer nicht sehr geduldig ist, sollte von dieser Arbeit lieber seine Finger lassen. Sind die Schalter jedoch verschweißt, hilft nur noch ein Neuteil. Es muss aber nicht immer ein teures Originalteil sein. Der Zubehörmarkt bietet hochwertige Lenkerarmaturen für verhältnismäßig wenig Geld an. Wer diese kauft, sollte aber von der Fahrzeugelektrik etwas verstehen. Zudem muss man mit einem Lötkolben gut umgehen können, da die Lenkerarmaturen vom Zubehörmarkt nicht anschlussfertig verkabelt sind. Alle Stecker und Anschlüsse an den Kabelbaum müssen dann oft neu gelegt bzw. installiert werden.

Neben der Abblendfunktion muss auch das **Fern- und Standlicht** einwandfrei arbeiten. Auch hier sind die Schalter am Lenker zu überprüfen. Einige Motorräder wurden mit so genanntem permanent geschaltetem Abblendlicht ausgerüstet. Hier brennt bereits das Abblendlicht, wenn die Zündung angeschaltet wird. Um die Batterie nicht zu überlasten, schaltet das Licht ab, wenn der E-Starter betätigt wird. Ob dies auch einwandfrei funktioniert, sollte gelegentlich getestet werden. Andere Motorräder haben den Abblendlichtschalter im Zündschloss integriert. Wenn ein solcher Lichtschalter versagen sollte, wird die Reparatur meist sehr teuer, da oft das gesamte Zündschloss ausgewechselt werden muss. Wie bei den Lenkerarmaturen gibt es an einigen Motorrädern Zündschlösser, die sich öffnen lassen. Sie erkennt man daran, dass der Kontaktteil des Zündschlosses mit Blechzungen am Schlüsselkörper befestigt ist. Biegt man diese Zungen auf, liegt meist der Schalter offen vor einem. Durch vorsichtiges Reinigen und Abschleifen der Kontakte kann dann versucht werden, seine Funktion wieder herzustellen.

Einstellen der Scheinwerfer

Zur Überprüfung der einwandfreien technischen Funktion des Scheinwerfers gehört auch ein Test der Scheinwerfereinstellung. Hierzu sollte das Fahrzeug im rechten Winkel vor einer Wand stehen. Der Lichtkegel des Scheinwerfers lässt leicht an der Wand erkennen, welche Funktion gerade geschaltet ist. Damit die größtmögliche Ausbeute an Licht erreicht wird, muss das Scheinwerferglas regelmäßig von Schmutz gereinigt und auf Beschädigungen untersucht werden. Vor allem gebrochene Scheinwerfergläser oder Reflektoren aber auch tote Insekten auf dem Glas können die Lichtausbeute beeinträchtigen. Selbst wenn alle Funktionen des Scheinwerfers noch einwandfrei funktionieren, kann die Lichtleistung manchmal deutlich zurückgehen. Das liegt bei Bilux-Lampen oft daran, dass sich nach einigen hundert Betriebsstunden am Glaskolben ein schwarzer Belag bilden kann, der das Licht nach und nach schluckt. Halogenlampen bilden hingegen einen silbrigen Belag, der ebenfalls die Lichtausbeute zunehmend beeinträchtigt. Um die Lampe zu kontrollieren, muss sie ausgebaut werden.

Das Prinzip, einen Scheinwerfer zu öffnen, ist bei fast allen Motorrädern gleich. Es kommt jedoch vor, dass der Scheinwerfer in eine Verkleidung integriert ist. Das erschwert manchmal die Kontrolle bzw. den Wechsel der Lampe ungemein. Bei Standardscheinwerfern ist am Zierring eine Schraube angebracht, die herausgedreht werden muss. Dabei hält man das Scheinwerferglas und den Zierring mit der Hand fest, damit sie nicht unvermittelt aus dem Lampentopf fallen können. Meist ist der Reflektor am Lampentopf durch Klemmungen gesichert. Durch einen Ruck am Zierring lösen sich diese und man hält den

Reflektor in Händen. Um diesen vom Lampentopf zu trennen, muss noch der Kabelstecker von der Lampe und die Standlichtbirnenfassung aus dem Reflektor gezogen werden. Gleichgültig ob sich eine Bilux- oder Halogenlampe im Reflektor befindet, beide werden für gewöhnlich mit Federklemmungen in der Fassung gehalten. Die Federklemmung liegt meist unter einer Gummikappe, die den Reflektor und die Kontakte der Lampe vor Feuchtigkeit schützen soll. Nach Entfernen der Gummikappe lässt sich die Federklemmung leicht lösen und die Birne kann aus dem Reflektor genommen werden. Aber Vorsicht! Wer diese Klemmung löst, sollte sich merken, wie der zuweilen sehr obskure Federmechanismus korrekt montiert ist, bevor er geöffnet wird. Bei manchen Konstruktionen könnte man am gesunden Menschenverstand des Konstrukteurs zweifeln! Vermeiden Sie es, die Reflektorschicht im Inneren des Scheinwerfers mit den Fingern zu berühren. Die Fettflecken können die Reflektorleistung beeinträchtigen. Ist es doch mal passiert, ist eine Reinigung nur sehr vorsichtig vorzunehmen, da Putzlumpen, die dünne Spiegelschicht abreiben können. Ähnliches gilt für die Glühlampe. Auch bei ihr ist darauf zu achten, dass sie nur am Sockel berührt wird. Würde man die Lampe am Glaskolben anlangen, so bliebe Hautfett am Glas zurück. Wird die Lampe wieder eingebaut und dann eingeschaltet, können zwei Dinge passieren. Erstens verbrennt das Fett auf dem Glaskolben unter der enormen Hitze der Lampe. Die Birne verfärbt sich schwarz. Zweitens kann sich der Fettdampf am Reflektor niederschlagen und diesen eintrüben. In beiden Fällen verliert die Lampe stark an Leuchtkraft. Passiert es aus Unachtsamkeit doch einmal, dass man die Lampe am Glaskolben berührt hat, so genügt es meist, sie mit einem sauberen Tuch abzuwischen, um das Fett zu entfernen.

Wer umsichtig sein will, sollte bei der Montage von Scheinwerferbirnen Baumwollhandschuhe tragen. Sie vermeiden zuverlässig eine Beeinträchtigung der Birne durch Hautfett. Bilux- oder Halogenbirnen besitzen an ihrem Sockel den bekannten Dreipolstecker. Ein Pol ist die Masse, die anderen beiden sind jeweils für Abblendlicht und Fernlicht. Um die Birnen zu testen, verbindet man den Minus-(Masse)pol der Lampe mit der Batterie und die jeweils anderen Pole abwechselnd mit dem Pluspol der Batterie. Bilux- und Halogen-Lampen haben zwei Glühfäden. Wenn beide einwandfrei sind, werden sie auf diese Art beide abwechselnd leuchten. Ist einer beschädigt, kann man dies auch oft durch eine einfache Sichtprüfung bereits feststellen. Defekte Glühfäden liegen dann als Bruchstücke im Glaskolben der Lampe.

Manchmal jedoch ist der Glühfaden nicht unmittelbar sichtbar durchgebrannt und ein Funktionstest ist nötig. Um die Kabel des Lampensteckers zu überprüfen, sind an der Armatur oder manchmal auch am Zündschloss das Abblendlicht und anschließend das Fernlicht einzuschalten. Die entsprechenden Kabel müssen jetzt unter Spannung stehen. Welche Farbkennung das Kabel für Abblendlicht bzw. Fernlicht hat, ist dem Schaltplan zu entnehmen. Die Prüfung der Spannung erfolgt wie oben beschrieben. Bei dieser Gelegenheit sollte auch gleich das Standlicht getestet werden. Nach Abschluss der Überprüfung wird der Scheinwerfer wieder zusammengebaut und anschließend einge-

H4-Scheinwerfer mit asymmetrischem Abblendlicht. Deutlich sind die segmentierten Streufelder zu erkennen.

Scheinwerfer mit E-Prüfzeichen

stellt. Hierzu besitzen die Scheinwerfer am Zierring Einstellschrauben, die den Reflektor in seiner Ausrichtung zur Fahrzeugmittelachse zur Seite oder in Höhe verstellen können. Vorab muss aber gesagt sein, dass das Einstellen des Scheinwerfers eine Arbeit für die Fachwerkstatt ist. Nur in Notfällen oder für die gelegentliche Überprüfung der Einstellung kann aber wie folgt vorgegangen werden.

Das Motorrad wird im rechten Winkel direkt vor eine senkrechte Wand gestellt. Eine mit Kreide auf die Wand gemalte vertikale Linie bezeichnet die Fahrzeugmitte. Hieran ermittelt man die horizontale Scheinwerfermitte anhand des Lichtkegels und zeichnet in dieser Höhe an die Wand eine horizontale Linie. Etwa 10 cm unterhalb dieser ersten horizontalen Linie wird eine zweite Linie mit Kreide gezogen. Nun schiebt man das Motorrad ca. 10 Meter unter Beibehaltung des rechten Winkels von der Wand zurück und schaltet das Abblendlicht ein. Der Lichtkegel des Scheinwerfers hat hierbei bei einer gedachten Geraden von Fahrzeugmittelachse, Lichtstrahl und senkrechte Linie an der Wand mittig auf die senkrechte Linie zu treffen. Die horizontale Hell-Dunkel-Grenze muss bei korrekt eingestelltem Abblendlicht unterhalb der unteren horizontalen Linie liegen.

Bei asymmetrischem Abblendlicht gibt es keine durchgehende horizontale Hell-Dunkel-Grenze mehr. Ab etwa der Scheinwerfermitte, das ist unsere vertikale Linie an der Wand, steigt der Lichtkegel

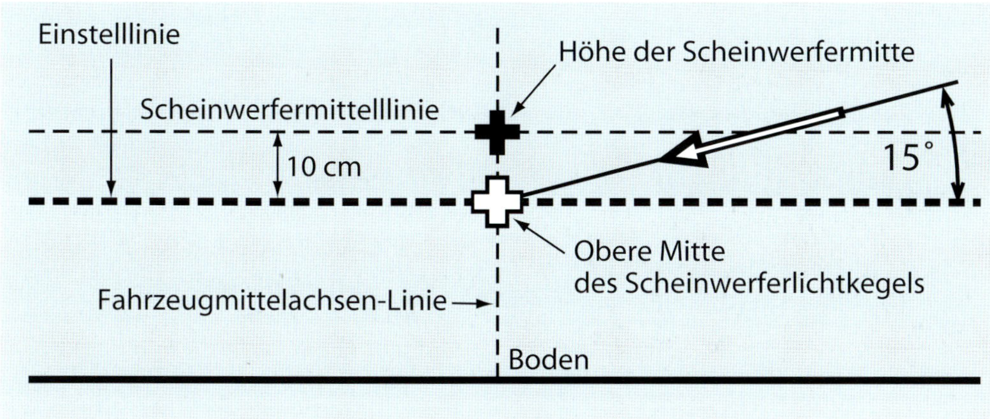

Schemazeichnung der Kreidemarkierungen zur korrekten Einstellung des Hauptscheinwerfers.

rechts in einem Winkel von ca. 15° nach oben an. Vor allem Halogen-Scheinwerfer besitzen diese Technik. Sie sind an dem speziellen Sektor im Scheinwerferglas leicht zu erkennen. Die hier beschriebene Prüfung der Scheinwerfereinstellung hat bei belastetem Fahrzeug, d. h. wenn der Fahrer auf dem Motorrad sitzt, zu erfolgen. In jedem Fall hat die Scheinwerfereinstellung nochmal die Fachwerkstatt vorzunehmen. Vor jeder längeren Tour oder Urlaubsreise ist der Scheinwerfer zu überprüfen. Bedenken Sie immer: Von der Zuverlässigkeit des Scheinwerfers hängt Ihre Verkehrssicherheit im höchsten Maß ab. Aus diesem Grund ist in einigen europäischen Ländern das Fahren mit Abblendlicht auch am Tag für Motorräder gesetzlich vorgeschrieben. Die Automobil-Clubs geben gerne darüber Auskunft, welche Länder dies sind.

Kennzeichnungen von Scheinwerfern

Am Schluss hier noch ein paar Worte zu den Zeichen und Zahlen im Scheinwerferglas. Sie geben darüber Auskunft, ob der Scheinwerfer eine Bauartgenehmigung hat oder nicht. Bauartgenehmigte Scheinwerfer haben eine Wellenlinie (auch Schlangen- oder Prüflinie genannt) mit Buchstabe und Zahl oder einen Kreis mit Buchstabe oder Zahl darin. Im Zuge der EU sind neue Bauartgenehmigungszeichen hinzugekommen, die meist durch ein großes „E“ mit einer nachfolgenden Zahl gekennzeichnet sind.

Die Zahl ist der so genannte Länderschlüssel. E1 steht beispielsweise für Deutschland, E3 für Italien, E 21 für Portugal etc. Wenn das E allein steht, ist das Bauteil europaweit zugelassen. Auch das Rücklicht oder die Blinker müssen eines dieser Zeichen tragen. Wenn das Bauteil nur für Motorräder zugelassen ist, trägt es die Kennung 50R. Blinker können noch die Zahl 11 oder 12 tragen. 11 bedeutet, dass der Blinker als Fahrtrichtungsanzeiger vorne, 12 als Fahrtrichtungsanzeiger hinten geprüft ist.

Sind diese Kennungen nicht vorhanden, handelt es sich um ein nicht bauartgenehmigtes Teil, dass meist nachträglich montiert wurde. Sie müssen unverzüglich durch bauartgenehmigte ersetzt werden, da man sonst die Allgemeine Betriebserlaubnis und den Versicherungsschutz (!) für sein Motorrad verliert.

Auch die Glühbirnen zählen zu den bauartgenehmigungspflichtigen Teilen und tragen deshalb am Sockel die erforderliche Wellenlinie oder ein europäisches Prüfzeichen (Kreis mit Buchstabe „E“ oder Rechteck mit Buchstabe „e“ plus Ziffer). Die StVZO (Straßenverkehrszulassungsordnung) in Deutschland erlaubt nur weißes Licht (Ausnahme: Lampen für Nebelscheinwerfer). Diese Vorschrift gilt auch, wenn andersfarbige Glühbirnen das Europa-Prüfzeichen tragen. Das Prüfzeichen besagt lediglich, dass die Komponenten den international gültigen Normen entsprechen.

Rücklicht

Benötigtes Werkzeug und Hilfsmittel:
- Bohrer, 2–3 mm
- Elektriker-Schraubenzieher
- Flachzange mit langen Backen
- Kreuz- oder Schlitzschraubenzieher
- Lötkolben
- Prüflampe

Bei den meisten Motorrädern ist im Rücklicht auch das Bremslicht integriert. Nur bei wenigen Modellen hat das Bremslicht ein eigenes Gehäuse mit Glas. Üblicherweise wird im Rücklicht eine so genannte Doppelfaden-Glühbirne (auch: Zweifadenlampe) mit Bajonettverschluss und unterschiedlicher Leuchtleistung verwendet. Es gibt jedoch Rücklichter, die für Bremslicht und Rücklicht zwei verschiedene Lampen verwenden. Aus Sicherheitsgründen verbauen einige Hersteller Rücklichter mit zwei Doppelfadenlampen. Das hat den Vorteil, dass wenn ein Faden durchbrennen sollte, die Leuchtfunktion nur unwesentlich beeinträchtigt wird. Seltener werden im Rücklicht so genannte Soffittenlampen eingesetzt. Sie werden durch eine Klemmvorrichtung gehalten. Lampen mit Schraubgewinde und Glassockellampen kommen so gut wie gar nicht als Rück- oder Bremslicht zum Einsatz.

Durchgebrannte Lampen erkennt man am silbrigen oder schwärzlichen Glanz des Glaskolbens und am gebrochenen Glühfaden. Bei Doppelfadenbirnen ist meist nur eine Funktion beeinträchtigt, wenn ein Faden durchgebrannt ist. Muss eine Lampe gewechselt werden, ist stets darauf zu achten, dass eine Ersatzlampe mit richtiger Volt- und Wattzahl verwendet wird. Bremslichtlampen leuchten um ein vielfaches heller als gewöhnliche

Rücklicht mit E-Prüfzeichen. Ins Rücklichtglas ist hier der Reflektor (Katzenauge) integiert.

Rücklichtlampen. Bei Zweifadenlampen muss besonders auf das korrekte Einsetzen der Lampe geachtet werden. Die Stifte des Bajonettverschlusses sind am Sockel unterschiedlich hoch angebracht. Wird die Lampe versehentlich verkehrt eingesetzt, leuchtet sie überhaupt nicht oder nur ein Glühfaden. Wenn man dabei Pech hat, verklemmen sich die Lampe und der Sockel bzw. die Fassung wird beschädigt. Beim Überprüfen der Einfaden- und Zweifaden-Lampen geht man wie oben beim Scheinwerfer beschrieben vor. Um den Sockel der Lampe auf korrekte Funktion zu testen, wird mit einer Prüfklinge der Pluskontakt – das ist der Kontakt in der Mitte des Sockels auf der Kontaktfeder – auf Stromleitfähigkeit hin getestet. Eventuell vorhandene Korrosion auf dem Kontakt muss vorher vorsichtig entfernt werden. Manchmal kommt es vor, dass die Federspannung des Pluskontaktes im Sockel nachgelassen hat. Der Kontakt schließt nicht mehr sicher. Mit einer so genannten Flachzange mit langen Backen kann man versuchen, die Feder durch Biegen wieder auf Spannung zu bringen. Jedoch sind schadhafte oder verbogene Sockel es in aller Regel nicht wert, repariert werden. Es ist günstiger, sie auszutauschen. Eine Ausnahme sind seltene Originalteile. Hier lohnt die Reparatur. Da die Sockel der meisten Lampen Normteile und damit identisch sind, kann oft ein Sockel aus einem anderen Rücklicht passend gemacht werden.

Bei der Überprüfung des Rücklichtes ist auch auf den Lampenreflektor zu achten. Ist er trübe oder verkratzt, muss er ersetzt werden. Auch hier gibt es oft ein Ersatzteilproblem. Besonders die aus Kunststoff bestehenden Reflektoren können nur unter großem Aufwand neu beschichtet werden. Einige Galvanikbetriebe beherrschen die Technik, Kunststoffe neu mit Chrom zu beschichten. Ein Nachfragen lohnt sich, gerade bei seltenen Ersatzteilen. Auch das Rücklichtglas muss einwandfrei sein. Es darf nicht gesprungen oder eingetrübt sein. Bei einigen Rücklichtern ist die Nummernschildbeleuchtung integriert. Hierzu gibt es am unteren Rand des Rücklichtglases ein Feld mit klar durchsichtigem Kunststoff, das das Licht ungehindert auf das Nummernschild fallen lässt. Auch hier ist darauf zu achten, dass dieses sich im einwandfreien Zustand befindet und kein Streulicht bildet. Beim Zusammenbau der Rücklichteinheit muss noch auf die Gummidichtung zwischen Glas und Lampengehäuse geachtet werden. Sie muss wasserdicht schließen. Ansonsten dringt Wasser in das Gehäuse und verursacht binnen kurzer Zeit wieder neue Korrosion.

Einige Rücklichter haben am tiefsten Punkt des Gehäuses eine kleine Bohrung. Sie soll eingedrungenem Wasser ermöglichen, abzufließen. Auf diese Art kann das Rücklicht von innen her trocknen. Es ist wichtig, dass diese Bohrung nicht verstopft ist. Fehlt sie, wie es oft bei billigen Rücklichtern der Fall ist, spricht nichts dagegen mit einem ca. 2–3 mm starken Bohrer dieses Loch zu bohren. Es muss sich aber am tiefsten Punkt des Gehäuses befinden. Bohren Sie diese Loch am besten dann, wenn sie das Rücklicht komplett zerlegt vor sich liegen haben. Ansonsten besteht die Gefahr, dass man mit dem Bohrer die im Gehäuse befindlichen Teile beschädigt.

Blinker

Benötigtes Werkzeug und Hilfsmittel:

- Bohrer, 2–3 mm
- Elektriker-Schraubenzieher
- Flachzange mit langen Backen
- Kreuz- oder Schlitzschraubenzieher
- Lötkolben
- Prüflampe

Für die Beleuchtungskörper der Blinker gilt das gleiche wie für das Rücklicht und den Scheinwerfer. Bei der Sicht- und Funktionsprüfung ist auf beschädigte Blinkergläser und Armaturenschalter zu achten. Es schadet nicht, den Blinkschalter am Lenker gelegentlich mit Kontaktspray einzusprühen. An guten Kontaktsprays ist hierzu eine kleine Plastikkanüle am Spraykopf vorhanden. Mit ihr lässt sich das Kontaktspray gut in das Gehäuse am Lenker sprühen. Am Blinkkörper selbst sollte

Blinker für hinten ...

... und für vorne.

die Gehäusedichtung überprüft werden. Feuchtigkeit im Blinker ist immer ein Zeichen dafür, dass die Dichtung beschädigt ist oder ganz fehlt. Zur Überprüfung des Blinkers gehört auch die Überprüfung der Blinkfrequenz. Laut StVZO darf sie zwischen 60 und 120 Takten liegen. Das entspricht ein bis zwei Takten pro Sekunde. Ist die Frequenz zu niedrig, kann das an einem starken Spannungsabfall im Bordnetz liegen. Eine altersschwache Fahrzeugbatterie oder ein defekter Lichtmaschinenregler können hierfür verantwortlich sein. Wenn lediglich ein Blinker allein ausfällt, liegt das meist an einer durchgebrannten Lampe. Die Blinkfrequenz der restlichen Blinker nimmt dann meist stark zu, so dass man bereits während der Fahrt anhand der Kontrollleuchte am Armaturenbrett den Ausfall bemerkt. Beim Lampenwechsel ist auf die richtige Watt- und Voltzahl zu achten. Wird eine falsche Birne montiert, erhöht sich die Blinkfrequenz oder sie nimmt ab, je nachdem ob eine schwächere oder stärkere Birne eingebaut wurde. In einigen Youngtimern wurden bereits elektronische Blinkrelais eingebaut. Sie halten auch über Jahre hinweg gleichmäßig die Blinkfrequenz. Jedoch unterliegen sie auch einem gewissen Verschleiß, da ihr so genannter Leistungsteil meist mechanisch ist. Bei den meisten älteren Motorrädern finden sich aber serienmäßig Blinkrelais, die durch ein Thermoelement gesteuert werden. Ihre Funktionsweise ist sehr einfach. Wird der Blinker betä-

Aus meiner Trickkiste:

Warnblinkanlagen

In der Vergangenheit haben einige Motorradhersteller in ihre Motorräder Warnblinkanlagen verbaut. Wer Besitzer eines solchen Motorrades ist, hat meiner Meinung nach ein wirkliches Sicherheitsfeature an Bord seiner Maschine. Wer einmal versucht hat, auf der linken Spur der Autobahn den nachfolgenden Verkehr wegen eines Staus vor ihm oder eines Defekts am Motorrad zu warnen, ohne eine Warnblinkanlage an Bord zu haben, weiß wovon ich hier spreche. Leider ist es heute immer noch nicht Stand der Technik, Warnblinkanlagen in Motorräder zu bauen. Es gibt natürlich rühmliche Ausnahmen. Wer etwas Sinnvolles in sein Motorrad einbauen möchte, sollte mal über eine Warnblinkanlage nachdenken.

tigt, ist der Kontakt im Blinkrelais zunächst geschlossen. Das Blinklicht leuchtet. Gleichzeitig erhält auch das Thermoelement Strom. Es erwärmt sich und durch seinen thermischen Verzug öffnet es den Blinkkontakt. Blinklicht und Thermoelement bekommen keinen Strom mehr. Es kühlt sofort ab und der Kontakt schließt sich wieder. Der Vorgang beginnt von neuem. Das ein solch einfach geschaltetes Blinkrelais starkem Verschleiß unterliegt, liegt auf der Hand. Es muss daher regelmäßig überprüft werden. Defekte mechanische Blinkrelais sollten durch elektronische ersetzt werden. Der Motorradzubehörhandel bietet diese bereits für verhältnismäßig wenig Geld an.

Einige unserer Youngtimer sind mit so genannten Ochsenaugenblinkern ausgestattet. Das sind Blinker, die am Lenkerende montiert werden. Sie sind sehr beliebt, machen sie doch bei Motorrädern die Heckblinker vermeintlich überflüssig. Doch hier ist Vorsicht angebracht. Ist das Motorrad jünger als Baujahr 1985 müssen solche Blinker immer durch Heckblinker ergänzt werden. Das liegt daran, dass E-geprüfte Lenkerendenblinker nur für die Wirkung nach vorne geprüft sind (Kennzeichnung 11 auf dem Glas; s. o.). Für Fahrzeuge, die älter sind als Baujahr 1985 gilt dasselbe, wenn Lenkerendenblinker nachträglich angebaut werden. Lediglich für Fahrzeuge, die damals (vor 1985) vom Werk nur mit Lenkerendenblinker ausgestattet wurden, gilt heute so genannter Bestandsschutz. Sie benötigen keine Heckblinker.

Wenn wir schon bei den Vorschriften sind, noch ein paar Hinweise darauf, wie Blinker korrekt montiert sein müssen. Bei der Montage oder Überprüfung von Blinkern sind folgende Maße gemäß StVZO einzuhalten:

- Der Abstand der vorderen Blinker muss zueinander mindestens 340 mm betragen, wobei jeder Blinker mindestens 100 mm Abstand zum Scheinwerfer haben muss.
- Der Abstand der hinteren Blinker beträgt zueinander mindestens 240 mm.
- Die Mindesthöhe zur Straße bzw. Boden darf nicht niedriger als 350 mm sein.

Ochsenaugenblinker sind nur in Kombination mit Heckblinkern zugelassen

Katzenaugen/Reflektoren

Für viele sind Katzenaugen, auch Reflektoren genannt, am Motorrad Dinge, die man sofort wegschrauben muss, da sie vermeintlich hässlich oder unsportlich sind. Ich bin immer wieder überrascht, wie viele Motorräder gerade am Heck keine Katzenaugen mehr haben, obwohl sie vorgeschrieben sind. Bei einigen Modellen ist zwar das Katzenauge im Glas der Rückleuchte integriert, zuweilen fehlt aber auch dieses, weil ein anderes Rücklicht montiert wurde. Abgesehen davon, dass der TÜV es nicht

Seitliche, gelbe Reflektoren

Rotes Heck-Katzenauge. Neben runden gibt es auch eckige Katzenaugen.

gerne sieht, wenn das Katzenauge am Heck fehlt, büßt man eine Menge an passiver Sicherheit ein, wenn es nicht mehr vorhanden ist. Vor allem, wenn das Rücklicht doch einmal ausfallen sollte, ist das Katzenauge bei Dunkelheit noch ein gewisser Schutz nicht vom nachfolgenden Verkehr übersehen zu werden. Es lohnt daher, das Katzenauge gelegentlich zu überprüfen. Es sollte, wie alle sicherheitsrelevanten Teile an unserem Motorrad, in einwandfreiem Zustand sein. Gesprungene, gebrochene oder stark verkratzte Katzenaugen gehören genauso ersetzt, wie eine defekte Rücklichtlampe. Wenn Katzenaugen montiert oder ersetzt werden müssen, ist darauf zu achten, dass man die farblich richtigen Katzenaugen kauft. Der Motorradzubehörhandel bietet diese in zahlreichen Farben und Formen an, jedoch sind nicht alle zulässig. Am Heck des Motorrades sind stets rote Katzenaugen, an der Seite des Motorrades gelbe bzw. orange, und im Frontbereich, falls vorhanden, nur weiße zu verwenden. Es gab tatsächlich Motorräder, die auf diese Art rundherum mit Katzenaugen ausgestattet waren. Ist das Motorrad serienmäßig mit seitlichen und vorderen Katzenaugen ausgestattet, dürfen sie nicht einfach demontiert werden, ohne gegen gültige Vorschriften zu verstoßen. Bedenkt man, welch schwache Lichtanlagen teilweise an unseren Youngtimern verbaut wurden, sind die Katzenaugen doch eine sinnvolle Einrichtung, die zu unserer Sicherheit beitragen.

Wegen der schmalen Hecksilhouette einiger Youngtimer sollte so mancher mal überlegen, ob er sein altes Nummernschild nicht gegen ein modernes reflektierendes austauscht. Natürlich muss es nicht so ein großes „Kuchenblech“ sein, wie es einem so manche Zulassungsstelle aufs Auge drückt. Ich frage mich oft, ob sich die Damen und Herren dieser Zulassungsstellen nicht darüber im klaren sind, dass es sich bei diesen riesigen Nummernschildern um scharfkantige überstehende Teile handelt, die im

Falle eines Unfalles zu bösen Verletzungen führen können. Abgesehen davon, dass diese oft eine Vergewaltigung des Motorraddesigns sein können. Wie meinte einmal ein MV Agusta-Fahrer, der gerade seine Maschine neu zugelassen hatte, als er das Nummernschild anschraubte: „Da geben sich die italienischen Designer alle Mühe ein sportliches Motorrad mit schmalem Heck zu kreieren und dann muss man so ein riesiges Teil ans Heck schrauben".

E-Starter

Benötigtes Werkzeug und Hilfsmittel:

- Drehmomentschlüssel
- Eintreibvorsätze (ggf. Nüsse aus Ratschenkasten)
- Elektriker-Schraubenzieher
- Flachzange mit langen Backen
- ggf. Innensechskantschlüssel
- Kreuz- oder Schlitzschraubenzieher
- Lötkolben
- Plastikhammer
- Prüflampe
- Rohrzange oder Kombizange
- Schraubstock
- Seegerringzange
- Spannungsprüfer
- verschiedene Gabel- oder Ringschlüssel (je nach Motorradtyp unterschiedlich!)
- Zange mit spitzen Backen

Die meisten Motorräder sind heute mit elektrischem Anlasser ausgerüstet. Dies war nicht immer so. Viele ältere Maschinen haben nur einen so genannten Kickstarter. Auch war die Kombination beider Startsysteme keine Seltenheit. Das lag daran, dass die Hersteller damals der Kapazität der Motorradbatterien nicht trauten. Diese waren meist nach drei oder vier längeren Startversuchen leer georgelt. Das ist auch kein Wunder. Bedenkt man, dass manche Hersteller als Elektrostarter für ihre Motorräder einfach in das Regal der Autozulieferer griffen und einen Auto-Elektrostarter in ihre Motorräder gebaut haben. Diese waren natürlich auf die Kapazität einer Autobatterie abgestimmt. Die kleinen Motorradbatterien waren mit ihnen restlos überfordert. Die Japaner haben es damals bereits vorgemacht, wie es richtig geht. Sie entwickelten spezielle Motorrad-Elektrostarter, die der Kapazität der Batterie und den Anforderungen des Motors angepasst waren. Sie funktionierten klaglos und schonten dabei die Batterie. Aber kein Vorteil ohne einen Nachteil. Die japanischen Starter waren zwar sehr zuverlässig. Wenn es aber daran ging, sie reparieren zu müssen, konnte man nur oft das gesamte Teil austauschen, weil sie komplett als Einheit verschweißt waren.

Anders ist das bei den Autostartern. Sie können überholt werden. Die Elektromotoren lassen sich mit geringem Aufwand und meist ohne spezielles Werkzeug komplett zerlegen. Das ist heute für die Besitzer von Motorrädern mit diesen Startern ein erheblicher Vorteil. Zudem ist auch die Ersatzteilsituation besser. Da es sich um industrielle Massenware handelt, kann ein solcher Autostarter ohne großen Aufwand repariert werden.

Auch das Problem mit den Batterien ist heute nicht mehr akut. Moderne Motorradbatterien haben genügend Kapazität, um mit den alten Autostartern fertig zu werden. Ich möchte mich hier im folgenden darauf beschränken, Tipps für die Überholung der Autostarter zu geben, da die Vielfalt der japanischen Starter den Rahmen dieses Buches sprengen würde. Vieles von dem was beschrieben wird, kann zuweilen auch auf die Starter japanischer Motorräder zutreffen. Vielleicht ist so dem einen oder anderen, der jetzt enttäuscht sein mag, doch geholfen.

Eine besondere Art von Starter soll hier noch genannt sein – der so genannte **Dynastarter**. Prinzipiell handelt es sich hierbei um eine Kombination aus E-Starter und Lichtmaschine. Die Konstrukteure machten sich hier das Prinzip zunutze, dass jeder Elektromotor im Grunde genommen auch ein Dynamo bzw. eine Lichtmaschine sein kann. Es hängt nur davon ab, ob einem solchen Starter Strom oder mechanische Energie in Form von Drehbewegung zugeführt wird. Je nachdem funktioniert dann ein solcher Dynastarter als

Lichtmaschine oder E-Starter. Sein Vorteil ist die enorme Gewichtsersparnis. Immerhin fällt eine der Baukomponenten weg. Die meisten Dynastarter wurden zudem ohne Einrückmechanismus direkt an den Motor gekoppelt. Das macht sie im Aufbau mechanisch sehr einfach. Ihr Nachteil liegt jedoch klar auf der Hand. Versagt der Dynastarter sind meist beide Funktionen, Lichtmaschine und Starter defekt. Hinzu kommt, dass sie aufgrund ihrer Zwitterfunktion sowohl als Lichtmaschine als auch als Starter wenig Leistung erbringen. Ihre Wartung aber ist ähnlich der Lichtmaschinen bzw. E-Starter. Betrachten wir diese näher:

Wenn sich der Anlasser bei Drücken des Startknopfes nicht rührt, obwohl die Batterie voll geladen ist, liegt das am Stromkreis oder am Starter selbst. Zuerst wird der Stromkreis überprüft. Da die meisten Starter relativ gut zugänglich eingebaut sind, ist das eine leichte Übung. Vom Pluspol der Batterie verläuft ein dickes Kabel. Dieses wird zunächst mit dem Spannungsmessgerät auf Stromfluss überprüft. Dabei ist mit Vorsicht vorzugehen, da dieses Kabel, wie auch das Massekabel nicht direkt über eine Sicherung abgesichert ist. Zuweilen versagt der Starter seinen Dienst, weil der Kontakt an der Batterie (Pluspol) so stark oxidiert ist, dass hohe Spannungen nicht mehr geleitet werden. Der Stromkreis bricht dann bei Betätigung des Startknopfes zusammen, obwohl der Rest des Bordnetzes noch genügend Strom erhält. Durch Wiederherstellung der Leitfähigkeit des Kontaktes mit etwas feinem Schmirgelpapier hat es sich dann meistens und der Starter funktioniert wieder klaglos. Ist das nicht der Fall, muss als nächstes der **Magnetschalter** überprüft werden. Der Magnetschalter ist eine Art Fernbedienung des E-Starters. Um seine Funktion verständlich zu machen, muss zunächst der gesamte Stromkreis des E-Starters erklärt werden.

Am Lenker befindet sich meist der Startknopf. Ein Plus-Kabel führt von diesem zu einem kleinen Relais. Dieses Relais schaltet den Stromkreis für den Magnetschalter, der sich meist auf oder im E-Starter befindet. Hierzu führt vom Relais ein dünnes Plus-Kabel zum Magnetschalter des E-Starters. Erhält der Magnetschalter über die Relaisschaltung Strom, schaltet dieser den Stromkreis zwischen Batterie und Starter-Motor. Gleichzeitig wird das Ritzel des E-Starters über einen Schubschraubtrieb, mittels eines E-Magneten eingespurt. Solange der E-Starter dreht, bleibt diese Verbindung bestehen. Lässt man den Startknopf los, wird der Stromkreis in der Starterschaltung unterbrochen und eine starke Feder zieht das Ritzel des Schubschraubtriebes in seine Ausgangsposition zurück. Soweit zur Theorie eines gewöhnlichen E-Starters. Um den Magnetschalter zu überprüfen, betätigt man den Startknopf. Hört man ein deutliches Klacken, wenn der Magnetschalter einrastet, ist dieser in Ordnung. Gleichzeitig muss der Startermotor anlaufen.

Geschieht dies nicht, sind entweder das Pluskabel zwischen E-Starter und Magnetschalter, der E-Motor oder die Schaltkontakte im Magnetschalter defekt. Ersteres wird, wie bereits mehrfach beschrieben, überprüft. Rührt sich der E-Starter immer noch nicht, ist der Motor auf Funktion zu überprüfen. Hierzu müssen mit einem starken Stromkabel der Plus-Pol des E-Motors und der der Batterie verbunden werden. Aber Vorsicht! Hier kann es kräftig blitzen, wenn man mit dem Plus-Kabel versehentlich auf Masse kommt. Für diesen Test eignet sich das Starthilfekabel eines Pkw's sehr gut. Läuft der E-Motor an, so ist der Fehler im Magnetschalter zu suchen. Bedauerlicherweise sind fast alle Magnetschalter verschweißt, so dass sie lediglich auf Funktion überprüft werden können. Versagt ein solches Teil einmal, ist eine Reparatur nur unter großem Aufwand möglich. In Hinblick auf die gute Ersatzteilsituation bei diesen Startern lohnt der Aufwand meist jedoch nicht.

Hört man das eingangs erwähnte Klacken des Magnetschalters nicht, muss der Relaisstromkreis des Starterknopfes auf Spannung überprüft werden. Hierzu zieht man das kleine Kabel, das vom Relais kommt, vom Magnetschalter am E-Starter ab und betätigt den Starterknopf. Ein leises aber deutliches Klicken muss hörbar sein. Gleichzeitig überprüft man, ob das Relais Strom durchlässt, indem man das Pluskabel des Spannungsmessgerätes mit dem abgezogenen Relaiskabel und das Minuskabel des Spannungsmessgerätes mit der Masse verbindet. Bei Betätigen des Starterknopfes muss Strom fließen. Falls nicht, ist zunächst die gesamte Verkabelung bis hin zum Starterknopf auf Stromfluss zu überprüfen. Ist Strom vorhanden, muss das Relais getauscht werden. Auch hier ist eine Reparatur meist sinnlos, da es sich in aller Regel um ein Standardrelais handelt, dass für wenige Euro im Zubehörhandel zu bekommen ist. Sind alle Stromkreise, das Schaltrelais und der Magnetschalter in Ordnung ist als nächstes der E-Motor zu überprüfen. Hierzu muss er ausgebaut und zerlegt werden. Bevor das jedoch geschehen kann, ist aus Sicherheitsgründen das Massekabel (Minuskabel) der Batterie vom Fahrzeug zu trennen.

Anlassermotoren können überholt werden, wenn sich der Anker, die Feldwicklungen und der Kollektor noch im guten Zustand befinden. In der Praxis sieht das aber meist anders aus. Hier wird man aus Zeitgründen und wegen des Geldes meist auf einen Austauschanlasser zurückgreifen. Das hat den Vorteil, dass dieser meist nicht teuer ist und zudem noch Garantie hat.

Um den ausgebauten Anlasser zerlegen zu können, ist ein Schraubstock unumgänglich. Bevor der E-Motor zerlegt werden kann, ist bei einigen Startermodellen erst der Magnetschalter zu demontieren. Hierzu muss zuerst die Mutter, am Kontakt des elek-

Ein typischer Auto-E-Starter von Lucas, wie er oft an Youngtimern verbaut wurde.

Anlasserverzahnung einer Moto Guzzi V75 …

trischen Kabels zwischen Magnetschalter und E-Motor, gelöst werden. Dann dreht man die beiden Schrauben, die den Magnetschalter am Gehäuse des E-Starters festhalten, heraus. Jetzt kann der Magnetschalter aus dem Ausrückmechanismus ausgefädelt werden. Der Ausrückhebel ist nun sichtbar. Mit einer Durchgangsschraube im vorderen Kollektorgehäuse ist der Ausrückhebel gelagert. Bevor sie jedoch herausgedreht wird, vergewissert man sich, ob es sich um eine gewöhnliche oder um eine exzentrisch gelagerte Schraube handelt. Falls sie exzentrisch gelagert ist, markiert man die Stellung des Schlitzes. Die exzentrische Schraube ist für die korrekte Führung des Ausrückhebels verantwortlich. Falls ihre Stellung verstellt wird, kann der Ausrückmechanismus klemmen. Sie ist öfters der Grund dafür, weshalb der E-Starter nicht funktioniert. Deshalb ist der Ausrückmechanismus auf Funktion zu überprüfen. Hierzu ziehen wir mit einer Zange mit langen spitzen Backen am Ausrückhebel. Der Mechanismus muss ohne großen Widerstand funktionieren. Ein Blick auf das Ritzel verrät, wie der Mechanismus arbeitet. Auf einer Schnecke wird auf der Welle das Ritzel durch diesen Hebel nach vorne geschoben, damit es in den Starterzahnkranz des Motors einspuren kann. Beim späteren Zusammenbau des Starters sollte die gereinigte Schnecke mit Fett geschmiert werden.

... und einer BMW R60/5

Jetzt kann man sich dem Zerlegen des E-Motors zuwenden. Meist halten zwei lange Schrauben das Polgehäuse, Kollektorlager und vorderes Lagerschild zusammen. Bevor man sie jedoch herausdreht, ist die Schmierkappe am hinteren Ende des E-Motors wegzuschrauben. Unter ihr befindet sich die Ankerwelle. Sie ist durch eine kleine Klippsicherung gesichert, die man vorsichtig mit einer spitzen Zange entfernt. Auch die darunter liegenden Distanzscheiben sind herauszunehmen.

Manchmal sind mehrere von diesen durch Fett miteinander verklebt. Sie reinigt man am besten in einem Benzinbad bevor sie wieder eingebaut werden (Vorsicht: Benzin ist giftig. Gummihandschuhe tragen!). Dabei trennen sich alle Distanzscheiben voneinander. Auch das alte Fett unter der Schmierkappe sollte entfernt und beim Zusammenbau durch neues ersetzt werden. Danach dreht man die langen Schrauben heraus. Das Polgehäuse mit Kollektorlager kann nun heruntergenommen werden. Die darunter liegenden Schleifkohlen sind meist auf einer speziellen Halteplatte in Führungen montiert. Ein Federmechanismus drückt die Federn auf den Kollektor.

Die Schleifkohlen sind wie die der Lichtmaschine nach einer gewissen Betriebszeit verschlissen und müssen ersetzt werden. Die Verschleißgrenze liegt bei ca. 8mm. Auch bei geringfügig längeren Schleifkohlen sollten sie getauscht werden, da die Vorarbeiten zum Ausbau und Zerlegen des E-Starters viel Zeit benötigen. Die Länge der Kohlen wird übrigens vom Lötkontakt des Anschlusskabels ab gemessen. Um die **Schleifkohlen** auszubauen, muss die Druckfeder abgehoben werden. Jetzt lässt sich die Kohle aus ihrer Führung ziehen. Ein Satz besteht meist aus vier Schleifkohlen (es gibt aber auch E-Starter die mehr als vier Kohlen haben). Die Kohlen sind entweder verschraubt oder mit dem Anschlusskabel verlötet.

Oft sind die Kohlen mit einer Spezialtechnik verlötet. Um sie zu tauschen, schneidet man sie im Bereich des Anschlusskabels ab und verlötet das Kabel mit dem der neuen Kohlen. Bei der Gelegenheit reinigt man alle Einzelteile sorgfältig vom Kohlestaub und prüft, ob die neuen Kohlen sich leicht in ihrer Führung verschieben lassen.

Bevor die Schleifkohlenplatte wieder montiert wird, ist auch der Kollektor zu reinigen. Dazu wird er mit sehr feinem Schmirgelpapier abgezogen. Die Zwischenräume zwischen den einzelnen Kollektorsegmenten reinigt man am besten mit einem spitzen dünnen Uhrmacherschraubenzieher und etwas Pressluft. Da das Kollektorlager bereits ausgebaut vor einem liegt, sollten auch die Lagerbuchse bzw. Kugellager auf Verschleiß geprüft werden. Es darf kein Spiel vorhanden sein. Falls es verschlissen ist, muss es gewechselt werden.

Die meisten Anlasser haben Lagerbüchsen. Kugellager werden aus Kostengründen nicht verwendet. Defekte **Lagerbüchsen** können aus dem Sitz ausgetrieben werden. Meist passen hierfür sehr gut so genannte Nüsse (auch Steckschlüssel) aus dem Ratschensatz. Die Nuss muss den gleichen Durchmesser haben wie die Lagerbüchse. Um die Lagerbüchse leicht heraustreiben zu können, legt man das Lagerschild auf die geöffneten Backen eines Schraubstockes. So kann die Büchse nach unten herausgetrieben werden.

Lässt sich die Büchse auf diese Art nicht heraustreiben, muss sie mit einem Meisel aufgetrennt und herausgehebelt werden. Bei dieser Arbeit muss mit äußerster Vorsicht vorgegangen werden, damit der Sitz im Lagerschild nicht beschädigt wird. Das Eintreiben der neuen Lagerbüchse erfolgt ebenfalls mit der passenden Nuss. Beim Eintreiben darf die Büchse nicht verkanten. Vorher ist die Büchse noch auf korrekten Sitz auf der Ankerwelle zu überprüfen. Es darf kein Spiel vorhanden sein. Auch die Ankerwelle muss ein einwandfreies Laufbild zeigen. Das Eintreiben der Lagerbüchse kann mit einem geeigneten Hammer, aber auch mit dem Schraubstock geschehen. Hierzu wird die Nuss auf die Büchse gesetzt und zusammen mit dem Lagerschild in den Schraubstock gespannt.

Jetzt kann man den Schraubstock zudrehen und dabei die Büchse in den Lagersitz pressen. Manchmal hilft es, vor dem Eintreiben das Lagerschild mit einem Gasbrenner zu erhitzen. Durch die temperaturbedingte Ausdehnung lässt sich die Büchse manchmal sehr leicht in den Lagersitz eindrücken. Bevor man jedoch das Lagerschild erhitzt, sollte man es sich schon genau ansehen. Hat es viele Kunststoffteile, so muss man von diesem „Trick" Abstand nehmen. Außerdem ist es ratsam, Arbeitshandschuhe zu tragen, damit man sich nicht am heißen Metall die Haut verbrennt. Wenn die Büchse einge-

Das Ritzel eines E-Starters

trieben ist, ist sie gut zu schmieren, bevor sie wieder eingebaut wird.

Bei der Überprüfung des E-Starters bleibt noch, ihn auf **Kurzschluss** zu überprüfen. Oft sind die Isolierungen der Feldwicklungen oder der Kollektorsegmente wegen Überhitzung verbrannt und verursachen Kurzschlüsse. Die Feldwicklungen dürfen keinen Kontakt zum E-Motorgehäuse haben. Um dieses zu überprüfen, muss lediglich am Kontaktkabel der Feldwicklungen ein Pluskabel mit einer Lampe angeschlossen werden. Das Minuskabel wird auf das Motorgehäuse gelegt. Leuchtet die Lampe, liegt ein Kurzschluss vor. Ist der Schaden nicht zu groß, kann er von einer Fachwerkstatt behoben werden. Ähnlich werden die Kollektorsegmente getestet. Der Batterieminuspol wird dabei mit der Anlasserachse verbunden, mit dem Pluspol tastet man die Kollektorsegmente ab. Leuchtet die Lampe, liegt ein Kurzschluss vor. Der Kollektor muss überholt oder getauscht werden.

Tiefergehende Arbeiten am Anlasser sind für die meisten Youngtimer-Besitzer wegen fehlender Ausstattung der Werkstatt nicht möglich. Liegt ein anderer Defekt vor, als die hier beschriebenen, lohnt sich ohnehin meist die Reparatur nicht mehr und ein Neu- oder gutes Gebrauchtteil muss her. Wie bereits öfters erwähnt, kann eine Reparatur jedoch unumgänglich sein, wenn es sich um ein seltenes Teil handelt.

Bei einigen Motorrädern gibt es auch die Möglichkeit, **von E-Starter auf Kickstarter** umzurüsten. Gerade die Motorräder der siebziger Jahre hatten oft als Bestelloption einen Kickstarter im Programm. Kickstarter-Teile sind jedoch meist gesuchte Raritäten, die noch schwieriger zu bekommen sind, als E-Starter-Teile.

Außerdem ist es eine Frage des Geschmacks, ob man auf einen bequemen E-Starter zugunsten eines Kickstarter verzichten möchte. Kickstarter haben jedoch neben der höheren Zuverlässigkeit auch den Vorteil des geringeren Gewichts. Nicht nur, dass auf den schweren E-Starter mit seiner gesamten Elektrik verzichtet werden kann, auch kann meist eine erheblich kleinere Batterie eingebaut werden. Vor allem Besitzer von Sportmaschinen können hier mit verhältnismäßig wenig Aufwand viele Kilos an Gewicht einsparen.

Es gibt Motorradfahrer, die gänzlich auf einen Starter verzichten und ihr Motorrad anschieben, um den Motor zu starten. Diese seltene Spezies Motorradfahrer hält diese Art zu Starten für besonders sportlich. Wer jedoch einmal wegen eines defekten E-Starters im Urlaub versucht hat, die schwer mit Gepäck beladene Maschine anzuschieben, wird schnellstmöglich versuchen, den E-Starter wieder zu reparieren. Ein zuverlässig arbeitender E-Starter ist nicht nur sehr bequem, sondern ist auch ein Garant für Sicherheit beim Motorradfahren.

Aus meiner Trickkiste:

Problemlösung beim Anlassen

Es kommt zuweilen vor, dass der E-Starter scheinbar einwandfrei arbeitet aber das Motorrad einfach nicht anspringen möchte. Hier kann ein Defekt vorliegen, der manchen Mechaniker zur Verzweiflung gebracht hat, weil er nicht offensichtlich ist. Der E-Starter verbraucht nämlich für seine Arbeit fast den ganzen Strom, den die Batterie zur Verfügung stellt.
Die Folge: Die Zündanlage kann keinen genügend starken Funken bilden, damit das Motorrad anspringt. Um diesem Fehler auf die Spur zu kommen, messen Sie beim Starten den Strom, der am E-Starter anliegt. Er darf beim Anlaufen des Starters nicht unter 10 Volt abfallen. Läuft der Starter, muss er wieder auf ca. 12 Volt hochsteigen. Ist das nicht der Fall, ist entweder die Batterie oder der Starter aufgrund eines Kurzschlusses defekt.
Ist die Batterie in Ordnung, kann es auch sein, dass der Starter von innen stark verdreckt ist. Reinigen Sie daher den Starter und führen diesen Test nochmals durch. Oft hat sich dieser Defekt nach der Reinigung in Wohlgefallen aufgelöst.

Lichtmaschine

Benötigtes Werkzeug und Hilfsmittel:
- Abzieher
- Drehmomentschlüssel
- Eintreibvorsätze (ggf. Nüsse aus Ratschenkasten)
- Elektriker-Schraubenzieher
- Flachzange mit langen Backen
- ggf. Innensechskantschlüssel
- Kreuz- oder Schlitzschraubenzieher
- Lötkolben
- Plastikhammer
- Prüflampe
- Rohrzange oder Kombizange
- Schraubstock
- Seegerringzange
- Spannungsprüfer
- verschiedene Gabel- oder Ringschlüssel (je nach Motorradtyp unterschiedlich!)

Die Lichtmaschine (Lima) gehört zu den Bauteilen am Motorrad, die ihre Arbeit unauffällig verrichten. Ein Schaden an der Lichtmaschine wird meist erst dann erkannt, wenn die rote Kontrollleuchte am Armaturenbrett nach dem Starten nicht erlischt oder während der Fahrt aufleuchtet. In den meisten Motorrädern wurden Drehstromlichtmaschinen verbaut. Die Überprüfung dieser Lichtmaschine ist ähnlich der des E-Starters. Mit der Ausrüstung, die einem Hobbybastler zur Verfügung steht, beschränkt sich die Kontrolle der Lichtmaschine lediglich auf die Überprüfung der Schleifkohlen und ihre einwandfreie Funktion.

Wie bei den E-Starter-Kohlen liegt die Verschleißgrenze je nach Modell zwischen 5 und 8 mm. Auch hier wird die Länge der Kohle vom Lötkontakt des Anschlusskabels an der Kohle gemessen. Ihr Wechsel, der technisch wie beim E-Starter durchzuführen ist, ist meist einfacher, da die Kabel der Kohlen an die Lichtmaschine gesteckt oder geschraubt sind. Bei einigen Modellen können diese aber auch verlötet sein. Hier haben die Konstrukteure mal wieder nicht mitgedacht. Schleifkohlen sind ja Verschleißteile, die man, wenn nötig, schnell wechseln können muss. Wer hat schon im Urlaub einen Lötkolben dabei? Wer also eine Lichtmaschine in seinem Motorrad hat, die verlötete Kohlenkabel hat, sollte vor jeder längeren Urlaubsfahrt diese stets kontrollieren. Das gilt natürlich auch für jedes andere Motorrad.

Beim Wechsel der Kohlen sind die Führungen und der Kollektor zu reinigen. Sind die Kohlen schon mal ausgebaut, sollte man auch den Zustand des Kollektors überprüfen. Zeigt er eine verglaste oder lackähnliche Oberfläche, rührt diese meist von dem Gemisch aus Schleifkohlenabrieb, Straßenstaub und Wasser her. Mit sehr feinem Schmirgelpapier kann dieser Belag vorsichtig vom Kollektor abgezogen werden. Dieser Überzug ist meist ein Hinweis darauf, dass die Lichtmaschinen-Abdeckung nicht mehr wasserdicht abschließt. Sie sollte bei dieser Gelegenheit auf dichten Sitz und auf Sprünge oder Bruch kontrolliert werden. Bei älteren Lichtmaschinen mit viel Laufleistung ist der Kollektor meist tief eingelaufen. Hier kommt nur ein Austausch des Ankers mit Kollektor oder eine neue Lichtmaschine in Frage. Auch bei gebrochener Isolierschicht oder bei geschmolzenen Anschlüssen kommt man um den Austausch nicht mehr herum.

Nach dem Austausch der Schleifkohlen überprüft man die Lichtmaschine und ihre Verkabelung auf Funktion. Hierzu benötigt man einen Spannungsmesser. Zunächst startet man den Motor und überprüft die an der Batterie anliegende Spannung. Im Standgas wird sich diese ohne angeschaltete Verbraucher zwischen 12 und 12, 5 V bewegen. Gibt man Gas springt die Spannung ab einer Motordrehzahl von 2.000–2.500 U/min auf einen Wert zwischen 13 oder 14 V. Das ist der so genannte Ladestrom, den die Batterie benötigt, um im Fahrtbetrieb geladen zu werden.

Bei zugeschalteten Verbrauchern (Licht, Blinker, Heizgriffe u. a.) kann die Spannung geringfügig bei erhöhter Drehzahl abfallen. Sie darf aber nicht unter 12,5–13 V fallen. Tut sie es doch, ist entweder die Leistung der Lichtmaschine zu gering, weil zu viele Verbraucher angeschaltet wurden (z. B. zusätzliche

Stator-Wicklung einer Lichtmaschine von Bosch

Rotor und Stator sind die beiden wichtigsten Bestandteile der Lima.

Heizgriffe), die Verkabelung schadhaft (Überprüfen!) oder der Spannungsregler defekt.

Beim Spannungsregler, der oft in der Nähe der Lichtmaschine oder in dieser eingebaut ist, handelt es sich meist um ein kleines Kästchen aus Metall oder Plastik, das die Bordspannung regelt. Ist er defekt, wird entweder die Batterie nicht mehr geladen oder die Bordspannung ist zu hoch (15 V und mehr). Das bringt die Batterie wegen Überladung zum kochen. Ihn zu überprüfen, geschieht am besten dadurch, dass man sich einen zweiten Spannungsregler beim Händler oder Motorrad-Freund ausleiht und diesen versuchshalber anstatt des alten ins Fahrzeug einbaut. Meist ist nach dieser Maßnahme der Ladestrom wieder in Ordnung. Ist er jedoch immer noch zu gering, sollte die Fachwerkstatt aufgesucht werden, damit die Lichtmaschine und das gesamte Bordnetz überprüft werden.

Die Verschleißgrenze der Lima-Kohlen liegt je nach Lima-Modell zwischen 5 und 8 mm.

Instrumente

Benötigtes Werkzeug und Hilfsmittel:
- Elektriker-Schraubenzieher
- ggf. Innensechskantschlüssel
- Kreuz- oder Schlitzschraubenzieher
- Prüflampe
- Rohrzange oder Kombizange
- Spannungsprüfer
- verschiedene Gabel- oder Ringschlüssel (je nach Motorradtyp unterschiedlich!)

Tachometer und Drehzahlmesser waren bereits in den siebziger Jahren Standard bei fast allen Motorrädern. Manche Maschinen konnten zusätzlich noch mit Voltmeter, Amperemeter, Uhr oder gelegentlich mit einer Öl- bzw. Wassertemperaturanzeige ausgestattet sein. Von allen Instrumenten ist aber der Tachometer das wichtigste Anzeigeinstrument. Wenn er ausfällt, kann man sehr schnell wegen überhöhter Geschwindigkeit mit dem Gesetz in Konflikt kommen. Es ist zwar möglich, nach dem Drehzahlmesser zu fahren. Man muss jedoch hierzu wissen in welchem Gang die Maschine bei einer bestimmten Drehzahl welche Geschwindigkeit fährt. Das werden aber nur die wenigsten genau wissen.

Wenn der Tachometer und der Kilometerzähler plötzlich gleichzeitig ausfallen, liegt das meist am Bruch der Tachowelle, an losen Antriebskomponenten oder an einem verschlissenen Vierkantende der Antriebswelle, das im Tachotrieb leer durchgeht. Fällt hingegen nur eine der beiden Tachokomponenten aus, ist der Fehler im Instrument zu suchen. Hier hilft nur noch ein Spezialist. Es lohnt sich jedenfalls bei

Gut ausgestattet: Das Cockpit einer BMW R100RS. Eine Öldruckanzeige wäre aber nützlicher als die serienmäßige Uhr!

diesem nachzufragen, was eine Instandsetzung kostet. Neue Instrumente, speziell Tachometer, sind sehr teuer. Auch auf dem Gebrauchtmarkt sind die meisten Instrumente kaum günstiger zu bekommen. Eine vibrierende oder heftig schlagende Tachonadel ist meist ein Zeichen dafür, dass über die Welle Getriebeöl und Schmutz in den Tacho gelangt ist. Hier hilft entweder nur der Austausch oder eine sorgfältige Reinigung des Tachometers durch eine Fachwerkstatt. Wird der Tachometer hingegen von einem Schneckengetriebe am Vorderrad angetrieben, ist dieses meist defekt, verschmutzt oder trocken gelaufen. Gelegentlich kommt es vor, dass die Nadel ruckartig anzeigt. Das liegt meist an geknickten Tachowellen. Bei der Überprüfung des Tachometers ist daher stets auf eine gerade verlegte Antriebswelle und eine gute Schmierung des Schneckengetriebes zu achten. Wellen, deren Vierkantende bereits Anzeichen von Abrundungen zeigen, sind zu wechseln, da sie in absehbarer Zeit ausfallen werden. Die hier beschriebenen Symptome treffen auch auf mechanisch angetriebene Drehzahlmesser zu. Für sie gilt das gleiche wie für die Tachometer.

Mit Einzug der Elektronik in den Motorradbau wurden Tachometer und Drehzahlmesser elektronisch angesteuert. Fällt ein solches Gerät aus, hilft meist nur noch der Austausch. Die Wartung beschränkt sich meist darauf, die Impulsgeber oder Sensoren von Schmutz zu reinigen und die Anschlüsse auf korrekten Sitz zu überprüfen.

Ob die Zusatzinstrumente wie Volt- bzw. Amperemeter, Öl- oder Wassertemperaturanzeige korrekt arbeiten, kann nur mit Vergleichsinstrumenten gestestet werden. Der Zubehörhandel bietet hier preiswerte Messinstrumente an. Wer diese nicht kaufen möchte, kann auch seine Fachwerkstatt um Hilfe bitten.

Egal ob es sich um einen elektronisch oder mechanisch angetriebenen Tachometer bzw. Drehzahlmesser handelt oder um ein Zusatzinstrument, alle Instrumententypen werden von herkömmlichen Lämpchen beleuchtet. Sie sollten stets zuverlässig funktionieren. Speziell die im Tachometer. Tachometer müssen nämlich, gemäß der StVZO, beleuchtet sein. Für ihre Kontrolle gilt das gleiche wie für die übrigen Beleuchtungseinrichtungen am Motorrad (s. o.). Die Lampen sind bei fast allen Instrumenten am Instrumentenboden montiert. Eine Gummifassung hält sie hierzu in einer Bohrung. Ist eine Lampe defekt, kann sie samt ihrer Gummifassung aus dem Instrumentenboden herausgezogen werden. Meist handelt es sich bei den Lampen um so genannte Glassockellampen, die einfach nur in den Sockel gesteckt werden. Die Kontakte der Glassockellampen neigen oft zum Oxidieren und die Lampe fällt aus. Die kleinen Klemmungen der Fassung können nur sehr vorsichtig mit einem so genannten Uhrmacherschraubenzieher gereinigt werden. Gelegentlich hilft auch, die Lampe mehrmals heraus und wieder hineinzustecken, um die Klemmungen zu reinigen. Etwas Kontaktspray verhindert über längere Zeit, dass die Fassung erneut oxidiert.

Lenkerarmaturen

Benötigtes Werkzeug und Hilfsmittel:
- Elektriker-Schraubenzieher
- ggf. Innensechskantschlüssel
- Kreuz- oder Schlitzschraubenzieher
- Prüflampe
- Rohrzange oder Kombizange
- Spannungsprüfer
- verschiedene Gabel- oder Ringschlüssel (je nach Motorradtyp unterschiedlich!)

Die Pflege der Lenkerarmaturen beschränkt sich während eines Motorradlebens oft nur darauf, sie gelegentlich mit einem Putzlappen abzuwischen. Das genügt meist auch. Trotzdem sollten die Lenkerarmaturen öfters mal einer genaueren Überprüfung unterzogen werden. Als erster Punkt steht hier natürlich die Sichtprüfung. Durch Brüche im Gehäuse dringt Wasser ein, das schließlich die Kontakte im Schalter oxidieren lässt. Im Zubehörhandel gibt es eine Vielzahl an Kunststoffklebern und Reparaturpasten, die in der Lage sind, auch kleinere Fehlstücke zu ersetzen. Vor der Reparatur

Weiße Rundinstrumente. Gibt es Schöneres? Solche Instrumente werden, wie an dieser Voxan, noch heute gerne verbaut.

des Gehäuses ist zunächst eine gründliche Reinigung der Innereien nötig. Herkömmlicher Motorradreiniger ist hierbei sehr hilfreich. Mit Wasser wird der Schmutz herausgewaschen. Danach sollte man alles mit Pressluft gründlich trocken blasen. Jetzt kann die Reparatur erfolgen, da alle Fett- und Ölreste entfernt sind. Defekte Schalter können bis auf gebrochene Kabelanschlüsse, die gelötet werden können, kaum repariert werden. Meist muss eine komplette Armatur gekauft werden, wenn ein Schalter nicht mehr funktioniert. Das gilt leider auch für fehlende Knöpfe, die bei vielen Konstruktionen auf die Metallhebel der Schalter gesteckt sind. Sie gehen gerne im Laufe der Zeit verloren. Japanische Armaturen leiden oft an diesem Mangel. Wer viel Geduld und die entsprechenden Finger hat, kann versuchen die kleinen Schalter zu reparieren. Bei einigen Modellen, vor allem bei italienischen und deutschen Motorrädern können eine Vielzahl Armaturenschalter zerlegt werden. Dies sollte jedoch nur geschehen, wenn es wirklich notwendig ist. Die meisten Konstruktionen stehen quasi unter Federspannung. Öffnet man die Gehäuse, zerfällt der Schalter sprunghaft in seine Einzelteile. Es ist daher ratsam, Schalter an Orten zu zerlegen, wo man sicher sein kann, alle Teile wieder zu finden.

Beim Zerlegen ist unbedingt darauf zu achten, wie die Teile des Schalters zusammengehören. In

Aus meiner Trickkiste:

Schalterzerlegen im Karton

Falls man keinen geeigneten Ort hat, einen Armaturenschalter zu zerlegen, kann auch ein größerer Karton hilfreich sein. Seine Größe sollte so gewählt werden, dass man mit den Händen und Armen bequem darin arbeiten kann. Mit einem breiten Isolierband sollten die Falzungen und Überlappungen im Inneren des Kartons abgeklebt werden, damit Kleinteile nicht hineinrutschen.

keinem Werkstatthandbuch finden sich hierzu nämlich Hinweise. Dort sind Schalter und Armaturen nur als Einheit dargestellt, die nicht zerlegt werden können. Bei den meisten Schaltern genügt es, die Schleifkontakte gründlich zu reinigen und den Schalter im Anschluss etwas zu fetten, um seine Funktion wiederherzustellen. Verbrannte oder durchgeschliffene Kontakte können nur unter großem Aufwand repariert werden. Mit viel Geschick und dem nötigen Material kann man versuchen, Schleifkontakte nachzubauen. Dieser Aufwand lohnt aber nur, wenn es keine Ersatzteile mehr für das Motorrad gibt.

Bei der Montage am Lenker ist auf die richtige Position der Verkabelung zu achten. Sie darf nicht gequetscht werden. Gequetschte und abgerissene Kabel sind die häufigste Ursache für defekte Armaturen. Um die Schalterkontakte gegen Kurzschluss zu isolieren, kann der Lenker mit einer dünnen Lage Isolierband umwickelt werden. Die Kontakte selbst können mit etwas Farbe lackiert werden. Das schützt vor Oxidation und verhindert auch Kurzschlüsse.

Hupe

Benötigtes Werkzeug und Hilfsmittel:
- Elektriker-Schraubenzieher
- ggf. Innensechskantschlüssel
- Kreuz- oder Schlitzschraubenzieher
- Prüflampe
- Rohrzange oder Kombizange
- Spannungsprüfer
- verschiedene Gabel- oder Ringschlüssel (je nach Motorradtyp unterschiedlich!)

Die Hupe ist für Motorradfahrer eine der wichtigsten Sicherheitseinrichtungen. Gerade wegen der schmalen Silhouette des Motorrades wird es gerne im Rückspiegel der Autofahrer übersehen. Eine laute Hupe kann daher überlebenswichtig sein, um auf sich aufmerksam zu machen. Vor allem in südlichen Ländern ist der Gebrauch der Hupe alltäglich. Sie wird dort neben ihrer Warnfunktion auch oft als Ankündigungszeichen gebraucht, frei nach dem Motto, „Achtung! Hier komme ich“. Das ist vor allem

Jede Hupe trägt das E-Prüfzeichen. Hupenhörner sind lauter als Tellerhupen und deswegen vorzuziehen.

vor unübersichtlichen engen Kurven üblich. Sicherlich kann man oft über den Sinn und Unsinn von manchem Hupen diskutieren – unumstritten ist aber, dass man als Motorradfahrer auffallen muss, um nicht unter die Räder zu kommen. Kein Instrument ist hierfür hilfreicher als unsere Hupe.

An Motorrädern finden sich meist zwei Typen von Hupen, die grundsätzlich gleich funktionieren. Bei dem einen Typ handelt sich um gewöhnliche Hupen, die tellerförmig geformt sind, wobei die tongebende Membran frei schwingt. Der zweite Typ ist zusätzlich mit einem Horn ausgestattet. Bei beiden Typen wird der Ton durch einen Elektromagneten mit Unterbrecher erzeugt, der eine Membrane in Schwingung versetzt. Die Tonlage einer Hupe liegt aufgrund gesetzlicher Bestimmungen zwischen 1,8 und 3,55 kHz. Hupen mit Klanghörnern werden meist als Paar am Fahrzeug verbaut. Die beiden Hörner erzeugen zwei verschieden hohe Töne. Nach den gesetzlichen Richtlinien müssen beide Hörner gleichzeitig ertönen. Melodien oder auf- und abschwellende Töne sind verboten. Beim Gebrauchtkauf eines Motorrades oder wenn man eine neue Hupe benötigen sollte, taucht oft die Frage auf, ob die Hupe zulässig ist. Ein aufgeprägtes „E" –Prüfzeichen bestätigt die Bauartgenehmigung und damit ihre Zulässigkeit.

Reparieren von Hupen

Manchmal verlieren Hupen ihren Klang. Viele kaufen darauf hin eine neue Hupe, weil sie annehmen, dass die alte kaputt ist. Was nur wenige wissen, ist aber, dass Hupen leicht zu reparieren sind. Manchmal genügt es sogar, nur die Justierschraube auf der Rückseite der Hupe neu einzustellen. Hierzu muss nur die Kontermutter gelöst und mit einem Schraubenzieher in kleinen Schritten (!) an der Schraube gedreht werden, während man die Hupe betätigt. Diese Einstellarbeit sollte jedoch wegen der Lärmbelästigung nicht

Eine typische Zweiklang-Hornhupe in schmucker Chromausführung.

Sie ist zuverlässig, aber nicht besonders laut: die Tellerhupe.

gerade in Wohngebieten vorgenommen werden. Bringt diese Maßnahme nicht den gewünschten Erfolg, muss man die Hupe zerlegen. Bei vielen Hupen ist das möglich. Oft ist der Grund der Störung eingedrungenes Wasser. Nach Trockenlegung und Reinigung der Hupe funktioniert sie dann meist wieder. Wenn diese Maßnahme jedoch nichts bringt, ist entweder die Verkabelung schadhaft oder das Schaltrelais ist defekt. Nicht jede Hupe wird über ein Relais geschaltet. Die tellerförmigen Hupen besitzen meist, wegen ihrer geringeren Stromaufnahme, einen einfachen Stromkreis. Ist jedoch die Spule des E-Magneten durchgebrannt, ist die Hupe schrottreif. Hier hilft nur noch der Kauf einer neuen. Reparaturen an Hupen sind prinzipiell selbst vorzunehmen. Eine Reparatur in Auftrag zu geben, rentiert sich auf keinen Fall, da die Arbeitslöhne meist nach wenigen Minuten Arbeit den Neupreis einer Hupe übersteigen. Natürlich sind alte und sehr seltene Originalhupen an manchem Youngtimer oder Oldtimer hier eine Ausnahme.

Batterie

Benötigtes Werkzeug und Hilfsmittel:
- Elektriker-Schraubenzieher
- Kreuz- oder Schlitzschraubenzieher
- Ladegerät
- Prüflampe
- Spannungsprüfer
- verschiedene Gabel- oder Ringschlüssel (je nach Motorradtyp unterschiedlich!)

Über Wartung und Pflege von Batterien (auch Akkumulatoren genannt) sind ganze Bücher geschrieben worden. Seit vielen Jahrzehnten sind Bleibatterien auf dem Markt und kostengünstiger Standard in Autos und Motorrädern. Um eine Batterie möglichst lang am Leben zu erhalten, sind im Umgang mit ihr jedoch ein paar Informationen wichtig. Nicht für jeden Motorradfahrer aber ist die volle Leistungsfähigkeit der Batterie von Bedeutung. Vor

Batterien, die länger stehen, müssen gelegentlich geladen werden.

allem Motorräder, die keinen E-Starter haben und mit einem Schwunglicht-Magnetzünder ausgerüstet sind, benötigen die Batterie lediglich dazu, das Licht bzw. Blinker bei stehendem Motor noch brennen lassen zu können.

Wartung der Batterie

Die Batteriepflege beginnt mit dem Ausbau aus dem Motorrad. Oft ist die Batterie irgendwo in den Tiefen des Rahmendreiecks untergebracht. Es gibt Motorräder an denen erst eine ganze Reihe von Verkleidungsteilen, Blechen und technischen Aggregaten weggebaut werden müssen, um überhaupt an die Batterie heranzukommen. Man muss sich hier fragen, was der Konstrukteur sich dabei gedacht hat, die Batterien so unterzubringen. Mit Ausnahme spezieller Oldtimer-Batterien verfügen heute die meisten Batterien über ein durchsichtiges Gehäuse. Die Kontrolle des Standes der Elektrolytflüssigkeit ist daher kein Problem mehr. Als Flüssigkeit dient Schwefelsäure. Ihr Stand sollte zwischen den beiden Markierungen am Gehäuse liegen. Ist zu wenig Flüssigkeit in der Batterie, muss destilliertes Wasser – niemals aber Säure – nachgefüllt werden. Es ist schließlich das destillierte Wasser, das während des Fahrbetriebes allmählich verdunstet.

Leitungswasser zum Nachfüllen ist ungeeignet, da es zu viele verschiedene gelöste Stoffe enthält, die eine Batterie in ihrer Funktion stark beeinträchtigen können. Destilliertes Wasser darf auch nur im geladenen Zustand nachgefüllt werden, da sich die Flüssigkeit in der Batterie während des Ladens ausdehnt. Zum Nachfüllen müssen die Stopfen aus der Batterie entfernt werden. Dabei ist sorgfältig darauf zu achten, dass kein Schmutz in die Öffnungen der Batterie fällt. Vor allem Batterien die schwer zugänglich im Fahrzeug verbaut sind, sind häufig extrem verschmutzt. Der Schmutz lässt sich meist leicht mit einem feuchten Tuch und etwas Pressluft entfernen. Das destillierte Wasser lässt sich am besten mit einem kleinen Trichter oder einer Einwegspritze einfüllen. Achten Sie darauf, dass sie keine

Schwefelsäure auf die Haut oder ins Auge bekommen. Falls das doch einmal geschieht, spülen Sie sofort mit viel klarem Wasser die betreffenden Stellen ab und suchen Sie im Zweifelsfall einen Arzt auf. Auch Schwefelsäurespritzer auf der Kleidung sollten sofort mit Wasser gespült werden. Ansonsten löst sich die Kleidung in kurzer Zeit an den entsprechenden Stellen komplett auf. Feste Intervalle für die Kontrolle der Elektrolytflüssigkeit gibt es nicht. Es kommt manchmal vor, das Batterien scheinbar ohne irgendeinen Flüssigkeitsverlust ein Jahr und länger überdauern können. Andere Batterien hingegen sind alle 6 bis 8 Wochen zu kontrollieren. Es hängt viel von den Betriebsbedingungen der Batterie ab. Fahrzeugbatterien, die hauptsächlich in warmen Regionen verwendet werden, haben auch oft einen höheren Flüssigkeitsverbrauch, als solche in kalten Regionen.

Batterie aufladen

Gelegentlich kann es vorkommen, dass auch gesunde Batterien zuwenig Leistung haben. Das kann daran liegen, dass das Motorrad nur wenig bewegt wird oder viel mit eingeschalteten Verbrauchern gefahren wurde, so dass die Batterie nur wenig Ladestrom bekommen hat. Auch hängt die Entladung einer Batterie stark von der Umgebungstemperatur ab. Bei hohen Temperaturen verlieren Batterien sehr viel schneller an Kapazität. Der Verlust kann zwischen 1 und 3 Prozent pro Tag liegen. Theoretisch hat sich eine Batterie nach nicht einmal drei Monaten vollständig entladen. Um das zu verhindern, sollten Batterien, die länger nicht gebraucht werden, hin und wieder nachgeladen werden.

Leider gestaltet sich das Nachladen nicht immer so einfach, wie es sein sollte. Batterien, die seit längerer Zeit tiefentladen gestanden sind, sind oft nur noch ein Fall für den Wertstoffhof. Auch das beste Ladegerät kann sie nicht mehr laden. Woran liegt das? Auf den positiven Bleiplatten der entladenen Batterie bildet sich eine aus grobkristallinem Bleisulfat bestehende Schicht. Das grauweiße Bleisulfat lässt sich bei durchsichtigen Batterien meist gut erkennen. Es beeinträchtigt die Kapazität der Batterie erheblich und kann im Extremfall zum Exitus führen. Batterien bestehen meist aus mehreren einzelnen Zellen, von denen jede einzelne um die 2 Volt produziert. Eine 12 Volt-Batterie hat demnach 6 Zellen. In jeder einzelnen Zelle befinden sich Bleiplatten, die als Plus- und Minuselektroden dienen. Zwischen den einzelnen Elektroden sind so genannte Plattenscheider aus isolierendem Kunststoff. Je mehr Bleiplatten eine Zelle besitzt und je größer diese sind, desto mehr Kapazität hat die Batterie. Als Elektrolytflüssigkeit dient die bereits mehrfach erwähnte Schwefelsäure.

Beim Laden einer leeren Batterie mit Gleichspannung fließen Elektronen von der Plusplatte ab und wandern zur Minusplatte. Dabei wird das weiße Bleisulfat der Plus- und Minusplatten in Blei und einen Säurerest zerlegt. Der Säurerest spaltet im Elektrolyt ein Wassermolekül in die Bestandteile Sauerstoff und Wasserstoff. Der Sauerstoff verbindet sich auf der Plusplatte mit dem dort vorhandenen Blei zu Bleidioxid. Wird die Batterie belastet, fließt Strom vom Minuspol über den Verbraucher zum Pluspol. Dabei entlädt sich die Batterie. Das gebildete Bleidioxid wird wieder in Blei und Sauerstoff zerlegt. Der Sauerstoff seinerseits verbindet sich im Elektrolyt mit dem Wasserstoff der Schwefelsäure zu Wasser.

An den Plus- und Minusplatten bildet sich aus dem Säurerest und Blei wieder Bleisulfat. Das ist der Grund warum Batterien im entladenen Zustand wieder Platten aus weißem Bleisulfat haben. Wie gerade beschrieben, steigt mit zunehmender Entladung der Wasseranteil im Elektrolyt. Es ist daher möglich mit einem Säureheber von der Säuredichte her auf den Ladungszustand der Batterie zu schließen. Bei einer Batteriesäuredichte von 1,28 kg/l ist die Batterie voll und bei 1,20 kg/l halb geladen. Hat die Säure eine Dichte von 1,12 kg/l erreicht, ist die Batterie entladen.

Damit eine Batterie möglichst effizient geladen wird, sind diese Werte von Bedeutung, da sie die Ladedauer bestimmen. Entladene Batterien (Dichte 1,12kg/l) sind mit einem Ladestrom zu laden, der maximal einem Zehntel ihrer Kapazität entspricht. Große Motorradbatterien haben ca. 28 Ah (Amperestunden). Ideal wäre somit ein Ladestrom von

2,8 Ampere. Nach 10 Stunden wäre die Batterie also voll. Leistet das Ladegerät nicht die erforderlichen Ampere, muss lediglich die Ladedauer neu berechnet werden. Bei einem Ladegerät, dass maximal 0,7 A abgibt, beträgt die Ladedauer demnach 40 Stunden. Beim Laden müssen aus Sicherheitsgründen immer die Zellenstöpsel herausgedreht werden, damit sichergestellt wird, dass die sich bildenden Gase aus der Batterie entweichen können. An den Verschlüssen haftet oft noch Säure. Daher ist beim Umgang mit diesen Vorsicht geboten. Auch darf auf keinen Fall eine offene Flamme oder eine brennende Zigarette in die Nähe einer Batterie gelangen, die gerade geladen wird. Das beim Laden entstehende Gas ist hochexplosiver Wasserstoff. Wählen Sie daher den Ort an dem Sie ihre Batterie laden sorgfältig aus! Er sollte auf jedem Fall gut belüftet sein. Niemals sollten Batterien unbeaufsichtigt geladen werden. Werfen Sie ab und zu einen Blick auf die Batterie, ob alles in Ordnung ist. Ist der Ladevorgang beendet, kann zur Kontrolle des Ladezustandes noch einmal mit dem Säureheber gemessen werden. So geladen und gewartet, kann die Lebensdauer einer Batterie erheblich verlängert werden. Natürlich schadet es nicht, auch vor einer längeren Reise, die Batterie zu kontrollieren, um im Urlaub gegen unangenehme Überraschungen gewappnet zu sein.

Mechanische Geräusche

Benötigtes Werkzeug und Hilfsmittel:

- langer Schraubenzieher

Wer kennt das nicht? Auf dem Weg in den Urlaub fängt die Maschine an, ungewöhnliche, noch nie gehörte Geräusche zu entwickeln. Geräusche aus Motor und Getriebe können vielerlei Ursachen haben. Auch sind die Geräusch-Unterschiede zwischen den einzelnen Motorradtypen gewaltig. Zum Glück aber haben die meisten Geräusche keine tiefere Bedeutung. Bei einigen Motoren sind sie sogar charakteristisch, wie z. B. das Klappern des Kolbens bei einigen MZ-Modellen. Oft sind sie auch lediglich Zeichen dafür, dass sich der Motor und das Getriebe frei laufen. Vor allem auf langen Etappen erreichen Motor und Getriebe Durchwärmungsgrade, die im Alltag kaum erreicht werden. Die Folge sind Geräusche, wie sie der Fahrer bisher noch nie wahrgenommen hat.

Ein komplett durchgewärmter Antriebsstrang ist quasi der Idealzustand. Das Spiel von Lagern, Lagerschalen und alle bewegten mechanischen Teile des Antriebes bewegen sich nämlich in optimalen Toleranzen. Motorkonstrukteure gehen bei ihren Konstruktionen von diesem Zustand aus. Das ist der Grund warum Motoren auf langen Strecken so gut laufen. Anders sieht die Sache aber aus, wenn sich mahlende, knirschende oder klopfende Geräusche einstellen. Diese Geräusche sind meist das erste Anzeichen dafür, dass sich bald ein Lager verabschieden wird. Wer ein solches Geräusch während der Fahrt wahrnimmt, sollte zunächst testen unter welchen Bedingungen es auftritt. Hierzu werden alle Lastzustände getestet (Volllast = Gasgeben; Schiebebetrieb = konstantes Fahren; Schleppbetrieb = Ausrollen mit eingelegten Gang). Sind die Geräusche unter allen Bedingungen konstant, kann es sich unter Umständen noch um ein normales, unbedenkliches Geräusch handeln. Je nach Verschleißzustand des Motors und wie lange der letzte Kundendienst her ist, kommt es zu solchen Geräuschphänomenen im Motor und Antriebsstrang.

Als Gegenmaßnahme sollte zunächst ein Motor-Kundendienst vorgenommen werden, bei dem Ventile, Zündung, Vergaser und Ölstand kontrolliert werden. Bleibt das Geräusch erhalten, bleibt einem zunächst nichts anderes übrig, als es über eine gewisse Zeit zu beobachten. Ist man sich unsicher, rate ich, die Fachwerkstatt aufzusuchen. Die Mechaniker kennen die alten Modelle meist noch sehr gut und wissen oft um die Ursachen. Verändert sich je nach Lastzustand hingegen das Geräusch, kündigt sich meist der Ausfall eines Lagers an. Um den Schaden zu lokalisieren, wendet man die „Onkel-Doktor-

Methode" an. Dazu benötigt man einen langen Schraubenzieher. Die Klinge des Schraubenziehers wird auf das Motorgehäuse in der Nähe der Lagerstellen des laufenden Motors gehalten, während man sein Ohr an das Griffende des Schraubenziehers drückt. Auf diese Art werden die Lagergeräusche wie bei einem Stethoskop im Ohr deutlich hörbar. Intakte Lager geben ein surrendes bis schwirrendes Geräusch von sich. Defekte Lager hingegen klopfen, mahlen oder knirschen deutlich. Man sollte mit dieser Methode öfters seinen gesunden Motor abhören, um ein Gefühl für den Zustand der Lager zu bekommen. Mit viel Erfahrung lässt sich so auch das korrekte Ventilspiel feststellen. Es gibt Mechaniker, die auf diese Art komplette Motoren abhören und dann einen perfekten Zustandsbericht abgeben können. Für die erste Ursachenanalyse hier eine kurze Liste, woher Geräusche aus dem Motor kommen können:

– Poltern beim Gasgeben rührt meist von ausgeschlagenen Pleuel und Kurbelwellenlagern her.
– Konstante, von der Drehzahl abhängige, Rasselgeräusche können von einer verschlissenen Nockenwellensteuerkette stammen.
– Pfeifgeräusche rühren meist von zu engem Lagerspiel.
– Klapperndes oder helles Tickern bedeutet, dass die Ventile zu viel Spiel haben.
– Schlagende Geräusche im Stand bei Leerlauf deuten auf zu viel Lager- oder Kupplungskorbspiel hin. Die Geräusche verschwinden meist, wenn ein Gang eingelegt wird.

Aus meiner Trickkiste:

Lagerschaden

Es hat keinen Sinn bei einem beginnenden Lagerschaden, wie manchmal von „Kamikaze-Mechanikern" empfohlen, das Öl zu wechseln. Die Geräusche können zwar unter Umständen fast gänzlich verschwinden, der Schaden ist aber dennoch vorhanden und wird früher oder später zum Exitus des betroffenen Bauteils führen. Also das Geld für das Öl sparen und in die Reparatur stecken und anschließend mit einem zuverlässigen Motorrad auf Tour gehen!

Das Design der MZ ES 250/2, Bj. 1970, ist sehr gewöhnungsbedürftig. Damals wurde sie deswegen auch „Flying Banana" genannt. Heute ist die Maschine eine gesuchte Rarität!

Urlaub im Baskenland, Moto Guzzi 750 S, Bj. 1974

Pflege, Reise, Kauf

Überwintern

Benötigtes Werkzeug und Hilfsmittel:

- Abdeckplane
- diverse Wasch-, Pflege- und Konservierungsmittel für Lack, Chrom, Leder oder Plastik
- Entfeuchter-Pads
- Fette und Schmieröle, Fettpresse und Ölkännchen
- Gefrierbeutel oder Plastiktüten
- ggf. Kühlerfrostschutz
- ggf. neue Reifen
- ggf. neuer Luftfilter
- Holzpflock zum Freistellen der Räder
- Kompressor oder „Pressluft aus der Dose"
- Kontaktspray
- Ladegerät
- Motor- und Getriebeöl , Ölfilter
- neue Zündkerzen
- Putzlumpen
- Säureheber für die Batterie
- verschiedene Montierwerkzeuge (je nach Motorradtyp unterschiedlich!)

Damit ein Motorrad im Sommer zuverlässig seinen Dienst verrichten kann, muss es im Winter bereits darauf vorbereitet werden. Selbstverständlich gibt es Motorradfahrer, die ihr Motorrad auch im Winter benutzen, diese können das hier folgende Kapitel überspringen. Diejenigen aber, die ihr Motorrad im Herbst stilllegen, müssen einige Dinge beachten, um so genannte Standschäden am Motorrad zu vermeiden. Vorab aber schon mal soviel: Mit einem einfachen Kundendienst ist das Einwintern nicht getan. Hinzu kommt, dass meist keine Service- und Wartungspläne mehr vorhanden sind und kaum ein Fahrzeughersteller Hinweise darauf gibt, wie seine einstigen Produkte für einen längeren Zeitraum stillzulegen sind. Von Ihnen als Motorrad-Besitzer ist daher Eigeninitiative und Erfahrung gefragt.

Vor der Stilllegung muss die Maschine noch einmal **gründlich gewaschen** werden. Besonders Motorräder bieten für Schmutz und Feuchtigkeit mit ihren zahlreich offen liegenden Bauteilen, wie Vergaser, Kühlrippen, Bremsen oder Elektrikkomponenten ideale Bedingungen. Nach dem Waschen ist das Fahrzeug gründlich zu trocknen. Dazu sollte man es mit einem weichen sauberen Baumwolltuch

Damit sich im Tank kein Rost bilden kann, überwintert man ihn vollgetankt.

abwischen, polieren und anschließend noch einmal ausgiebig warm fahren. Bei dieser Gelegenheit darf man nicht vergessen voll zu tanken, damit der Tank von innen komplett mit Benzin benetzt ist. So kann das Blech des Tanks im Winter nicht von innen rosten. Testen Sie auf der Probefahrt auch, ob alles einwandfrei funktioniert. Stellen sich Mängel heraus, ist über den Winter genügend Zeit, das Motorrad zu reparieren bzw. Verschleißteile zu wechseln. Begutachten Sie Ihr Motorrad auch auf Rost oder Fehlstellen im Lack. Wenn möglich sollten diese umgehend behandelt werden.

Sind **Motor und Getriebe** (ggf. auch Achsgetriebe) noch warm, lässt man anschließend sämtliche Öle ab und ersetzt sie durch neue. Die im alten Motoröl gebildeten Säuren könnten sonst Motor und ggf. Getriebe zerstören. Auch wird so das im Öl gelöste Wasser aus dem Motor und dem Getriebe zuverlässig entfernt. Bei dieser Gelegenheit muss auch der Ölfilter getauscht werden. Es schadet auch nicht, die Zündkerzen herauszuschrauben und in die Zylinder

Gründliches Abschmieren schützt vor Feuchtigkeit.

Bei Wasserkühlung, Frostschutz nicht vergessen!

Öl im Zylinder verhindert im Winter Korrosion.

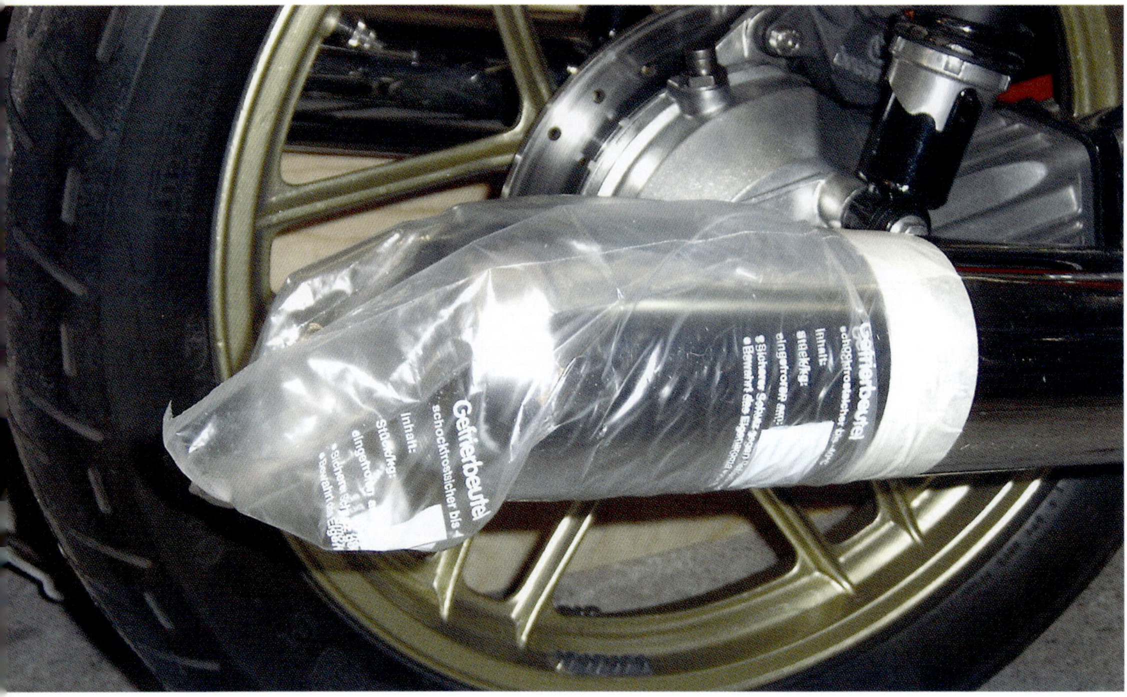

Gefrierbeutel verhindern, dass Feuchtigkeit in die Auspuffanlage kommt.

Ein Holzpflock unter dem Getriebe lässt beide Räder in der Luft schweben.

ein paar Spritzer Motoröl zu geben. Schrauben Sie neue Zündkerzen in die Zylinder. Im Frühjahr wird der Motor leichter anspringen. Bevor jetzt der Motor mit dem E- bzw. Kickstarter durchgedreht wird (Zündung aus!), damit sich das Öl gleichmäßig verteilt, wird noch aus den Vergasern das Benzin abgelassen. So vermeidet man in den Schwimmerkammern und Vergaserdüsen während langer Standzeiten Verharzungen. Bei einigen Vergasermodellen muss hierzu die Schwimmerkammer abgebaut werden. Vergessen Sie auch nicht, den Luftfilter mit Pressluft auszublasen oder gegen einen neuen zu tauschen.

Wenn Sie ein Motorrad mit **Wasserkühlung** besitzen, überprüfen sie den Kühlkreislauf auf Dichtheit. Kontrollieren Sie dann, ob sich genügend Frostschutz in der Kühlflüssigkeit befindet, um Frost- oder Kavitationsschäden am Motor zu vermeiden. Ausreichender Frostschutz wird nämlich gerne übersehen, da die Fahrzeuge schließlich nur im Sommer bewegt werden. Muss Frostschutz nachgefüllt werden, achten Sie auf die gleichmäßige Verteilung des Frostschutzmittels in der Kühlflüssigkeit. Am besten den Motor nochmals mit dem Starter bei ausgeschalteter Zündung gut durchdrehen.

Um das Innere des Motors sicher vor Feuchtigkeit zu schützen, verschließen Sie das **Auspuffendrohr** und den Luftfilterschnorchel möglichst luftdicht. Hierfür eignen sich gut handelsübliche Gefrierbeutel, die mit Klebeband befestigt werden. Anschließend sind sämtliche Schmierpunkte am Motorrad noch einmal gründlich zu fetten bzw. zu ölen. So kann keine Feuchtigkeit in Lager, Gelenke oder Züge eindringen.

Auch die **Elektrik** sollte auf die längere Standphase vorbereitet werden. Besonders empfindlich reagieren Batterien auf lange Standzeiten. Sie können ungenutzt täglich 1–3% ihrer Kapazität verlieren. Bauen Sie daher die Batterie aus und überprüfen ihren Zustand (Kapazität, Säurestand). Ist sie noch in Ordnung, lagern Sie sie an einem trockenen, kühlen und gut belüfteten Ort. Alle 2 Monate sollte die Batterie, um ein Sulfatieren zu vermeiden, entladen und anschließend geladen werden. Wem das aber zu viel Aufwand ist, kann in guten Motorradzubehörläden für diesen Zweck ein so genanntes Erhaltungsladegerät kaufen. Die Batterie bleibt an diesem Gerät über dem Winter stets angeschlossen. Bis zum Frühjahr braucht man sich dann nicht mehr um die Batterie zu kümmern.

Ein besonderes Augenmerk sollte man auf alle Kontaktstellen und Stecker haben. Sprühen Sie diese mit einem Wasser verdrängenden Kontaktspray ein. So wird Oxidation an den Kontakten vermieden und die Elektrik wird im Frühjahr wieder einwandfrei funktionieren.

Jetzt ist das **Fahrwerk** dran: Der Reifenluftdruck ist um ca. 25% zu erhöhen. Achten Sie hier auf den Zustand der Reifen. Viele Old- und Youngtimerbesitzer haben ihre Fahrzeuge mit speziellen Oldtimerreifen ausgerüstet. Dabei handelt es sich um Nachbauten alter Reifenmodelle. Da Oldtimer und zuweilen unsere Youngtimer nur wenig gefahren werden, sehen diese Reifen auch nach vielen Jahren aus wie neu. Doch der äußere Eindruck kann täuschen. Ein Blick auf das Herstellungsdatum des Reifens gibt Auskunft darüber, wie alt der Reifen ist. Sind die Reifen älter als fünf Jahre, sollten sie jetzt, unabhängig vom optischen Zustand gewechselt werden. Um einen Standplatten während der Winterpause zu vermeiden, bocken Sie das Motorrad so auf, dass beide Räder in der Luft sind.

Planen sind ein guter Schutz, für Motorräder, die draußen stehen müssen.

Zum Schluss sollten noch alle **Lackoberflächen** mit einem Konservierungswachs behandelt werden. Es verhindert zuverlässig Rostbildung und weist Kondenswasser ab. Leder- oder Kunststoffsitzbänke sind gründlich zu reinigen und mit einem Pflegemittel zu behandeln. Hierzu bietet der Fachhandel eine breite Produktpalette an Reinigungs- und Pflegemitteln.

Wer seinem Motorrad noch was Gutes tun will, kann es unter eine Plane stellen. In Tiefgaragen kann das manchmal sehr nützlich sein, da die Maschine zuverlässig vor Staub und Spritzwasser geschützt wird. Auch bieten solche Planen einen Schutz gegen Vogelkot, der äußerst aggressiv ist und den Lack angreift, wenn er nicht binnen kurzer Zeit entfernt wird.

Achten Sie beim Einwintern auch darauf, dass die Maschine kindersicher steht. Kinder spielen gerne an Motorrädern herum, besonders dann, wenn sie wissen, dass der Besitzer längere Zeit nicht kommt. Als Motorradhalter sind Sie verantwortlich für eventuelle Unfälle! Die gerade erwähnte Abdeckplane schützt hier auch vor spielenden Kindern. Achten Sie daher beim Kauf einer solchen Plane, dass sie sich gut am Motorrad befestigen lässt. Am besten sind solche, die zusätzlich noch die Möglichkeit bieten, ein Schloss anzubringen, damit sie nicht mutwillig entfernt werden kann.

Einige Planen sind von innen mit einer samtartigen Schicht ausgestattet. Sie ist nicht dafür da, dass sich das Motorrad kuschelig wohl fühlt, sondern um zu vermeiden, dass die Plane am Motorrad scheuert und so den Lack beschädigt. Zum Scheuern einer Plane kommt es immer dann, wenn das Motorrad an einem windigen Platz abgestellt wird. Gute Planen sind zudem waschbar und hitzebeständig. Befestigen Sie unter der Plane noch ein so genanntes Entfeuchter-Pad. Es entzieht der Luft als auch den Materialien überschüssige Feuchtigkeit und verhindert so zuverlässig Schimmelbildung unter der Plane.

So vorbereitet, wird das Motorrad im nächsten Frühjahr wieder ebenso gut funktionieren, wie an dem Tag, als es abgestellt wurde.

Kinder lieben Motorräder! So was geht nur, wenn Erwachsene aufpassen.

Reisevorbereitungen und Planung

Wer eine Reise tut, sollte sich gut vorbereiten und auf alle Eventualitäten gefasst sein. Zwar führen uns unsere Reisen meist nur irgendwo hin in Europa und die Gegebenheiten, die wir an unseren Urlaubszielen vorfinden, sind denen daheim sehr ähnlich, dennoch kann eine gute Planung nicht schaden, damit die Urlaubsfreuden ungetrübt bleiben. Im Folgenden ist eine Liste zusammengestellt, aus der hervorgeht, was unbedingt ins Reisegepäck gehört und welche Dinge vor der Fahrt vorbereitet werden sollten. Natürlich kann diese Liste nicht allgemeingültig sein. Es soll ja Leute geben, die nur mit ihrer Scheckkarte verreisen. Aber für jeden sollte hier die Möglichkeit bestehen, für sich die Dinge herauszusuchen, die man persönlich für besonders wichtig hält.

Campingreisen mit dem Motorrad wollen gut vorbereitet sein!

Urlaubsausrüstung Motorrad

Dokumente/Papiere/wichtige Utensilien	
ADAC-Karte (oder andere Clubkarten)	
Adressenliste für Urlaubsgrüße (evtl. E-Mail-Adressen)	
Auslandskrankenschein (wird es wohl innerhalb Europas bald nicht mehr geben)	
Auslandsschutzbrief	
Ausweis/Pass/Visum (+ Kopien, Gültigkeit überprüfen!)	
Bargeld/Schecks/Scheckkarte (getrennt aufbewahren)	
Bestätigungen (Hotel, Campingplatz, Fähre u. a.)	
Fahrzeugpapiere	
Führerschein (evtl. Internationaler Führerschein, in manchen Ländern vorgeschrieben!)	

Grüne Versicherungskarte (in manchen Ländern vorgeschrieben!)	
Impfausweis/Blutspenderausweis/ Notfallausweis, Organspenderausweis	
Kreditkarte/EC-Karte/Visa	
Notfalltelefonnummern (ADAC, Versicherungen, Banksperre, Reiseveranstalter)	
Reiseführer	
Sprachlexikon	
Straßenkarten	
Zweiter Fahrzeugschlüssel (getrennt verstauen oder einem Mitreisenden geben)	

Campingausrüstung	
Batterien/Akkus	
Besteck (Messer, Gabel, Löffel groß und klein)	
Campinggeschirr	
Gewürze (besonders Salz/Pfeffer)	
Kocher (evtl. mit Kartusche)	
Milch (gibt es in Pulverform)	
Nescafé (wer es mag!)	
Plastikbecher (Marke „unkaputtbar“)	
Schlafsack	
Schlafsack-Inlet	
Schlafunterlage (Matte oder Alumatte)	
Spülmittel	
Taschenlampe	
Tee (wer es mag!)	
Teelichter	
Trinkflasche (mind. 2 Liter)	
Trockentuch	
Wasserkanister (faltbar)	
Zelt	
Zucker (ideal sind kleine Papier-Zuckerbeutel aus der Kneipe oder dem Café)	
Ein Tipp: Kleine Filmdosen eignen sich hervorragend als Vorratsgefäße für Gewürze aller Art!	

Wäsche/Kleidung	
Badeschlappen	
Bauchtasche/Brusttasche	
Handtücher	
Helm	
Kleidung (Unterhosen, Socken, T-Shirts, Jeans, Schuhe, Pullover, Sweatshirt, Jacke)	
Leichte Schuhe (Turnschuhe o. ä.)	
Motorrad-Handschuhe	
Motorrad-Kombi	
Motorradstiefel	
Regenkombi (falls Motorradbekleidung nicht wasserdicht)	
Sonnenbrille	
Sonnenhut	

Toilettenartikel und Nützliches	
Duschgel	
Ersatzbrille (für Brillenträger)	
Eurostecker (Steckdosenadapter)	
Feuerzeug, Streichhölzer	
Flüssig-Waschmittel in der Tube	
Fön	
Fotoapparat und Filme	
Handy und Ladegerät	
Toilettenpapier	
Kontaktlinsen (+Pflegemittel)	
Lippenpflege	
Messer	
Nagelscheren	
Nähzeug	
Q-Tipps	
Rasierzeug (nass oder trocken)	
Reisewecker (gute Handys haben Weckfunktion!)	
Schreibzeug (Bleistift mit Radiergummi und Spitzer, Kugelschreiber, etwas Papier)	
Schweizer Offiziersmesser (= Flaschenöffner, Korkenzieher, Dosenöffner, Säge)	
Seife	
Shampoo	
Sonnenmilch (mind. Lichtschutzfaktor 20)	
Tampons/Binden	
Papiertaschentücher	
Videoausrüstung	
Wäscheklammern	
Wäscheleine	
„Was zu lesen“	

Werkzeug und technisches Zubehör	
Bleiersatz für Motor	
Bordwerkzeug (extra Hammer, Zange)	
Bowdenzugset (Nippel und Züge)	
Draht (isoliert und blank, verschiedene Stärken, je 1,5 m)	
Ersatzbirnen für Licht (Scheinwerfer, Blinker, Rücklicht)	
Ersatzzündkerzen	
Flickzeug und/oder Schlauch und Ventil	
Klebeband	
Montiereisen	
Motoröl (ca. 1–2 Liter)	
Putzlumpen	
Sicherungen	
Superkleber	

Reiseapotheke	
(vor Antritt der Reise unbedingt auch den Hausarzt befragen!)	
Desinfektionsmittel	
Erkältungsmittel	
Fiebermedizin	
Fieberthermometer	
Heilsalbe	
Insektenmittel	
Kopfschmerztabletten	
Medizin gegen Übelkeit	
Pflaster/Binden	
Pflege gegen Sonnenbrand	
Pille/Kondome	
Pinzette	
Reisezieltypische Medikamente	
Salbe gegen Prellungen und Zerrungen	
Schere	
Tabletten gegen Reisekrankheit	
Wichtige eigene Medikamente	
Wund/Brandsalbe	

Gepäck	
Expander	
Koffer	
Roadbags (Gepäckrollen)	
Rucksack	
Tankrucksack	
Zurrgurte	

Zu Hause, vor der Abfahrt	
Adresse von zuständigen Botschaften im Ausland besorgen	
Adressen und Telefonnummern der Urlaubsorte einer Vertrauensperson geben	
Anrufzeiten vereinbaren	
Auslandskrankenschein besorgen	
Briefkastenleerung organisieren	
Futter für Haustiere kaufen	
Gültigkeit aller Ausweispapiere kontrollieren (s. o.)	
Hauptwasserhahn abdrehen	
Haustiere und Pflanzen in Pflege geben	
Rechtzeitig Schutzimpfungen machen	
Rechtzeitig Vertrauensperson für Haus/Wohnung aussuchen und Termine vereinbaren	
Rechtzeitig Visum/Visa beantragen	
Überweisungsaufträge bei der Bank erteilen	
Zeitung abbestellen oder weiterleiten	
Heizung/Gas/Strom abstellen	
Spülmaschine/Waschmaschine leeren und offen lassen	
Kühlschrank leeren ggf. abtauen	
Kaffemaschine/Bügeleisen ausstecken	
Müll entsorgen	
Fenster/Türen/Rollläden sichern	
Licht aus?	
Standby-Schaltungen an Fernseher und Stereoanlage ausschalten (frisst unnötig Strom!)	
Unnötige Netzstecker ziehen (Blitzschlag!)	

Die BMW R75/5, Bj.1972, ist der Inbegriff eines zuverlässigen und sportlichen Motorrads.

Gepäcksysteme

Tankrucksack

Wer viel mit auf Tour nimmt, braucht viel Platz. Ein Tankrucksack ist ideal, um Gepäck zu verstauen. Vor allem Tankrucksäcke, die in der Größe variabel sind, haben sich in der Praxis vielfach bewährt. Zudem ist er das Gepäcksystem, dass dem Schwerpunkt des Motorrades am nächsten liegt und somit am wenigsten die Fahrstabilität beeinträchtigt. Trotz seiner Vorteile sind zum richtigen Umgang mit dem Tankrucksack einige Dinge zu beachten.

Das wichtigste beim Kauf eines Tankrucksackes ist, dass er auch auf die Tankform des Motorrades passt. Mittlerweile gibt es spezielle Tankrucksäcke für alle Motorradtypen, gleichgültig ob Enduro, Chopper, Sport- oder Tourenmaschine. Ein gutes Fachgeschäft wird sicher damit einverstanden sein, wenn sie zur Kaufentscheidung den Tankrucksack probehalber kurz montieren wollen.

Heute sind die meisten Tankrucksäcke mit Magnethaltern ausgestattet. Dieses Haltesystem hält den Tankrucksack erstaunlich gut auf dem Tank. Man sollte jedoch auch ein Auge darauf haben, dass der Tankrucksack mit einem so genannten Steuerkopfriemen ausgestattet ist. Dieser Riemen ist ein Muss, wenn Sie eine unverkleidete Maschine fahren. Der Winddruck kann unter widrigen Umständen so stark werden, dass sich ein hochbeladener Tankrucksack losreißen kann. Ein Steuerkopfriemen verhindert dies zuverlässig. Zusätzliche Sicherheit und Stabilität geben Spanngurte oder Haltegummis. Sie sind dann sehr nützlich, wenn der Tankrucksack hoch aufgeladen wurde und die Tendenz hat, zur Seite zu kippen.

Bevor ein Tankrucksack aufgesattelt wird, sollte die Tankoberfläche sorgfältig von Staub und Schmutz gereinigt werden. So werden Kratzer verhindert, denn der Tankrucksack ist während der Fahrt ständig in Bewegung. Der Motorradzubehörhandel bietet als Tankschutz so genannte Tankschutzfolien an, die auf die gereinigte Tankoberfläche geklebt werden. Sie sind dort besonders nützlich, wenn der Tankrucksack während des Urlaubes oft vom Tank auf- und abgesattelt wird. Nicht immer hat man nämlich die Möglichkeit, den Tank vorher sorgsam zu reinigen. Nach dem Urlaub lassen sich die Tankschutzfolien auch wieder sehr leicht entfernen.

Ein mit Gepäck vollbeladener Tankrucksack darf unter keinen Umständen die Sicht auf die Instrumente oder den Lenkeinschlag behindern.

Beim Beladen ist darauf zu achten, dass die schwersten Dinge ganz unten im Tankrucksack liegen. Die nächst leichteren Gepäckstücke liegen immer darüber. Bei Tankrucksäcken mit Magnethaltern sind Scheckkarten, Computerdisketten oder ähnliches so unterzubringen, dass sie möglichst weit weg von den Magneten liegen. Ansonsten könnten Daten gelöscht werden.

Kein Tankrucksack ist zu hundert Prozent wasserdicht, auch wenn die Hersteller es immer wieder beteuern. Der Wind drückt das Wasser durch noch so kleine Ritzen oder Löcher in das Innere des Tankrucksackes. Viele Tankrucksackhersteller sind daher wieder zur guten alten Regenhaube zurückgekehrt. Sie ist ein sehr zuverlässiger Regenschutz. Achten Sie aber darauf, dass die Regenhaube auch ein Stück unter den Tankrucksack reicht. Vor allem bei langen Regenfahrten dringt von der Unterseite gerne Wasser in den Tankrucksack. Trotz High-Tech-Materialien empfiehlt es sich auch heute noch, nässe-empfindliche Dinge wasserdicht in Plastikbeutel zu verpacken. Nur so kann man sicher sein, dass man am Urlaubsziel keine unliebsamen Überraschungen erlebt. Die Regenhaube sollte zudem ein Sichtfenster besitzen. Es stellt sicher, dass sie ihre im Kartenfach untergebrachten Straßenpläne bei Regen noch lesen können. Viele Regenhauben sind sehr großzügig dimensioniert, müssen sie auch, da die Hersteller sicherstellen wollen, dass sie auch einen vollbeladenen Tankrucksack noch abdecken. Das hat jedoch den Nachteil, dass bei halbem Gepäckvolumen die Regenhaube während der Fahrt flattert. Oft zerreißt sie dann auch. Spannen Sie in einem solchen Fall die Regenhaube mit Spanngummis ab. Das verlängert die Lebensdauer erheblich.

So geht es auch! Motorrad mit Anhänger

Wie der Tankrucksack ausgestattet sein soll, hängt von Ihren Bedürfnissen ab. Der Markt bietet nahezu jede Größe und Ausführung an. Das nützlichste am Tankrucksack ist sicherlich sein Kartenfach. Der Kunststoff des Sichtfensters sollte jedoch hochwertig sein und nicht den Eindruck machen, dass es schnell verkratzt oder bricht. Sonst ist die Freude daran nur sehr kurz. Als nützlich haben sich für mich auch kleine Zusatztaschen am Rand des Tankrucksackes herausgestellt. Vor allem für Dinge, an die man immer wieder schnell heran muss, wie z. B. Sonnenbrille, Handy oder Kleingeld u. ä. Lästig sind Tankrucksäcke, die erfolgreich ein zügiges Betanken des Motorrades verhindern. Wer erst eine halbe Ewigkeit braucht, um seinen Tankrucksack abzuschnallen, damit er an den Tankdeckel kommt, wird sich an der Tankstelle keine Freunde machen. Gute Tankrucksäcke können daher schnell zum Tanken abgeschnallt oder abgehoben werden. Einige besitzen aus diesem Grund so genannte Grundplatten, auf die der Tankrucksack aufgeschnallt wird. In der Grundplatte ist eine Aussparung eingearbeitet, die einen leichten Zugang zum Tankdeckel ermöglicht. Wer seinen Tankrucksack gerne bei sich hat, wird sich auch über Tragegurte, ähnlich denen eines gewöhnlichen Rucksacks, oder Tragegriffe freuen. Die meisten, etwas teuren Tankrucksäcke sind damit ausgestattet. Seit geraumer Zeit gibt es auch Tankrucksäcke zum absperren. Am Zipper befindet sich hierzu ein kleines Schloss. Es stellt zwar für einen Dieb kein all zu großes Hindernis dar, verhindert aber sicherlich Gelegenheitsdiebstähle.

Rucksack

Wenn man allein auf der Maschine unterwegs ist, kann man sein Gepäck auch in einem geeigneten Rucksack auf seinem Rücken mitnehmen. Dieser Ort empfiehlt sich wegen seiner Nähe zum Schwerpunkt besonders in Hinblick auf die Fahreigenschaften des Motorrades. Der Rucksack sollte aber so ausgesucht werden, dass er, wenn man auf dem Motorrad sitzt, nirgends drückt oder zieht. Erfahrene Motorradfahrer stützen den vollen Rucksack während der Fahrt hinter sich auf der Sitzbank ab. So vermeiden sie, dass das Gewicht des Gepäcks den Rücken und die Schultern auf langen Strecken belastet. Tragegurte, die sich sehr weit verstellen lassen, sind daher ein Muss an einem guten Rucksack.

Moderne Rucksäcke sind aus Materialien gearbeitet, die wasserdicht sind. Billigere Modelle besitzen meist eine Regenhaube aus Plastik. Sie muss aber vor Beginn des Regens über den Rucksack gestülpt werden, damit dieser trocken bleibt. Da das nicht immer gleich möglich ist, man denke nur an Autobahnfahrten, ist dieses System nicht gerade alltagstauglich. Abgesehen davon, dass das Überstülpen der Regenschutzhaube manchmal sehr kompliziert sein kann. Aber auch die wasserdichten Rucksäcke haben ihre Schwachpunkte. Wasser kann unter ungünstigen Umständen, z. B. bei hohen Geschwindigkeiten, durch Reißverschlüsse ins Innere gelangen. Deshalb sollten die Reißverschlüsse durch Überlappungen abgedeckt werden können. Die Überlappungen ihrerseits sollten durch Klettbänder oder ähnliches gesichert sein, damit sie nicht flattern. Wer seinem Rucksack in Hinsicht auf die Wasserdichtheit trotzdem misstraut, sollte wasserempfindliche Gepäckstücke in wasserdichten Beuteln im Rucksack verstauen. Selbstverständlich sollte auch die Qualität des Reißverschlusses hoch sein. Bei den heutigen modernen Materialien spielt es jedoch keine Rolle mehr, ob ein Reißverschluss aus Metall oder Kunststoff gearbeitet ist. Viel wichtiger ist die Dimensionierung des Reißverschlusses. Je größer die Zähne sind, desto robuster ist der Reißverschluss. Auch ist er dann weniger empfindlich gegenüber Staub und Schmutz.

Ein guter Rucksack ist mit zahlreichen Taschen ausgestattet. Sie garantieren Ordnung und die Möglichkeit, Dinge schnell zu finden. Achten Sie beim Kauf auch darauf, dass so genannte Kompressionsriemen vorhanden sind. Sie ermöglichen es, den Rucksack in seiner Größe zu variieren, damit das Gepäck nicht lose im Rucksack umherfliegt. Damit der Rücken nicht durch spitze oder kantige Gepäckstücke schmerzt, sind einige Rucksäcke mit gepolsterten Rückenplatten ausgestattet. Für gute Passform des Rückenpolsters sollte eine anatomische Anpassung sorgen. Fehlt diese Polsterung, ist der Rucksack für unsere Zwecke ungeeignet, da er nach einigen Stunden Fahrt Schmerzen verursacht. Von einem Kauf sollte man dann absehen.

Genauso wichtig wie das Rückenpolster sind breite und im Schulterbereich gepolsterte sowie in der Länge verstellbare Trageriemen. Die Längen-

Aus meiner Trickkiste:

Rucksack bequemer

Als Notbehelf bei älteren Rucksäcken ohne Rückenpolster kann ein mehrfach gefaltetes Badetuch dienen. Im Rucksack zwischen Gepäck und Rücken verstaut, sorgt es für einigermaßen guten Tragekomfort.

Gepäckrollen lassen sich gut auf Motorrädern verstauen.

verstellung muss so ausgelegt sein, dass der Rucksack auch über einer dicken Jacke getragen werden kann, ohne dass die Riemen beim Verstellen zu kurz werden. Fährt man zu zweit auf der Maschine, besteht die Möglichkeit, dass die/der Sozia/Sozius den Rucksack trägt. Denken sie aber daran, Ihre/Ihren Sozia/Sozius nicht mit zu viel Gepäck zu belasten. Auf der hinteren Sitzbank besteht nämlich nur in den wenigsten Fällen die Möglichkeit, den Rucksack zur Entlastung auf der Sitzfläche abzustützen (s. o).

Zum Schluss ein Wort zur Sicherheit. Motorradfahrer sind bekannt für ihre Vorliebe für Schwarz. Beim Kauf des Rucksackes sollte jedoch auf Farbe und Reflexstreifen geachtet werden. Meist sind unsere Youngtimer mit regelrechten Funzel-Rücklichtern ausgestattet. Durch einen auffälligen Rucksack kann jedoch die Sicherheit von hinten erheblich gesteigert werden, besonders bei schlechtem Wetter oder in der Nacht.

Gepäckrolle

Zu den wohl besten Motorrad-Gepäcksystemen gehört ohne Zweifel die Gepäckrolle. Sie wird im Motorradzubehörhandel unter verschiedenen Namen, wie Trekkingrolle oder auch Roadbag angeboten. Ihre Vorteile liegen klar auf der Hand. Sie ist leicht, wasser- und staubdicht und vor allem in der Größe variabel. Je nachdem, wie viel mitgenommen wird, lässt sich die Rolle zusammenrollen und mittels eines Schnappverschlusses sicher verschließen. Am Motorrad wird sie am besten mit mehreren Zurrgurten befestigt. Der ideale Platz hierfür ist der Gepäckträger. Das Gepäckvolumen liegt je nach Ausführung zwischen 40 und 80 Litern. Es empfiehlt sich, zwei mittelgroße Gepäckrollen (um die 50 Liter) anzuschaffen. Auf meinen Touren verstaue ich in die eine alles was zum Zelten notwendig ist, wie Zelt, Isomatte und Schlafsack, in die andere kommt die restliche Ausrüstung. Da sich Gepäckrollen hervorragend knautschen lassen, können sie, ohne groß aufladend zu sein, platzsparend untergebracht werden. Gepäckrollen kann man bereits für wenige Euros im Motorradzubehörhandel kaufen. Die Qualität der preiswerten Gepäckrollen ist erstaunlich gut. Selbst stundenlange Regenfahrten haben sie durchgestanden, ohne dass Wasser in das Innere gelangt ist.

Für die Ordnung in der Gepäckrolle gibt es kleine, genau in die Rolle passende Innentaschen, die schichtweise darin verstaut werden können. Das ist sehr praktisch, vor allem dann, wenn man schnell etwas sucht. Man ist dann nicht gezwungen, die gesamte Rolle auszuschütten, sonder nimmt lediglich die richtige Innentasche heraus, in der sich das gesuchte Gepäckstück befindet.

Am Zeltplatz lassen sich Gepäckrollen platzsparend zusammenrollen und im Zelt verstauen. Man kann sie auch als Sitzunterlage verwenden. Da sie ja wasserdicht sind, isolieren sie gut gegen die Feuchtigkeit des Bodens. Unter die Isomatte gelegt, bieten sie in der Nacht eine zusätzliche Isolierung gegen die Bodenkälte. Wie die meisten Gepäcksysteme beeinträchtigen auch Gepäckrollen die Fahreigenschaften eines Motorrades. Jedoch hängt die Beeinträchtigung stark davon ab, wie viel Gepäck sich in den Gepäckrollen befindet.

Seitentaschen/Satteltaschen/Seitenkoffer

Seitentaschen, Satteltaschen, Seitenkoffer oder einfach nur Koffer genannt, sind mit Abstand das teuerste Gepäcksystem, das man sich für sein Motorrad kaufen kann. Für ein gutes Koffersystem kommen spielend 500 Euro und mehr zusammen. Meist benötigt man für die beiden Koffer noch ein spezielles Kofferhaltesystem, das an den Typ des Motorrades angepasst sein muss. Für einige Youngtimer bietet der Zubehörhandel erstaunlicherweise die Haltesysteme samt Koffer noch an. Meist sind die Haltesysteme mit einem Heckgepäckträger ausgestattet, der für den kleinen Transport im Alltag, wenn die Koffer mal nicht montiert sind, sehr nützlich ist. Ist das Haltesystem für das eigene Motorrad nicht mehr erhältlich, muss auf Universalhalterungen zurückgegriffen werden. Die Montage eines solchen Systems ist z.T. sehr anspruchsvoll und muss daher sorgfältig durchgeführt werden. Immerhin muss das Haltesystem etlichen Kilogramm Belastung standhalten können. Achten Sie daher beim Kauf eines solchen Haltesystems auf gute Qualität. Solide Haltesysteme sind aus Stahlrohr mit mindestens 2 mm Materialstärke gearbeitet. Die Aufnahmepunkte für die Verschraubung des Haltesystems am Motorrad müssen am Heckrahmen liegen. Es gibt tatsächlich Konstruktionen, die an den Heck-Plastikverkleidungen verschraubt sind. So etwas taugt nicht und bricht bei der ersten härteren Belastung ab. Drei Aufnahmepunkte sollten es sein. Gute Systeme sind zudem über das Heck gegeneinander abgestrebt. Haben die Konstrukteure mitgedacht, finden sich Aufnahmen oder Aussparungen für die Heck-Blinker und ggf. für das Nummernschild.

Beachten Sie auch, dass der Koffer und das Haltesystem nach der Montage genügend Abstand zum Auspufftopf haben und die Abgase ungehindert austreten können. Beim Kauf sollten Sie auch einen Blick auf die Oberflächenvergütung haben. Die Vergütung muss hochwertig sein. Am besten sind verchromte Haltesysteme. Lack- oder Kunststoffbeschichtungen verkratzen sehr schnell. Die Folgen sind oft hässliche Rostflecken, die in Folge zu Bruch führen können. Denken Sie beim Kauf des Koffersystems auch an ihren Sozius! Manche Koffersysteme erschweren das Mitfahren erheblich. Die Beine und Füße sollten ohne akrobatische Verrenkungen genügend Spielraum haben und ungehindert die Soziusrasten erreichen können.

Die meisten Koffer bestehen aus zwei zähen und bruchsicheren Hartplastikschalen. Damit sind sie in der Regel auch absolut wasserdicht. Schwachpunkt sind jedoch die Deckeldichtungen. Es kommt zuweilen vor, dass die Gummidichtungen der Koffer aufgrund hohen Alters oder weil sie beschädigt wurden, defekt sind. Bei Regen lassen sie dann Wasser in das Koffer-Innere gelangen. Um das zu verhindern, sind einige Koffer mit überlappenden Deckeln ausgestattet. Die Überlappung verhindert auch bei defekter Dichtung, dass der Kofferspalt bei einer Regenfahrt nicht unmittelbar dem Spritzwasser ausgesetzt ist.

Beim Kauf ist auch auf die Qualität der Scharniere zu achten. Oft sind sie viel zu schwach dimensioniert oder aus ungeeigneten Materialen gefertigt. Da Koffer, ausgenommen die aus Leder, kaum in ihrem Volumen variabel sind, wird das Reisegepäck meist brutal in den Koffer gequetscht. Die Folge dieser Misshandlung sind ausgeleierte Scharniere und undichte Dichtungen. Wer mit viel Gepäck reist und auf Koffer nicht verzichten möchte, sollte bei der Kofferwahl daher auf solche zurückgreifen, die entweder von bester Qualität, oder im Volumen halbwegs variabel sind (z. B. Lederkoffer bzw. Satteltaschen).

Ein wesentlicher Vorteil der Koffer gegenüber anderen Gepäcksystemen ist ihre Absperrbarkeit. Bei einigen Systemen können die Koffer auch mit einem Schloss am Fahrzeug gesichert werden. Wer sein Gepäck relativ gut gegen Diebstahl sichern möchte, für den sind Koffer empfehlenswert. Aber man darf ihre Sicherheit nicht überschätzen. Die Schlösser bieten einem Profi kaum Wiederstand und sind mit einem Stemmeisen in Sekundenschnelle geknackt.

Wie für Gepäckrollen gibt es auch für Koffer so genannte Innentaschen, die bei Bedarf einfach herausgenommen werden können. Damit kann der Koffer immer am Motorrad montiert bleiben. Ein guter Koffer ist zudem im Inneren mit Zurrgurten ausgerüstet. Sie verhindern zum einem, dass das Gepäck lose durch den Koffer fliegt, wenn er einmal nicht voll beladen ist, zum anderen, das Gepäck herausfällt, wenn der Koffer am Motorrad geöffnet wird. Das gilt vor allem für Koffer die seitlich geöffnet werden. Bei Alukoffern, die hauptsächlich Enduro-Fahrer wegen ihrer Robustheit verwenden, besteht dieses Problem weniger, da sie einen von oben zu öffnenden Aludeckel besitzen. In Hinsicht auf Solidität, Wasserdichtheit und Diebstahlsicherheit sind sie wohl das Beste, was der Markt zu bieten hat. Ihre Optik ist jedoch stark gewöhnungsbedürftig und damit nicht jedermanns Sache.

Seit geraumer Zeit gibt es Koffer, die sich auch als Topcase einsetzen lassen. Das ist immer dann sehr nützlich, wenn nur wenig Gepäck mitgenommen werden muss und lediglich ein Koffer benötigt wird.

Koffersystem an einer BMW R100RS.

Wer ein Koffersystem kauft, sollte auch um die Nachteile wissen. Das Fahren mit beladenen Koffern ist am Anfang wegen der ungewohnten Breite und dem verschobenen Schwerpunkt ziemlich gewöhnungsbedürftig. Vor allem langsam Fahren will geübt sein. Auch das zwar verbotene aber doch von fast jedem Motorradfahrer praktizierte Durchschlängeln durch Autokolonnen kann man sich wegen der Breite der beiden Koffer meist getrost abschminken.

Wer mit Koffern unterwegs ist, muss zudem darauf achten, dass Koffer nur für eine bestimmte Höchstgeschwindigkeit ausgelegt sind. Bei einigen Motorrädern kann dies eine Halbierung der Höchstgeschwindigkeit bedeuten. Wer dennoch schneller fährt, wird bald merken, warum dem so ist. Die Maschine beginnt wie ein Kuhschwanz zu wackeln. Solches Aufpendeln, das durch Luftverwirbelungen entsteht, kann so stark werden, dass es nicht mehr kontrollierbar ist und es zum Sturz kommt.

Topcase

Für das Topcase, das auch Heckkoffer genannt wird, gilt in Hinblick auf Qualität, Sicherheit und Einsatzmöglichkeiten das gleiche wie für seitliche Koffersysteme (s. o). Beim Kauf sollte auf eine sichere Montagemöglichkeit am Heck geachtet werden. Die meisten Topcases werden einfach auf den vorhandenen Heckgepäckträger mittels Klemmvorrichtungen oder Halteplatte geschraubt. Die zulässige Zuladung hängt dabei natürlich stark von der Tragfähigkeit des Gepäckträgers ab. Bei der Wahl eines Topcases sollte auf sein Volumen geachtet werden. Es sollte speziell für den Einsatz bei Urlaubsfahrten so groß gewählt werden, dass sich zwei Integralhelme plus Handschuhe und Nierengurte in ihm problemlos unterbringen lassen. Günstig sind Topcases, die sich nach ihrem Einsatz leicht bzw. schnell demontieren lassen. Einige Topcases sind hierzu mit Schnellverschlusssystemen ausgestattet. Leider sind diese jedoch nicht gerade billig. Für die Unterbringung von schwerem Gepäck sind Topcases aufgrund ihrer Position am Fahrzeug denkbar ungeeignet. Das Motorrad wird bei hoher Zuladung extrem hecklastig. Wegen der daraus resultierenden Entlastung des Vorderrades kann es beim Beschleunigen dann zu unfreiwilligen Wheelies kommen. Auch neigen Motorräder mit Topcases, ähnlich wie bei montierten Koffern, in höheren Geschwindigkeitsbereichen zum Pendeln. Einige Topcases bieten auf ihren Deckel die Möglichkeit, weiteres Gepäck unterzubringen. Hierzu ist meist ein kleiner Gepäckträger oder eine Art Reling montiert. Wer diese Möglichkeit nutzt, sollte dabei streng darauf achten, dass das Gepäck nicht zu hoch aufbaut. Mit zunehmender Höhe nimmt die Fahrstabilität rapide ab. Dieser Platz bietet sich aber hervorragend an, die leichte Regenbekleidung unterzubringen, da sie im Einsatzfall sofort griffbereit ist.

Die MZ ETS 250, Bj. 1969, ist eine sportliche Alltagsmaschine. Sie war die erste serienmäßige 250 ccm MZ mit Telegabel.

Das Fahren mit Gepäck

Nutzlast

Bevor man beginnt, sein Motorrad mit Gepäck zu beladen, ist es zunächst wichtig zu wissen, mit wie viel Kilogramm Gepäck das Motorrad beladen werden darf. Um die Zuladung (Nutzlast) in Kilogramm genau zu ermitteln, benötigen wir zunächst das zulässige Gesamtgewicht unseres Motorrades. Diese Angabe findet sich im Fahrzeugschein oder Fahrzeugbrief unter dem Punkt „Zulässiges Gesamtgewicht Kilogramm“. Als weiteres benötigen wir noch die Angabe des Leergewichtes. Diese findet sich ebenfalls im Fahrzeugschein oder Fahrzeugbrief unter dem Punkt Leergewicht. Zumindest war das so bei den alten nationalen Fahrzeugscheinen und -briefen. Im Zuge der Harmonisierung der EU hat der als Zulassungsbescheinigung Teil 1 bezeichnete Fahrzeugschein die Funktion des bisherigen Fahrzeugscheines übernommen und gilt als Nachweis einer bestehenden Zulassung des Fahrzeuges im öffentlichen Straßenverkehr. Dort findet man unter den Punkten F.1 bzw. 7 und 8 die nötigen Informationen zur „technisch zulässigen Gesamtmasse“.

Das Leergewicht muss nun lediglich vom Gesamtgewicht abgezogen werden, um die Nutzlast zu erhalten. Ein Beispiel: Unser Motorrad hat ein zulässiges Gesamtgewicht von 440 kg. Das Leergewicht beträgt 230 kg. Hieraus ergibt sich eine Nutzlast von 210 kg (440 kg – 230 kg = 210 kg). 210 Kilogramm scheinen eine hohe Nutzlast zu sein – diese Angabe relativiert sich jedoch noch, da mit dem Leergewicht des Motorrades gerechnet wurde. Das Leergewicht beschreibt ein Motorrad ohne Betriebsstoffe, wie Benzin oder Öl. Da die meisten Motorräder ein Tankvolumen zwischen 15 und 20 Litern Benzin und ca. 4–5 Liter Öle an Bord haben (Motor, Getriebe, evtl. Kardan; Die Bremsflüssigkeit fällt kaum ins Gewicht) muss dieses Gewicht ebenfalls von der Nutzlast abgezogen werden. Im Schnitt sind daher von der Nutzlast nochmals 20 kg abzuziehen. Hieraus ergibt sich eine verwertbare Nutzlast von ca. 190 kg (210 kg – 20 kg = 190 kg). Die Nutzlast wird nochmals durch das Gewicht des Fahrers und eventuell der Sozia bzw. des Sozius reduziert. Für einen durchschnittlichen Fahrer mit einem Gewicht von 85 kg ergibt sich eine verwertbare Nutzlast von 105 kg (190 kg – 85 kg = 105 kg). Im Solobetrieb ist diese Zuladung für eine ausgedehnte Urlaubsfahrt mehr als ausreichend. Problematischer wird es, wenn man einen Sozius oder eine Sozia an Bord hat. Je nachdem ob es sich hierbei um einen Mann (durchschnittlich 85 kg) oder eine Frau (durchschnittlich 55 kg) handelt, kann die effektive Nutzlast erheblich schwanken. Fährt ein Freund als Sozius mit, der auch ein durchschnittliches Gewicht von 85 kg hat, reduziert sich die Nutzlast auf 20 kg (190 kg – 85 kg – 85 kg = 20 kg). Mit 20 kg Zuladung sind die Grenzen der Nutzlast schnell erreicht, bedenkt man, dass noch für zwei Personen Gepäck an Bord muss. Etwas besser sieht es mit einer Sozia aus. Hier können immerhin noch 50 kg mitgenommen werden (190 kg – 85 kg – 55 kg = 50 kg). In diese Berechnung müssen auch die „versteckten Kilogramm“ einbezogen werden. Manch einer hat sehr unfangreiches Bordwerkzeug an Bord oder seine Maschine mit zahlreichem Zubehör, wie Instrumente oder einer Verkleidung ausgestattet. Zwischen 10 und 20 kg können hier schnell zusammenkommen. Dieses Gewicht muss natürlich auch von der Nutzlast abgezogen werden. In Extremfällen wird dabei die Nutzlast bei einer Urlaubsfahrt mit Sozius/Sozia und Gepäck sehr schnell überschritten.

Aus meiner Trickkiste:

Gewicht sparen

Wenn alle Versuche Gewicht zu sparen, scheitern, schicken Sie Ihr Gepäck mit der Post postlagernd an Ihre Etappen- und Urlaubsziele. Schmutzige Wäsche oder eingekaufte Souvenirs können Sie auf gleichem Weg zurückschicken. Der Nachteil dieser Methode ist jedoch, dass Sie erheblich an Spontanität einbüßen und sich strikt an Ihre Urlaubsplanung halten müssen.

Bei der Vorbereitung der Urlaubsfahrt kann man unter Umständen versuchen, das eine oder andere Kilo zu sparen. Gerade beim Zelt ergeben sich hier vielfältige Möglichkeiten. Expeditionsausrüster bieten Zelte (so genannte Bergsteiger-Zelte) an, die extrem leicht sind, aber noch genügend Stauraum und Schlaffläche zu Verfügung stellen. Leider sind diese nicht gerade billig. Generell gilt daher beim Kauf der Campingausrüstung, stets auf das Gewicht zu achten. Bedenken Sie dies auch beim Kauf der Gepäcksysteme. Manche Gepäcksysteme (Tankrucksack, Koffer, Gepäckrolle) wiegen zusammengenommen oft die Hälfte der verwertbaren Nutzlast im Soziusbetrieb. Eine weitere Möglichkeit Gewicht zu sparen, ist die Umverteilung auf mehrere Motorräder. Dies bietet sich immer dann an, wenn Freunde mit ihrer eigenen Maschine mit auf Tour fahren. Speziell die Solofahrer können hier aushelfen. Sie profitieren meist sogar von der Umverteilung, da die Fahrer mit Sozia/Sozius hierdurch zügiger vorankommen.

Praxistipps

Im Kapitel zu den Gepäcksystemen habe ich es mehrfach erwähnt. Mit viel Gepäck und je nachdem, wo das Gepäck am Motorrad verstaut wird, verändert sich das Fahrverhalten des Motorrades erheblich. Es ist daher vor jeder Reise mit viel Gepäck ratsam, ein paar Tage vorher, das Fahren mit Gepäck zu üben.

Vorweg möchte ich hier darauf hinweisen, dass es hier nicht mein Anliegen ist, ein theoretisches Fahrsicherheitstraining „Fahren mit Gepäck" anzubieten. Das können die Fahrsicherheitsinstruktoren der Verkehrswacht oder die der großen Automobilclubs sehr viel besser als ich. Ich möchte hier nur auf die eine oder andere Besonderheit beim Fahren mit Gepäck aufmerksam machen, um Ihnen ein Verständnis für die veränderte Fahrsituation zu geben. Wer das Fahren mit Gepäck nicht gewohnt ist, sollte daher zusätzlich an einem Fahrsicherheitstraining teilnehmen. Für ein paar Euros werden diese bundesweit angeboten. Wer dennoch in Eigenregie das Fahren mit Gepäck üben möchte, sollte sich hierzu einen ruhigen abgelegenen Parkplatz oder eine wenig befahrene Straße suchen, damit niemand behindert oder gefährdet wird. Üben Sie möglichst nicht allein, nehmen Sie Ihren Partner oder Partnerin oder ihre Motorradfreunde mit. Das macht zum einem mehr Spaß und sorgt auch für Sicherheit und das nötige Feedback.

Das wichtigste beim Fahren mit Gepäck ist das Bremsen. Der Bremsweg kann sich wegen des zusätzlichen Gewichts erheblich verlängern. Jeder erfahrene Motorradfahrer weiß, dass die Vorderradbremse die Hauptbremsleistung am Motorrad verrichtet. Das hängt mit der Gewichtsverlagerung des Motorrades beim Bremsen nach vorne zusammen. Dies lässt sich auch leicht beobachten. Die Vorderradgabel wird beim Betätigen der Vorderradbremse regelrecht zusammengedrückt. Gleichzeitig wird das Hinterrad entlastet. Man hat das Gefühl, das Heck will nach oben weggehen. Mit zunehmendem Gewicht des Motorrades verstärkt sich dieses Phänomen. Mit schwerem Gepäck an Bord muss daher die Vorderradbremse erheblich stärker betätigt werden, als im Normalbetrieb ohne Gepäck. Das bedeutet aber nicht, dass man die Hinterradbremse vernachlässigen soll.

Üben Sie zunächst mit Gepäck das alleinige Bremsen mit der Hinterradbremse und dann mit der Vorderradbremse. Sie werden erstaunt sein, um wie viel länger jeweils der Bremsweg ist. Haben Sie hierfür ein Gefühl entwickelt, um wie viel mehr Hand- bzw. Fußkraft Sie benötigen, um ähnliche Bremswege wie mit einem unbeladenen Motorrad zu erreichen, kombinieren Sie beide Bremsen, so wie Sie es aus Ihrem Motorradalltag gewohnt sind. Sie werden nach einigen Übungsbremsungen schnell ein Gefühl für das Bremsen mit Gepäck entwickeln. Sie sollten das Bremsen natürlich auch aus verschiedenen Geschwindigkeitsbereichen und auf unterschiedlichen Straßenbelägen üben. Markieren Sie dabei die Bremspunkte auf der Straße (Bremsbeginn und Bremsende). So lässt sich ein Fortschritt schnell feststellen.

Auch das Bremsen in und aus der Kurve heraus muss geübt werden. Es gehört zum fahrtechnisch anspruchsvollsten beim Motorradfahren. An alle diese Übungen sollten Sie jedoch mit großer Vorsicht herangehen – überschätzen Sie sich nicht! Neben der Handhabung des Bremsens werden Sie auch ein Gefühl für Ihre Bremsanlage am Motorrad entwickeln. Wann beginnt Sie nach mehrmaligen Vollbremsungen in der Bremsleistung nachzulassen? Wann blockiert die Bremse? Wo ist der exakte Bremsdruckpunkt?

Neben dem Bremsen müssen Sie auch ein Gefühl für das schwer beladene Motorrad entwickeln. Jeder kennt aus der Fahrschule noch die Übungen wie Schrittgeschwindigkeit-, Kreise- und Achten-Fahren. Sie eignen sich auch hervorragend, wie die berühmte Ausweichübung um drei Pylone, ein Gefühl für das beladene Motorrad zu entwickeln. Probieren Sie auch, so langsam wie möglich an einer Linie entlang zu fahren. Durch das hohe Gewicht des Motorrades muss das Spiel mit der Kupplung und den Bremsen neu gelernt sein. Je langsamer Sie fahren, desto kippliger wird Ihr Motorrad sein. Mit zunehmender Geschwindigkeit wird jedoch Ihr Motorrad fahrdynamisch stabiler. Ihr Übungsziel ist es daher, so langsam wie möglich zielgenau zu fahren und dabei nicht umzukippen.

Nicht nur das Gewicht des Gepäcks nimmt auf das Fahrverhalten des Motorrades Einfluss, auch seine Abmessungen. Vor allem die Breite des Motorrades verändert sich erheblich. Wer es gewohnt ist, sein Motorrad durch jedes Nadelöhr zu zirkeln, wird mit Packtaschen oder Gepäckrolle seine Probleme bekommen. Auch hierfür muss ein Gefühl entwickelt werden. Am besten eignet sich als Übung das so genannte Tordurchfahren. Sie brauchen dafür zwei etwa 1,50 m hohe Holzstangen, die möglichst eng aufgestellt werden, so dass Sie gerade noch zwischen beiden hindurchfahren können. Sie sollten so aufgestellt sein, dass sie leicht umfallen, falls Sie sie touchieren, und niemanden verletzen können.

Alle diese Übungen mögen so manchen profan erscheinen, aber schon so einige „Profis“ hatten mit Gepäck auf dem Motorrad ihre liebe Mühe diese Übungen zu machen. Lassen Sie sich daher nicht verunsichern, falls jemand zu Ihnen sagt, dass es so etwas nicht braucht. Selbst erfahrene Motorradfahrer mit 20 oder 30 Jahren Fahrpraxis finden sich immer wieder zu solchen Übungen ein. Gerade die lange Erfahrung im Umgang mit dem Motorrad lehrt, dass die beste Lebensversicherung beim Motorradfahren das stete Üben ist.

Exklusiver und teurer geht es kaum. Eine seltene MV Agusta 750 GT, Bj.1972. Der Tourer wurde damals kaum gekauft, deshalb ist er heute sehr selten.

Der Gebrauchtkauf

Wer heute einen Youngtimer kaufen möchte, dem stehen zahlreiche Möglichkeiten zur Verfügung, um an das gesuchte Fahrzeug heranzukommen. Viele werden zunächst einmal die Kleinanzeigen in den großen lokalen Tageszeitungen oder Stadtteilanzeigern studieren oder bei den Markenhändlern nachfragen, ob diese oder deren Kunden gerade Gebraucht-Motorräder verkaufen. Tageszeitungen und Händler geben einen Überblick, welche Modelle gerade in unmittelbarer Umgebung auf dem Markt sind.

Angebote sichten

Diese Suche erleichtert einem die Entscheidung, das angebotene Motorrad mal schnell anzusehen, wenn man sich nicht ganz sicher ist, ob sich der Kauf lohnt oder nicht. Auch fühlt man sich nicht genötigt, wenn man bei seiner Kaufentscheidung unsicher ist, ein Motorrad zu kaufen, weil man sehr weit angereist ist. Ein Gebrauchtkauf in seiner näheren Umgebung hat auch den Vorteil, dass man, falls das Motorrad nicht angemeldet ist, alle nötigen Formalitäten, wie Anmeldung und ggf. Hauptuntersuchung schnell erledigen kann, ohne ständig weite Strecken fahren zu müssen. Zudem halten sich die Kosten eines eventuellen Motorradtransportes nach dem Kauf in überschaubaren Grenzen. Denn was nützt einem ein günstiges Angebot, wenn das Motorrad mehrere hundert Kilometer von seinem Wohnort entfernt steht? Viele vergessen nämlich, dass die eigene Anreise und der Transport eines Motorrades erhebliche Kosten verursachen können. Mehr als einhundert Euro kostet so eine Aktion allemal. Abgesehen davon, dass das alles auch sehr viel Zeit beansprucht.

Problematischer wird der Gebrauchtkauf jedoch, wenn es ein ganz spezielles Motorrad sein muss. Da kann es schon vorkommen, dass man von München nach Hamburg reisen muss, um endlich eine der begehrten Laverda 750 SFC zu bekommen. Aber, das ist die Ausnahme! Bevor man sich jedoch ein Motorrad aussucht, sollte man sich darüber im klaren sein, welches Motorrad für einen geeignet ist. Denn nicht jedes Motorrad, das gefällt und das man sich leisten kann, muss auch das richtige sein. Anders als beim Neukauf hat man nur selten Gelegenheit, ein gebrauchtes Motorrad zum Test ausgiebig Probe zu fahren. Sicherlich werden die wenigsten Verkäufer Ihnen eine Probefahrt verweigern, jedoch wird es wohl kaum jemanden geben, der Sie stundenlang mit seinem Motorrad fahren lässt, in der Hoffnung zu verkaufen. Meist wird man mal 10 oder 20 Minuten fahren dürfen, um das Motorrad auf seine Funktionen hin zu überprüfen. Diese Zeit genügt auch, um sich einen Überblick zu verschaffen, ob alles ordnungsgemäß funktioniert. Diese Zeit genügt aber nicht, um sich über die Alltags- oder Reisetauglichkeit klar zu werden. Oft ist man nach dem Kauf nach der ersten längeren Touren vom Fahrverhalten auf bestimmten Straßen, von der Charakteristik des Motors oder von der Sitzposition enttäuscht. Um solche Enttäuschungen zu vermeiden, muss man sich vor dem Kauf die Zeit nehmen und versuchen, möglichst viel über die gesuchte Maschine zu erfahren. Wie in diesem Buch bereits öfters erwähnt, sollten hierfür das Internet oder die Markenhändler befragt werden. Auch über IGs und Clubs lassen sich viele Informationen recherchieren. Vielleicht ist sogar der eine oder andere Besitzer eines solchen Motorrades bereit, sie mal länger fahren zu lassen. Nebenbei erfährt man auch um die Zuverlässigkeit, sowie um die Schwächen und Stärken der gesuchten Maschine. Erkundigen Sie sich auch nach der Ersatzteilversorgung. Ich habe zwar in diesem Buch über die Möglichkeiten der Ersatzteilversorgung gesprochen, jedoch ist es nicht jedermanns Sache, sich auf seine eigene Spürnase in Sachen Teilerecherche zu verlassen.

Hat man sich aber in ein ganz bestimmtes Motorrad verliebt, so ist es – wie bereits erwähnt – vielen ziemlich egal, wo das Motorrad gerade steht. Sie werden dorthin fahren, um es sich anzusehen. Einen Überblick, welche Motorräder gerade

Hier fehlt viel! Moto Morini 400 Amex. Ein Motorrad in einem solchen Zustand kauft man nur, wenn es sich um eine gesuchte Rarität handelt.

in Deutschland oder in anderen Ländern zum Verkauf angeboten werden, geben die überregionalen Motorradzeitschriften. Die großen Internetverkaufsplattformen sind hingegen für eine nationale und sogar für eine globale Suche hervorragend geeignet. Sie bieten zudem die Möglichkeit, den Suchkreis regional einzukreisen. Wer also nur in seinem Bundesland ein Motorrad sucht, braucht dies nur bei den Suchparametern anzugeben und erhält entsprechende Trefferanzeigen.

Hat man das Motorrad endlich gefunden, ist das erste was man macht, den Besitzer anzurufen. Bereits bei diesem ersten Gespräch können Sie viel über das gesuchte Motorrad erfahren. Die wichtigsten Daten kennen Sie bereits aus der Verkaufsanzeige. Gute Verkaufsanzeigen enthalten Angaben über den genauen Typ, das Baujahr, Kilometerstand, ggf. den Termin der Hauptuntersuchung, über Umbauten und Zubehör, den Zustand und die Preisvorstellung.

Fehlt eine dieser Angaben, hat dies meist einen Grund. Wird z. B. die Kilometerleistung nicht angegeben, hat das Motorrad meist etliche auf dem Buckel. Der Besitzer verschweigt dies meist, da er befürchtet, dass dann niemand mehr anrufen wird. Meine Erfahrung beim Gebrauchtkauf hat mich gelehrt, Anzeigen nicht zu beachten, bei denen eine dieser Daten fehlt. Nicht nur, dass ich bei den

Die 750 BSA Rocket III, Bj. 1971, bietet einen exklusiven Dreizylinder-Motor. Sie gehört zu den beliebtesten Modellen der Firma BSA.

fehlenden Daten Überraschungen erlebt habe, oft war das ganze Motorrad nur noch ein Schrotthaufen. Solche Anzeigen kann man getrost als Lockanzeigen verbuchen. Seriöse Verkäufer haben nichts zu verbergen. Mir ist es allemal lieber vorher zu wissen, was auf mich zukommt – auch wenn es ein Schrotthaufen ist. Spricht man nun mit dem Besitzer am Telefon, wird ein seriöser Verkäufer Ihnen alles offen über das Motorrad erzählen, so dass Sie sich ein klares Bild machen können. Da Sie sich vorher über die Besonderheiten ihres neuen Motorrades einen Überblick verschafft haben, können Sie auch sehr schnell beurteilen, ob Sie es mit einem seriösen Verkäufer zu tun haben.

Besichtigungstermin

Entscheiden Sie sich dazu, das Motorrad anzuschauen, vereinbaren Sie möglichst einen Termin, bei dem eine Besichtigung bei Tageslicht möglich ist. Kaufen Sie niemals ein Motorrad bei Nacht – das ist kein Witz – in der Nacht übersieht man nur all zu leicht Kratzer und Beschädigungen. Wenn der Verkäufer Ihnen das Motorrad in einer dunklen Tiefgarage vorführt, bitten Sie diesen, es Ihnen bei Tageslicht oder bei einer guten Beleuchtung zu zeigen. Für die Besichtigung sollten Sie sich Zeit nehmen, denn bei der Besichtung gilt die Volksweißheit „Der erste Eindruck zählt" nur bedingt. Viele Dinge fallen nämlich erst nach einer gewissen Weile auf. Lassen Sie sich daher durch den Verkäufer nicht hetzen. Auch nicht wenn andere Kaufinteressenten zur Besichtigung erschienen sind. Das ist übrigens eine beliebte Methode, Käufer unter Druck zu setzen und den Preis so nach oben zu treiben. Es soll schon Fälle gegeben haben, da waren die anderen „Kaufinteressenten" Freunde des Verkäufers.

Bevor Sie beginnen das Motorrad zu begutachten, lassen Sie sich sämtliche Papiere (Fahrzeugschein (neu nach EU Teil 1) und Fahrzeugbrief (neu nach EU Teil 2) ggf. Abmeldebescheinigung zeigen. Sind diese nicht vorhanden, sparen Sie sich die Zeit, das Motorrad anzuschauen, weil irgendetwas dann nicht mit den Besitzverhältnissen stimmt. Ausnahme: Liegt der Brief aus irgendeinem Grund auf der Bank, so hat der Fahrzeugbesitzer einen Nachweis hierüber zu erbringen. Besonders wichtig beim Kauf ist der Abgleich des Fahrzeugbriefes mit den Gegebenheiten am Motorrad. Stimmt die Fahrgestellnummer überein? Sie darf noch nicht einmal um eine Zahl oder einen Buchstaben abweichen. Wenn Sie die Rahmennummer am Rahmen überprüfen, achten Sie darauf, ob der Lack am Rahmen an dieser Stelle erst kürzlich erneuert wurde. Ist das der Fall, könnte der Rahmen „frisiert" worden sein, d. h. die Rahmennummer wurde umgeschlagen. In einem solchen Fall vergessen Sie das Motorrad ganz schnell. An geklauten Fahrzeugen kann man kein Eigentumsrecht erwerben. Beim Kauf einer solchen Maschine würden Sie im Fall der Fälle nicht nur ihr Geld verlieren, sondern auch das Motorrad. Sie hätten dann hinterher gar nichts – außer einem Haufen Ärger.

Bei umgebauten Motorrädern prüfen Sie, ob alle Veränderungen eingetragen sind. Nicht serienmäßige Lenker, Verkleidungen, spezielle Rennsitzbänke, Renntanks, Renn- (Racing-) Auspuffanlagen u. V. m. müssen in den Fahrzeugpapieren (!) eingetragen sein. Sind Sie unsicher, erkundigen Sie sich vor dem Kauf beim TÜV oder bei der Dekra. Die Damen und Herren dort geben ihnen gerne Auskunft, was erlaubt ist und was nicht. Kontrollieren Sie auch die Reifengröße auf Übereinstimmung. Wann ist die nächste Hauptuntersuchung fällig? Stimmen die Angaben im Fahrzeugschein mit der Plakette am Nummernschild überein? Passt das Nummernschild zum Fahrzeugschein? Sind alle Papiere vorhanden und stimmen die Daten überein, können Sie zur Begutachtung übergehen.

Achten Sie bei der Besichtigung zunächst auf den Pflegezustand. Ist das Motorrad geputzt oder schmutzig? Wurde das Motorrad speziell für den Verkauf geputzt? Das lässt sich meist leicht feststellen. Ein wirklich gepflegtes Motorrad ist auch an Stellen sauber, die man von Außen nicht leicht einsehen kann, wie z. B. Motorunterseite, Auspuffunterseite, Kühlrippen, Tankunterseite, u. a. Sind diese verdreckt, wurde das Motorrad für den Verkauf schnell mal hergerichtet und hat ansonsten wenig Pflege erfahren. Natürlich lässt sich von der Optik eines Motorrades nur schlecht auf den technischen Gesamtzustand schließen. Wer sich aber die Mühe macht, sein Motorrad gewissenhaft optisch zu pflegen, wird meist auch immer die Technik im Auge behalten. Prüfen Sie die Technik trotzdem sehr gewissenhaft. Alle für einen Kauf relevanten technischen Kontrollpunkte sind in diesem Buch beschrieben.

Aus meiner Trickkiste:

Kaufbegleiter

Nehmen Sie zum Kauf immer jemanden mit. Nicht nur dass Sie einen Zeugen oder Hilfe haben, falls es Probleme gibt, sondern vielmehr jemanden Objektiven, der oder die Sie vor einem überstürzten Kauf zurückhält – denn wie heißt es im Volksmund: Liebe macht blind – und besonders die zum Motorrad!

Zusammengefasst sind dies:
- Überprüfung aller fahrwerksrelevanten Lager, wie Lenkkopf-, Schwingen- und Achslager. Sind diese irgendwann gewechselt worden?
- Arbeiten die Stoßdämpfer korrekt? Achten Sie darauf, ob sich an den Stoßdämpfern oder den Gabelrohren Ölnebel niedergeschlagen hat.
- Kontrolle der Bremsen auf Verschleiß und Dichtheit. Wann wurde die Bremsflüssigkeit das letzte Mal gewechselt? Wie alt sind die Druckschläuche und Bremsbeläge?
- Kontrolle des Reifenzustandes. Wie alt sind die Reifen?
- Funktionsprüfung der elektrischen Anlage.
- Sichtprüfung auf Öldichtheit.
- Sichtprüfung der gesamten Kraftstoffanlage auf Dichtheit. Hat der Tank innen Rost?
- Überprüfung der Instrumente und Anzeigen auf Funktion.
- Überprüfung des Motors auf mechanische Geräusche, dabei den Ölstand nicht vergessen. Wann wurde der letzte Ölwechsel bzw. Ölfilterwechsel gemacht?
- Kontrolle der Kupplung auf Funktion. Wie viele Kilometer haben die Kupplungsbeläge runter?
- Überprüfung des Getriebes auf Schaltbarkeit und mechanische Geräusche. Wann wurde der letzte Ölwechsel gemacht? Ölstandskontrolle und Sichtprüfung des Öls ist ratsam!
- Überprüfung des Kardanantriebes (Ölstandskontrolle und Sichtprüfung des Öls ist auch hier ratsam!) bzw. der Antriebskette auf mechanische Geräusche und Verschleiß (Längung und Geräusche). Wann wurde die Kette, das Ritzel und das Kettenblatt zuletzt gewechselt? Ist die Kette gut geschmiert?
- Werfen Sie einen Blick auf die Batterie (Säurestand!) und fragen nach ihrem Alter.
- Lassen Sie sich auch den Luftfilter zeigen. Wann wurde er zuletzt gewechselt. Sein Zustand gibt wichtige Informationen darüber, wann der letzte Kundendienst gemacht wurde.
- Suchen Sie nach Rost- und Bruchstellen am Rahmen. Ist die Auspuffanlage noch rostfrei? Viele Auspufftöpfe neigen dazu, von innen heraus durchzurosten.

Probefahrt

Nehmen Sie schließlich eine längere Probefahrt vor. 10 bis 15 Kilometer sollten es sein, damit der Motor und alle Komponenten des Antriebes richtig warm werden. Bevor Sie den Motor jedoch starten, überprüfen Sie kurz, ob er nicht bereits vorher vom Verkäufer warm gefahren wurde. Viele Verkäufer machen dies gerne, damit das Motorrad beim Verkauf auch zuverlässig und schnell anspringt. Ein warmer Motor kann ein Hinweis auf Startschwierigkeiten bei kaltem Motor sein.

Als nächstes gilt es, das Motorrad auf Sturz- und Unfallschäden hin zu begutachten. Leider lässt sich eine verzogene Rahmengeometrie nicht auf Anhieb mit dem bloßem Auge erkennen – es gibt

aber Anzeichen, die auf Sturz- oder Unfallschaden hinweisen können.
Diese sind:

- Kratzspuren an den Lenkerenden, Armaturen, Blinkern, Auspuff, Sturzbügeln (falls vorhanden), Fußrasten, Schutzblechkanten, Motorgehäuse oder Gepäckträgerrohren.
- Eine verzogene Lenkgeometrie erkennt man, wenn Gabel, Schutzblech und Lenker nicht mittig sind und die Räder nicht fluchten.
- Betrachten Sie den Lack am Rahmen genauer. Ist der Bereich des Lenkkopfes oder in der Nähe der Schwingenaufnahme abgeplatzt, weist das auch auf einen verzogenen oder gebrochenen Rahmen hin (auch auf Neulackierung in diesem Bereich achten!).
- Verzogene Fußrasten, die mit neuen Gummis überzogen sind, weisen deutlich auf einen Sturzschaden hin.
- Hat die Maschine mehrere Auspufftöpfe, achten Sie darauf, ob diese auf beiden Seiten der Maschine symmetrisch verlaufen.
- Ist der Lenkanschlag verbogen oder auf beiden Seiten unterschiedlich, ist dies auch ein deutliches Sturzzeichen.
- Sind Teile, wie Armaturen oder Griffe unterschiedlich verwittert, wurden diese erst vor kurzem ausgetauscht. Der Grund hierfür könnte ein Unfall oder Sturz gewesen sein.
- Passen so genannte Sturzteile, wie Blinker, Lenkerarmaturen oder Rücklicht nicht zum Baujahr der Maschine, wurden sie vermutlich wegen eines Sturzes ausgetauscht.
- Achten Sie besonders auf den Lack der Maschine. Ist er neu oder wurde er mal an der einen oder anderen Stelle ausgebessert? Wurde der Tank gespachtelt?

Denken Sie aber daran, dass nicht jeder Kratzer oder jede kleine Beule ein Zeichen für einen Unfall oder Sturz sein muss. Sie wissen selbst, wie leicht es vorkommen kann, dass man sich Beulen und Kratzer am Motorrad einfängt. Sie gehören zum Alltagsleben eines Motorrades dazu.

Ein besonders heikles Thema ist der „wahre" Tachostand. Manch einer hat, weil er wusste, dass er das Motorrad wieder verkaufen möchte, den Tachotrieb abgeklemmt. Der Preisunterschied zwischen Maschinen desselben Typs und Baujahrs mit viel oder wenig Kilometern auf dem Tacho kann erheblich sein – speziell bei Youngtimern. Ein paar Hundert Euro macht er allemal aus. Selbst Experten haben ihre liebe Mühe, einer Maschine ihre wirkliche Gesamtlaufleistung anzusehen. Um ihn herauszufinden, müsste man das Motorrad komplett zerlegen und auf Verschleiß vermessen. Kaum ein Verkäufer würde dem zustimmen, geschweige denn, die Kosten hierfür übernehmen. Ein paar Hinweise auf den Kilometerstand gibt es jedoch, die aber nicht hundertprozentig zuverlässig sind, weil sie leicht manipuliert werden können. Seriöse Verkäufer haben meist akribisch über Reparaturen und Wartung Buch geführt. Zuweilen kommt es sogar vor, dass noch das Serviceheft vorhanden ist. Aus diesem gehen dann die Kilometerstände bei der Wartung hervor. Vergleichen Sie diese mit dem Tachostand. Liegt die letzte Wartung bereits geraume Zeit zurück und weicht der Tachostand vom Notierten kaum ab, ist eine gewisse Portion Argwohn angebracht. Der Verkäufer braucht dann schon gute Argumente, um die wenigen Kilometer zu erklären.

Aus meiner Trickkiste:
Magnetprobe am Tank

Gespachtelte Tanks lassen sich mit Hilfe eines kleinen Magneten leicht entlarven. Dort wo der Magnet nicht hält, wurde dick aufgespachtelt!

Übrigens: wer den Kilometerstand oder die dazugehörigen Papiere manipuliert, macht sich des Betruges und u. U. der Urkundenfälschung strafbar. Solche Leute gehören eingesperrt!

Erscheinen die Daten des Serviceheftes oder der Rechnungen plausibel, sollte man den Verschleißzustand von Griffen, Hebeln und Armaturen begutachten. Eine Maschine, die angeblich nur 10.000 km runter hat, kann kaum verschlissene Schalthebel-, Brems- oder Griffgummis haben. Vom Zustand der Kette und des Kettenblattes – wie oft behauptet wird – auf die gefahrenen Kilometer zu schließen, ist nicht möglich. Sie könnten erst kürzlich erneuert worden sein. Deutlicher ist hier schon der Zustand der Sitzbank, insbesondere ihres Bezugs und des Unterbaus. Handelt es sich um einen Originalbezug? Weist der Unterbau an den Kontakt- und Auflageflächen zum Rahmen Reibstellen auf? Gerade bei Maschinen mit wenig Laufleistung präsentiert sich dieses Bauteil meist in einem hervorragenden Zustand. Ein Blick auf den Lack kann auch viel über den Tachostand verraten. Speziell die durch Reibung beanspruchten Stellen, wie die Tankflanken, die durch den Knieschluss abgerieben werden und die Kontaktfläche zwischen Sitzbank und Tank geben deutliche Hinweise. Ist der Lack hier stark beansprucht oder sogar erst kürzlich erneuert worden, ist bei niedrigen Tachoständen Vorsicht geboten.

Kaufgespräch

Wenn nun alles zu Ihrer Zufriedenheit ausfällt und der Verkäufer Sie noch nicht entnervt rausgeschmissen hat, geht es nun an die Preisverhandlungen. Sie als Käufer haben sich bereits vorab über die auf dem Markt (Internet, Fachzeitschriften, Freunde, Experten) für ihr Wunschmotorrad üblichen Preise informiert. Sie können daher beurteilen, ob die Preisvorstellungen des Verkäufers in Ordnung gehen oder nicht. Falls Sie trotzdem unsicher sind, können Sie professionelle Hilfe zu Rate ziehen – vorausgesetzt der Verkäufer ist damit einverstanden. Einige Kfz-Gutachter und auch die technischen Überwachungsvereine bieten hierfür spezielle Wertgutachten an. Die Kosten hierfür bewegen sich um die 100 Euro. Die Gutachter überprüfen auch den technischen Zustand des Fahrzeuges. Dieser Service wird auch von den großen Automobilclubs angeboten. Ein seriöser Verkäufer wird sich sicherlich die Kosten für solche Prüfungen mit Ihnen teilen oder auf den Kaufpreis verrechnen. Wenn wir schon von Geld sprechen. Bei der ersten Besichtung eines Motorrades sollte man aus Sicherheitsgründen niemals den vollen Kaufpreis bar mitnehmen. Sie wissen schließlich nicht, mit wem Sie es zu tun haben. 10% der Kaufsumme, als Anzahlung sollte zunächst genügen. Seriöse Verkäufer werden hierfür Verständnis haben. Auf der sicheren Seite stehen Sie, wenn Sie beim Telefonat mit dem Verkäufer hierauf bereits aufmerksam machen. Wenn es zum Kauf kommt, können Sie immer noch mit dem Verkäufer zur Bank oder zum Geldautomat fahren und dort den Kauf abschließen.

Bestehen Sie beim Kauf auch auf einem Kaufvertrag. Vordrucke hierzu gibt es bei den großen Automobilclubs aber auch im Schreibwarengeschäft. Halten Sie in diesem auch alle Zusatzvereinbarungen, wie z. B. Übergabemodalitäten, Zeitpunkt der Ab- und Ummeldung, Anzahl der Fahrzeugschlüssel, Sonderzubehör, aber auch Ausrüstung wie Kleidung oder auch das Werkstatthandbuch u. ä. fest. Haben Sie gravierende Mängel am Fahrzeug festgestellt, sollten auch diese im Kaufvertrag vermerkt werden.

Garantie

Bedenken Sie, dass Sie bei einem Kauf aus privater Hand keine Garantie auf das Fahrzeug bekommen. Falls Sie vom Kauf nach geleisteter Unterschrift oder Handschlag zurücktreten wollen, weil das Fahrzeug nicht Ihren Erwartungen entspricht, sind Sie auf das Wohlwollen des Verkäufers angewiesen – es sei denn, Sie können dem Verkäufer betrügerische Absichten nachweisen. Da das alles aber ggf. mit hohen Anwaltskosten und persönlichem Aufwand bzw. viel Nerven verbunden ist, sollten Sie sich daher immer Zeit beim Gebrauchtkauf lassen. Ein wenig anders liegt die Sache, wenn Sie ein Fahrzeug beim Händler kaufen. Er muss Ihnen eine Gebrauchtfahrzeuggarantie gewähren. Da Händler diese aus verständlichen Gründen für

Youngtimer nur sehr ungern geben, werden Sie jedoch kaum die Möglichkeit finden, einen Youngtimer bei einem Motorradhändler zu kaufen. Das Risiko, dass doch mal etwas während der Garantiezeit kaputt geht, ist fast allen Händlern zu groß. Einige Motorradhändler versuchen daher ältere Motorräder als Restaurierungsobjekte oder als Schrottfahrzeuge zu verkaufen. Ob diese Praxis im Falle eines Rechtsstreits Bestand hat, will ich hier aber dahin gestellt lassen. Letztendlich ist ein Gebrauchtmotorradkauf in erster Linie Vertrauenssache. Absichern können Sie sich nur durch eine gehörige Portion Sachverstand und ein wenig gesundes Misstrauen.

Die Urahnin der Yamaha RD-Baureihe, die 350 Yamaha R5F, Bj.1972

Diese Werkstatt hat fast jedes seltene Ersatzteil auf Lager.

Werkstattaufenthalt

Trotz aller Tipps und Kniffe und technischen Kenntnisse, die Sie jetzt haben, kommt es dennoch vor, dass man das Motorrad mal in die Fachwerkstatt bringen muss. Bevor man jedoch einen Auftrag erteilt, sind ein paar Punkte zu beachten, damit Ärger vermieden wird.

Reparaturauftrag

Zunächst einmal ist es wichtig, einen Termin mit der Werkstatt zu vereinbaren. Nur so hat der Meister auch Zeit, das Problem in Ruhe anzuhören. Bereits daheim sollte man sich deshalb Gedanken machen, was alles repariert oder kontrolliert werden soll. Erstellen Sie dazu eine Liste, damit Sie auch wirklich nichts vergessen. Bringen Sie Ihr Motorrad persönlich in die Werkstatt. Wenn Sie nämlich den Reparaturauftrag über einen Dritten übermitteln, können sich Missverständnisse und Fehler einschleichen. Erteilen Sie der Werkstatt niemals Pauschalaufträge wie „Verkehrssicherheit wieder herstellen"! Damit öffnen Sie der Werkstatt Tür und Tor, alle möglichen Arbeiten durchzuführen. Vor Auftragserteilung sollten Sie sich bei größeren Reparaturen unbedingt einen Kostenvoranschlag geben lassen. Ein Kostenvoranschlag darf ohne Rücksprache mit dem Fahrzeugbesitzer bei größeren Reparaturen maximal um 20% bei kleineren maximal um 15 % überschritten werden.

Fragen Sie auch was die Ersatzteile kosten und wie hoch der Stundenlohn für die einzelnen Arbeiten ist. Klären Sie vorab mit der Werkstatt, wie viel Geld Sie bereit sind für die Reparatur auszugeben. Wird diese Summe überschritten oder weitere Reparaturen sind nötig, muss die Werkstatt Sie benachrichtigen. Hinterlegen Sie daher Ihre Telefonnummer, damit die Werkstatt Sie auch erreichen kann, falls größere Reparaturen notwendig sind. Kontrollieren Sie den schriftlichen Arbeitsauftrag nochmals, bevor Sie ihn unterschreiben. Sondervereinbarungen, wie z. B. dass der Luftfilterwechsel nicht vorgenommen werden soll, müssen deutlich im Arbeitsauftrag stehen. Es empfiehlt sich auch, immer mit der Werkstatt die Rückgabe der alten Teile zu vereinbaren. So können Sie einwandfrei kontrollieren, was wirklich gemacht worden ist.

Die ganz Misstrauischen unter Ihnen können die alten Teile vorher markieren. So gehen Sie wirklich sicher, dass es sich um ihre alten Teile handelt. Bestehen Sie darauf, dass die Werkstatt für die Reparatur Originalteile verwendet. Bei Öl- oder Luftfiltern ist das meist kein Problem.

Bei anderen Teilen kann das aber schwierig werden, weil viele Teile für unsere Youngtimer nicht mehr lieferbar sind. Oft ist es daher notwendig, Gebrauchtteile zu verwenden. Hier liegt für Sie als Kunde ein gewisses Risiko. Werkstätten geben auf solche Teile keine Garantie – es sei denn, es handelt sich um fabriküberholte Teile, wie Anlasser oder Lichtmaschinen. Wenn Sie schon gebrauchte Teile einbauen lassen müssen, prüfen Sie zusammen mit dem Werkstattmeister, wie gut oder schlecht die Gebrauchtteile sind. So können sie zumindest etwas ihr Risiko minimieren.

Fahrzeugübergabe

Bei der Fahrzeugübergabe, vor der Reparatur, begutachten Sie zusammen mit dem Meister den Zustand ihres Fahrzeuges. Dies empfiehlt sich immer bei sehr gepflegten, beulen- und lackkratzerfreien Motorrädern. Lassen Sie sich anschließend den Zustand oder etwaige Vorbeschädigungen im Arbeitsauftrag vermerken.

Vereinbaren Sie schließlich, wann Sie ihr Motorrad abholen können. Bei der Abholung überprüfen Sie alle durchgeführten Arbeiten, bevor Sie zahlen. Beanstandungen sofort melden und auf schnelle Behebung bestehen. Lassen Sie sich nicht auf irgendeinen Termin vertrösten. Überprüfen Sie auch, ob ihr Motorrad Lackkratzer oder Beulen bei der Reparatur erlitten hat.

Die Werkstatt haftet für fahrlässige oder vorsätzliche Beschädigungen durch Monteure oder Mitarbeiter an Ihrem Motorrad, sowie für Schäden aus Überführungs- und Probefahrten.

Stellen Sie Schäden fest, ist die Werkstatt verpflichtet diese zu beheben. Hierfür haben Werkstätten Versicherungen, die die Kosten übernehmen. Werkstätten sind auch verpflichtet, Reparaturmängel zu beheben (so genannte Sachmängelhaftung). Stellen Sie diese nicht gleich bei der Übergabe fest, haben Sie zwölf Monate Zeit diese zu beanstanden. Auf einige Teile werden sogar bis zu 24 Monate gewährt. Fragen Sie daher vorher, welche Garantien ihnen gewährt werden. Wenn Ihnen keine gewährt wird, wechseln Sie lieber die Werkstatt. Übrigens – falls die Werkstatt doch mal nachbessern muss, steht Ihnen für die Zeit der Nachbesserung von Seiten der Werkstatt kein Ersatzmotorrad zu.

Bezahlung

Wenn es doch mal zu Unstimmigkeiten zwischen Ihnen und der Werkstatt kommen sollte, zahlen Sie die Rechnung zunächst mit dem schriftlichen Vermerk auf dem Durchschlag „unter Vorbehalt". So halten Sie sich Rückforderungsansprüche offen. Wenn Sie nämlich die Zahlung gänzlich verweigern, könnte die Werkstatt von ihrem Pfandrecht Gebrauch machen und Ihr Motorrad zurückbehalten. Können Sie keine gütliche Einigung erzielen, gibt es Schlichtungsstellen bei der Kfz-Innung, der Handelskammer, beim TÜV, bei den Automobilclubs oder bei den Verbraucherverbänden. Die Dienste dieser Stellen sind meist kostenlos.

Zum Schluss noch ein Hinweis: War die Werkstatt bei der Reparatur grob fahrlässig und führte dies zu einem Unfall, ist die Werkstatt verpflichtet, Ihnen Schadenersatz zu leisten. In einem solchen Fall werden Sie aber um einen Rechtsbeistand und um ein technisches Gutachten kaum herumkommen, da Sie beweisen müssen, dass der Unfall ursächlich mit den in der Werkstatt durchgeführten Reparaturarbeiten zusammenhängt. Hoffen wir also, dass es nie so weit kommt.

Allerlei Schraubertipps

Beim Schrauben kann man sich eine Menge Zeit und Arbeit sparen, wenn man ein Paar Tricks und Kniffe beherrscht. Einige dieser Tipps habe ich in diesem Buch bereits gegeben. Es gibt aber eine Menge an Schraubertipps die ich noch nicht erwähnt habe. Die folgende Auflistung ist sicherlich nicht vollständig. Ich hoffe aber, dass das eine oder andere Ihnen beim Schrauben die Arbeit erleichtert. Vielleicht kennen sie sogar die meisten der unten aufgeführten Tipps.

- Bevor man loslegt und an seiner Maschine arbeiten möchte, ist es zunächst wichtig, sich alles Werkzeug, das man benötigt, zurecht zu legen. Um zu wissen, welches Werkzeug wir benötigen, betrachten wir die Baugruppe, bevor sie zerlegt wird, sehr genau. Auch ein Werkstatthandbuch ist hier sehr nützlich. Es sagt uns, ob wir eventuell ein Spezialwerkzeug benötigen. Das vorbereitete Werkzeug legt man an besten vor sich ausgebreitet auf ein sauberes Tuch. So behält man immer den Überblick.
- Vor jedem Zerlegen muss man sich die genaue Reihenfolge der Bauteile merken oder besser notieren. Bei Verkabelungen sind die Farbe und das Anschlussschema aufzuzeichnen. Wer glaubt, hierauf verzichten zu können, irrt. Oft dauern Reparaturen etwas länger, weil man z. B. auf ein Ersatzteil warten muss. In der Zwischenzeit vergisst man immer wieder wichtige Details – besonders dann, wenn man kein Profischrauber ist. Wer eine Digitalkamera besitzt, kann sich viel Schreibarbeit sparen. Gut gemachte Fotos vor und während des Zerlegens sagen mehr als tausend Worte!
- Jedes Werkzeug, das wir benutzen, muss sauber sein. Vor und nach jedem Gebrauch ist das Werkzeug immer gut zu reinigen. So verhindert man, dass einem ein ölverschmierter Schraubenschlüssel oder Schraubenzieher in der Hand ausrutscht und man sich dabei verletzt oder dass Schmutz in einen geöffneten Motor fällt.
- Reinigen Sie auch alle Teile, die Sie ausgebaut haben. So vermeiden Sie, dass Schmutz in den Motor kommt oder das Dichtflächen wegen verbliebenem Schmutz undicht werden. Auch die Beurteilung über den Verschleißzustand eines Teiles fällt um vieles leichter, wenn dieses sauber ist.
- Nicht jede Dichtung muss nach dem Öffnen durch eine neue ersetzt werden. Speziell Ventildeckeldichtungen können öfters verwendet werden, wenn sie nicht eingerissen oder verhärtet sind. Bei schwer zugänglichen Bauteilen, wie Getriebedichtungen ist die Dichtung, auch wenn Sie noch so gut aussieht grundsätzlich zu wechseln. Der Arbeitsaufwand, eine solche Dichtung zu wechseln, falls sie doch nicht mehr dicht sein sollte, steht im keinem Verhältnis zum Preis der Dichtung.
- Sind Schrauben festgerostet, sollten sie einige Stunden oder Tage vorher mit Kriechöl bzw. Rostlöser eingesprüht werden. So kann das Kriechöl seine Arbeit in Ruhe verrichten ohne dass wir bei der Arbeit unter Zeitdruck stehen.
- Lassen sich Schrauben oder Muttern trotz Kriechöl nicht öffnen, kann man versuchen, sie mit einem Gasbrenner oder mit einem Industrieheißluftgebläse zu erhitzen. Manchmal hilft dies und die Schraube oder Mutter löst sich. Gehen Sie aber vorsichtig vor und achten Sie darauf, dass keine anderen Teile durch die Hitze in Mitleidenschaft gezogen werden.
- Oft sind Gummischläuche (Motorentlüftung usw.) verhärtet. Sie lassen sich dann meist nicht mehr zerstörungsfrei demontieren oder montieren. Erhitzt man sie aber mit einem gewöhnlichen Fön, werden sie meist wieder weich.
- Um Schrauben an unzugänglichen Stellen einzudrehen, hilft es manchmal, sie auf einen Gummischlauch (z. B. alter Benzinschlauch) aufzustecken. So kann die Schraube zumindest in das Gewinde eingedreht werden.
- Um Muttern an unzugänglichen Stellen zu fixieren, verwendet man Lagerfett. Das Lagerfett hält die Mutter, aber auch Unterlegscheiben fest. Damit die Mutter beim Eindrehen nicht herunterfällt, kann man sie mit einem Schraubenzieher gegen halten. Anstatt Fett kann man auch Klebeband verwenden. Nur muss dieses nach dem Festziehen wieder ent-

fernt werden. Das kann unter Umständen manchmal sehr schwierig sein.

- Fett ist auch hilfreich, die Kugeln offener Kugellager an Ort und Stelle zu halten. Solche Lager finden sich oft als Lenkkopflager.
- Alle Schrauben, die sicherheitstechnisch von höchster Bedeutung sind, wie z. B. Rahmenschrauben, die den Motor halten, sind regelmäßig auf festen Sitz zu überprüfen. Damit man weiß, welche Schraube bei einem Kontrollgang bereits kontrolliert wurde, markiert man diese mit einem (wasserlöslichen) schwarzen Filzstift. So vermeidet man, dass man bei einer großen Zahl Schrauben eine vergisst.
- Bei Bauteilen, die spiegelverkehrt eingebaut werden können, markiert man am besten deren genaue Einbaulage mit einem so genannten Anreißer. Achten Sie aber darauf, dass Sie die Markierung nur an Stellen anbringen, die funktionstechnisch nicht relevant sind. Hilfreich ist hierbei auch Klebeband. Kleben Sie das Klebeband auf das Bauteil. Auf ihm kann mit einem Stift die genaue Einbaulage notiert werden.
- Führen Sie über alle Wartungs- und Reparaturarbeiten Buch oder speichern Sie sie im Computer. Notieren Sie die Art der Wartung oder Reparatur, den genauen Kilometerstand und das Datum, um zu wissen, wann die Arbeiten durchgeführt wurden. Bei einem Ölwechsel sollten Sie auch die Marke, Art und Viskosität des Öls aufschreiben. Oft vergisst man nämlich, welche Sorte Öl sich gerade im Motor befindet.
- Um Schrauben sortiert aufzubewahren, sind ausgediente Cremedosen sehr nützlich. Wenn diese beschriftet werden, kann man die ausgebauten Teile nach Baugruppen gut sortieren. Diese Maßnahme ist besonders beim späteren Zusammenbau äußerst hilfreich.
- Ausgediente Magnete, wie sie z. B. an Lautsprechern zu finden sind, eignen sich hervorragend als Werkzeug- oder Schraubenhalter. Befestigen Sie hierzu den Magneten am besten an Ihrem Werkzeugbord.
- Werfen Sie verschlissene Bauteile zunächst nicht weg. Sie können später bei einem eventuellen Nachbau immer als Vorlage dienen. Das ist gerade bei seltenen Ersatzteilen sehr nützlich. Legen Sie hierfür eine spezielle Schrottkiste an und beschriften die Teile (Klebeband).
- Schmierintervalle können verlängert werden, wenn Sie Fette mit Graphit- oder Molybdän-Zusätzen verwenden.
- Seilzüge müssen nicht beim Markenhändler gekauft werden. Es gibt sie als Meterware in allen Stärken und Ausführungen beim Motorradzubehörhandel.
- Defekte Seilzug- oder Bowdenzugisolierungen können mit Schrumpfschlauch einwandfrei in Stand gesetzt werden.
- Bowdenzüge können frostfest gemacht werden, indem man sie mit etwas Frostschutzmittel abschmiert.
- Papierdichtungen können selber hergestellt werden. Dichtungspapier gibt es auch als Meterware. Ist die Dichtung nicht sehr dick, kann das Dichtungsblatt im Fotokopierer eingelegt und so die Umrisse der Originaldichtung 1 zu 1 übertragen werden. Man muss sie dann lediglich nur noch ausschneiden.
- Quietscht die Bremse beim Bremsen, hilft es manchmal, die Bremsbeläge auf ihrer Rückseite mit Klarlack zu lackieren. Auch das leichte Anschleifen der Kanten (!) der Bremsbelagfläche kann Abhilfe schaffen (Mund- und Nasenschutz tragen!).
- Verschmutzte Gewinde können mit einer passenden angeschlitzten Mutter gereinigt werden. Im Schlitz der Mutter sammelt sich der Dreck.
- Um Kontaktkorrosion zwischen zwei verschiedenen Materialien weitgehend zu vermeiden (z. B. Stahlschrauben in Aluminium), sind diese vor dem Eindrehen leicht mit Öl einzusprühen.
- Bei der Montage eines Motors im Rahmen kommt es oft vor, dass der Lack des Rahmens beschädigt wird. Um dies zu vermeiden, kann man die Rahmenrohre mit Textilband abkleben und so schützen. Eine andere Methode ist, der Länge nach aufgeschnittene Gummischläuche über die Rohre zu stülpen. Damit diese zuverlässig halten, können sie mit Kabelbindern, Klebeband oder Schlauchschellen fixiert werden.

- Brennspiritus ist ein ideales Reinigungsmittel. Vor allem polierte Aluteile können hiermit leicht auf Hochglanz gebracht werden. Auch beim Bohren, Schleifen oder Feilen von Aluminium eignet sich Brennspiritus als Schmierflüssigkeit hervorragend.
- Das Aufziehen von Griffgummis kann manchmal erhebliche Schwierigkeiten bereiten. Damit es flutscht und der Gummi hinterher auch richtig fest sitzt, hat sich auch Brennspiritus bestens bewährt. Nach wenigen Stunden ist der Brennspiritus verdunstet und der Griffgummi sitzt so fest, dass er nur noch heruntergeschnitten werden kann. Diese Methode empfiehlt sich natürlich auch für Fußrastengummis oder für Bremshebel- und Schalthebelgummis.
- Frische Ölflecken am Boden lassen sich schnell und sauber mit Katzenstreu entfernen. Einfach auf den Ölfleck schütten und einige Stunden einwirken lassen. Danach braucht man alles nur noch zusammenzukehren und zu entsorgen.
- Zum Reinigen von Bauteilen ist Benzin oder Petroleum sehr nützlich. Im Umgang mit beiden Flüssigkeiten ist jedoch große Vorsicht geboten. Tragen Sie Handschuhe, um gesundheitliche Risiken zu vermeiden, rauchen Sie nicht und sorgen Sie für eine gute Belüftung.
- Zum Entfernen von Teerflecken eignet sich Chrom- oder Lackpolitur sehr gut.
- Unansehnlich gewordene schwarze Plastikteile lassen sich mit Speiseöl wieder optisch gut aufbereiten. Reiben Sie hierzu mit einem Lappen das Öl dünn auf die Plastikoberfläche und lassen es einige Zeit einwirken. Danach polieren sie den Rest mit einem trockenen Lappen einfach weg. Bei Bedarf kann man dies öfters machen. So gepflegte Plastikteile werden immer wie neu aussehen. Olivenöl hat sich bei mir hierzu am besten bewährt. Wenn Sie es verwenden wollen, fragen Sie aber vorher Ihren Partner, um Ärger zu vermeiden!
- Trübe Verkleidungsscheiben können mit Zahnpasta und einem sauberen Baumwolllappen wieder aufpoliert werden. Die Scheiben werden wieder durchsichtig und sehen aus wie neu. Für diesen Zweck eignet sich auch die billigste Zahnpasta, die sie bekommen können.
- Alte leere Sprühflaschen mit Schraubverschluss aus dem Haushalt braucht man nicht wegwerfen. Sie eignen sich sehr gut für alle möglichen Motorrad-Reinigungsmittel. Zudem sind sie um vieles billiger, als die, die im Motorradzubehörhandel angeboten werden.
- Alte Zahnbürsten sollte man nach ihrem eigentlichen Gebrauch nicht gleich wegwerfen. Mit Ihrer Hilfe lassen sich gerade verwinkelte Stellen, wie Kühlrippen oder die zerklüfteten Oberflächen von Vergasern zusammen mit einer Alupolitur sehr gut reinigen und auf Hochglanz bringen.
- Insekten auf Verkleidungsteilen können leicht mit Cola entfernt werden. Sprühen Sie die Cola (am besten abgestandene) mit einer Sprühflasche auf die verschmutzten Teile und lassen es einige Zeit einwirken. Danach spült man kräftig mit Wasser nach. Die Insekten können so schonend von Lack- und Metallteilen entfernt werden. Um die Einwirkzeit zu verlängern, können Sie Küchenpapier mit Cola tränken und auf die verschmutzten Stellen legen. So fließt die Cola an senkrechten Stellen nicht gleich ab.
- Schwarze Ränder unter Ihren Fingernägeln können Sie leicht vermeiden, wenn Sie vor dem Schrauben mit den Nägeln über ein Stück Seife kratzen. Nach dem Schrauben waschen sich die Seifereste samt Schmutz leicht beim Händewaschen heraus.
- Besitzer von 2-Taktmotorrädern sollten das Benzin ihrer Maschine nach langen Standzeiten gut durchschütteln oder aufrühren. Das dem Benzin zugegebene 2-Takt-Öl scheidet sich gerne ab. Es kann dann vorkommen, dass der Motor beim Starten ohne Öl läuft. Hat Ihr Motorrad eine Getrenntschmierung brauchen Sie natürlich nichts machen. Die Getrenntschmierung arbeitet ab der ersten Kurbelwellenumdrehung.
- Korrosion am Motorrad beugen Sie am besten vor, wenn Sie es regelmäßig putzen und mit Lackpflege behandeln. Nach jeder Regenfahrt sollte ein Motorrad gewaschen werden, damit der Cocktail aus Straßenstaub, Teer und Säuren keine Zeit hat, das Material anzugreifen.

Internet-Adressen der wichtigsten Motorradzeitschriften

Die Liste fasst die gelungensten Webauftritte von deutschsprachigen Motorradzeitschriften zusammen. Meistens werden aber Artikel oder Testberichte der aktuellen Zeitschriften nicht online gestellt. Ist auch logisch, sonst würde ja jeder nur noch online gehen und die Hefte kauft dann keiner mehr!

Die Liste erhebt keinen Anspruch auf Vollständigkeit. Es gibt auf dem deutschen Markt noch eine Reihe weiterer Fachzeitschriften, die nahezu jedes Thema rund ums Motorrad behandeln.

Trotzdem sind die Homepages hier eine erste Anlaufstelle für weitere Informationen. Die Reihenfolge der Auflistung stellt keine Wertung der Homepages bzw. der Zeitschriften dar. Eine Meinung über die Zeitschriften und Homepages muss sich schon jeder selbst bilden. Geschmäcker sind ja bekanntlich verschieden!

www.motorradonline.de: Homepage der Zeitschrift ***Motorrad***. Kaum Old- oder Youngtimer, dafür z.T. recht interessante Technikberichte und Neuvorstellungen. Zum Thema Young- und Oldtimer gibt es aus demselben Verlag die Zeitschrift ***Motorrad Classic*** mit umfangreichen Berichten, Technikstories, Bezugsadressen und Verkaufsanzeigen.

www.reisemotorrad.de: Homepage der Zeitschrift ***Reise Motorrad***. Reisetipps und Technik.

www.motorrad-abenteuer.de: Homepage der Zeitschrift ***Motorrad Abenteuer***. Gute Reiseberichte, Equipment, tourentaugliche Motorräder. Kaum Old- oder Youngtimer-Themen.

www.motorradfahrer-online.de: Homepage der Zeitschrift ***Motorradfahrer***. Technik und Neumaschinen.

www.tourenfahrer.de: Homepage der Zeitschrift ***Tourenfahrer***. Spezielle Zeitschrift für den Tourenfahrer mit Neuigkeiten, Terminen und Praxistests. Keine Old- oder Youngtimer.

www.mo-web.de: Homepage der Zeitschrift ***Mo***. Ähnliche Inhalte wie ***Motorrad***. Jedoch eine Reihe von Sonderheften zu den Themen BMW-Motorräder, Klassik-Motorrad, Motorräder aus Italien u. a. Hier viele Old- und Youngtimer-Themen.

www.motalia.de: Zeitschrift für die Fans italienischer Motorräder. Berichte über Technik und Neuerscheinungen. Lesererfahrungen, Techniktipps und Adressen. Zahlreiche Young- und Oldtimer.

www.reitwagen.at: Homepage der österreichischen Zeitschrift ***Reitwagen***. Ähnliche Inhalte wie ***Motorrad,*** aber anderer Schreibstil.

www.motosport.ch: Homepage der schweizer Zeitschrift ***Moto Sport Schweiz***. Ähnliche Inhalte wie ***Motorrad***.

www.motor-on.de: Homepage der Zeitschriften ***Oldtimer Praxis, Oldtimer Markt*** und ***Motorrad News.***

Oldtimer Praxis und Oldtimer Markt: Interessante Berichte zu Motorrädern und Autos. Viele Youngtimer- und Oldtimer-Themen. Umfangreiche Adressen.

Motorrad News: Neues rund ums Motorrad.

Register